KB106998

한국어 친족어의 의미

김광순

박문사

저자 **김 광 순(교육학 박사)**

상명대학교 한국어문학과 졸업.

상명대학교 일반대학원 국어국문학과 졸업.(국어학 전공)

상명대학교 일반대학원 국어교육학과 졸업.(한국어 교육전공)

연세대학교 한국어학당 강사.(2013년 ~ 현재)

한국어 친족어의 의미

초판인쇄 2017년 6월 12일
초판발행 2017년 6월 21일

저　　자　김광순
발 행 인　윤석현
책임편집　안지윤
발 행 처　도서출판 박문사
주　　소　서울시 도봉구 우이천로 353 성주빌딩 3F
전　　화　(02) 992-3253(대)
전　　송　(02) 991-1285
전자우편　bakmunsa@hanmail.net
홈페이지　http://jnc.jncbms.co.kr
등록번호　제2009-11호

ⓒ 김광순, 2017. Printed in KOREA.

ISBN 979-11-87425-36-6 93700　　　　　정가 17,000원

머리말

　이 책은 한국어 친족어를 논의의 대상으로 삼고 그 사용 양상과 실제 언어생활에서 사용되고 있는 어휘소의 의미 분석을 논의했던 저자의 박사논문을 바탕으로 구성되었다.

　한국어 친족어는 국어학을 연구하는 많은 학자들의 논의를 통해 기초어휘에 포함되어 왔으며 일상 언어생활에서 높은 빈도로 사용되고 있는 어휘소다. 국어학을 연구하는 관점에서 이 두 가지만으로도 한국어 친족어가 중요한 위치를 차지하고 있는 어휘소임을 부정할 수 없을 것이다. 하지만 그 중요도에 비해 현재까지 친족어에 대한 논의가 활발하게 진행되어 오지 못한 한계가 존재하여 왔다. 이에 대한 아쉬움과 궁금함을 함께 가진 저자가 부족하나마 그동안 연구를 지속해온 석사논문과 박사논문 그리고 학술지를 통해 발표한 친족어에 대한 연구 성과를 이 책을 통해 소개하게 되었다.

　부족한 저자가 새로운 논의를 하는 것만으로 조심스러울 수밖에 없다. 하여 논의의 과정에서 다음의 내용을 더욱 조심스럽게 살펴 논리적 오류를 없애고 객관적인 논의를 할 수 있게 노력했다.

　첫째, 한국어 친족어에 포함된 어휘소는 매우 많다. 하지만 현대 언어생활에서 활발하게 사용되며 기초어휘의 자격을 가진 어휘소는 특정 어휘소로 제한할 수 있을 것이다. 이에 모든 친족어를 논의의 대상으로 삼지 않았고 '기초어휘'의 범주에 포함될 수 있는 어휘소를 논의의 대상으로 설정하였고 그 범주에 포함되지 않는 어휘소는 논의의 대상에서 제외했다.

둘째, 한국어 친족어가 사용되는 실제 양상을 살펴보면 '지칭어'와 '호칭어'로 구분되어 사용된다. 같은 대상을 가리키더라도 지칭어로 사용되는 경우와 호칭어로 사용되는 경우에 따라 한국어 모국어 화자는 각기 다른 속성을 어휘소의 선택 시 각기 달리 고려하고 있으며 특정 규칙을 바탕으로 사용되고 있음을 이 책을 통해 소개하였다.

셋째, 한국어 친족어는 동일한 대상에게 사용할 수 있는 각기 다른 형태의 어휘소가 다양하게 존재한다. {어머니}, {엄마}, {어머님}, {어미}, {모母}와 같은 관계가 그 예이다. 이러한 각각의 어휘소는 한국어 모국어 화자에 의해 각기 달리 사용되는 특정 규칙이 존재하는데 이 특정 규칙을 논의하려 노력했으며 각각의 어휘소가 가지는 의미 관계와 어휘소마다 달리 가지는 구체적인 의미 양상을 이 책을 통해 소개하였다.

박사논문을 쓰고 학위를 받는 과정에서 작성되었던 이 책의 첫 원고는 전문적인 용어와 특정 형식을 중심으로 전개되었다. 하지만 이 책에서는 국어학 분야의 전문적인 용어를 많이 사용하기 보다는 한국어를 전공하는 학부생들도 쉽게 이해할 수 있도록 용어의 의미를 풀어서 설명했고 저자의 의도가 반영되어 조심스럽지만 보다 자유로운 형식으로 수정하여 쉬운 설명을 위해 노력하였다. 또한 당시에 부족했던 내용을 보완하여 보다 가치 있는 논의를 할 수 있도록 노력했으며 본문에서 다루기 어렵거나 저자의 생각이 강하게 반영되어 객관적인 증거가 약하다고 느껴지는 내용은 각주를 통해 설명하였다.

이 책이 완성되는 동안 많은 분들의 도움을 받았다. 먼저 이 책의 출판 문의에 흔쾌히 응해주신 박문사의 최문석 실장님께 감사드리며 이 책의 바탕이 된 박사논문을 심사해주시고 따뜻한 조언과 따끔한 충고를 해주시며 나를 반성할 수 있게

도와주신 이정택 교수님, 박사논문을 심사는 과정에서 부족하고 지루한 논문을 꼼꼼하게 읽어 주시며 힘내라 격려해주셨던 배덕희 교수님, 항상 밝고 힘찬 모습을 잃지 않으시며 진지하고 뜻 깊은 농담을 통해 긴장의 끊을 놓지 않게 하시는 전나영 교수님, 처음 뵙던 날부터 지금까지 얼굴에서 웃음과 친절함을 놓지 않으시며 긍정적인 모습을 배우게 하신 이지영 교수님께 감사드린다. 그리고 부족한 제자의 걱정을 놓지 않으시며 항상 바른 길로 갈 수 있게 가르침을 주시며 처음 수업을 듣던 날부터 지금까지 항상 믿고 지켜봐 주시는 지도 교수님, 신현숙 선생님께 깊은 감사드리며 존경의 마음을 전한다.

모든 과정을 진행하는 동안 행복을 잃지 않을 수 있었던 것은 참 복 받은 일이라 생각한다. 그러한 삶을 살 수 있도록 항상 아끼며 나를 위해 살아 오셨던 어머니와 아버지께 감사드린다. 끝으로 결혼할 당시 학생이었던 나를 믿고 시집 온 나의 아내와 박사논문을 쓰는 동안 태어나 지금까지 무럭무럭 자라주는 우리 아들에게 고마운 마음을 이곳에 새기도록 한다.

2017년 따스한 봄이 시작되는 날

지은이가

차 례

차 례

차 례

제1장

/

한국어
친족어의
용법

한국어
친족어의
의미

Ⅰ. 한국어 친족어의 용법

/

　한국인에게 친족어親族語라는 것은 단순히 언어 사용자가 자신의 {아버지}, {어머니}와 같은 가족에게 사용하는 단어 정도로 생각되고 있는 것 같다. 또한 간단하게 사용할 수 있기 때문에 특별한 사용방법이 없는 것으로도 여겨지는 것 같다. 하지만 그 구체적인 사용 방법을 언어학적 관점으로 바라보면 한국 사회에서 친족어가 보통 사람들에게 생각되던 단순한 사용법과 달리 매우 복잡한 관계를 고려하여 사용되고 있는 것을 확인할 수 있다.

　지금 이 책을 통해서 이야기하려는 내용이 바로 한국인에게서 매우 다양한 모습으로 사용되고 있으나 그 구체적인 모습이 알려지지 않아왔던 한국어 친족어의 사용 양상 즉 용법이다.

　사전에 등재된 친족어는 일반적인 언어 사용자의 생활 속에서 한 번도 만난 적이 없는 촌수寸數가 먼 대상에게도 사용할 수 있을 만큼 매우 다양하게 존재한다. 하지만 이 책에서 논의하는 친족어는 사전에 등재된 {친족}

의 속성을 가진 모든 어휘소를 대상으로 삼지 않고 손남익(2008)이 논의했던 것처럼 친족의 범주에 있는 가장 보편적인 대상을 논의의 대상으로 삼으려고 한다. 이때 논의의 대상으로 설정하는 친족어의 범주는 [남성]과 [여성]의 혼인을 중심으로 형성되는 관계에서 사용할 수 있는 친족어를 가장 기본으로 삼고 세월의 흐름 속에서 가족 구성원이 자연스레 늘어가는 과정에서 형성되는 다양한 관계에서 사용할 수 있는 친족어를 추가로 논의하도록 한다. 이처럼 논의의 대상에 되는 연구 범주를 0.1을 통해 더 상세하고 구체적으로 설정할 것이며 0.2의 내용을 통해 다양한 상황에서 사용될 수 있는 친족어를 정리하도록 한다.

01. 연구 범주의 설정

한국 전통사회에서 대가족을 형성하던 우리의 가족 형태는 현대에 이르러 매우 축소된 형태로 변화했다. 이로 인해 당시 친족의 범주에 포함되던 대상이라 할지라도 현대 한국어 모국어 화자의 인지구조에서는 많은 대상이 제외되어 있을 것이다. 이러한 이유로 이 책에서는 사전에 등재된 모든 친족어를 논의의 대상으로 삼지 않고 현대 언어생활에서 높은 빈도로 사용될 수밖에 없는 가장 기본이 되는 친족의 범주를 제한·설정하여 논의 대상으로 삼으려 한다. 이때 '기본이 되는 친족'이란 뜻은 가장 보편적인 가족 구성의 형태를 말하며 이를 가능하게 하는 요소인 [혼인], [출산]과 직접적인 관계를 형성한 대상만을 말한다.

논의의 가장 기본이 되는 친족어에 대한 정의는 학문적 관점에 따라 다양하게 설정될 수 있다.[1] 하지만 이 책이 국어학적 관점을 바탕으로 논의되는 것을 감안하여 국어학적 정의를 대표하는 사전을 '친족어'에 대한 정의를 확인하는 자료로 삼는다.

> (1) 혈연이나 혼인으로 이루어지는 인간관계를 나타내는 어휘. 어머니, 아버지, 동생, 누나, 할아버지 따위와 같은 말을 포함한다. ≒친족 어휘.

(1)은 「표준국어대사전」에서 정리한 친족어親族語에 대한 정보로서 [혈연]이나 [혼인]을 중심으로 형성되는 인간관계를 친족으로 설정하고 있으며 그와 관련된 것을 나타내는 어휘소를 친족어親族語로 정리하고 있다. 또한 「고려대사전」에서도 "혈연이나 혼인에 의하여 이루어지는 인간관계를 나타내는 말"로 친족어를 정리하고 있는데 이는 표현의 차이가 있을 뿐 두 사전 모두 [혈연]과 [혼인]을 친족을 구성하는데 가장 중요한 속성으로 인지하고 있음을 나타내고 있다.[2]

앞서 전통 한국사회에서 친족의 범주가 매우 넓고 다양한 것을 언급한 바 있다. 실제로 논의의 기본으로 삼으려하는 [혈연]과 [혼인]을 바탕으로 확장된 친족어의 경우 다음 〈표1〉과 같이 그 특징을 한 권의 책으로 논의할 수 없을 만큼 매우 많은 수가 존재한다.

---

1) 학문적 관점에 따라 '친족'에 대한 범주와 정의에 차이가 약간씩은 존재하지만 이 책에서 '기본이 되는 친족어'로 설정한 어휘소에 대한 학문적 관점의 차이는 크게 존재하지 않는다. 이는 이들 어휘소가 어떤 관점의 기준과 관계없이 '친족'의 범주에 가장 기본적으로 포함되는 어휘소임을 보여주는 증거가 된다.

2) 이 두 속성은 앞으로 진행되는 논의에서 친족을 구성하는 가장 중심되는 속성으로 설정한다. 즉 이 두 속성이 중심이 되어 친족어가 다양한 지시 대상에게 확장·사용되는 것을 가능하게 한다.

1등급	남편, 누나, 동생, 부모, 부모님, 아가, 아들, 아버지, 아빠, 아저씨, 아주머니, 어머니, 언니, 영감, 오빠, 이모, 조카, 할머니, 할아버지, 형, 형제
2등급	고모부, 남동생, 남매 누님, 누이동생, 마누라, 막내, 막둥이, 맏아들, 며느리, 배우자, 백자, 사촌, 손녀, 손자, 숙부, 신랑, 신부, 아가씨, 아들딸, 아버님, 어머님, 여동생, 여보, 외가, 외삼촌, 외아들, 외할머니, 임자, 자네, 자녀, 작은아버지, 작은엄마, 장남, 장녀, 장모, 장인, 주부, 질녀, 처, 친척, 큰아들, 큰아버지, 큰오빠, 큰형, 할멈, 형님
3등급	각시, 내외분, 도련님, 딸자식, 막냇동생, 맏딸, 맏손자, 맏이, 영감님, 외딸, 외손자, 외할아버지, 이모부, 작은아들, 작은어머니, 작은형, 조카딸, 증손녀, 증손자, 증조모, 증조부, 집사람, 처가, 처남, 친족, 큰누나, 큰딸, 큰손녀, 큰어머니, 할머님, 형제간, 홀어머니
4등급	계부, 계집, 고모부, 고모님, 고모부님, 고모할머니, 고모할머님, 고모할아버지, 고모할아버님, 고조부모, 고조할머니, 고조할머님, 고조할아버님, 고조할아버지, 고종, 고종씨, 고종형, 낭군, 낭군님, 노모, 노부모, 대모, 막내둥이, 막내딸, 막내며느리, 막내아들, 막내아우, 막냇누이, 막냇사위, 막냇삼촌, 막냇손자, 막냇자식, 맏누이, 맏동서, 맏매부, 맏사위, 맏손녀, 맏시누, 맏언니, 맏오빠, 맏자식, 맏조카, 맏형수, 매제, 매형, 며늘애, 모녀, 모자, 모친, 본처, 부녀, 부녀간, 부부지간, 부인, 사돈어른, 바깥사돈, 사돈처녀, 사돈총각, 새댁, 새언니, 생모, 생부, 서방님, 수양아들, 숙모, 숙부님, 숙모님, 숙부모, 시누이, 시동생, 시부모, 시아버지, 시아주버니, 시어머니, 아기씨, 아들놈, 아범, 안사돈, 안사람, 양부모, 양아들, 양아버지, 양어머니, 양어버이, 어멈, 여식, 여편네, 올케, 외동딸, 외동아들, 외사촌, 외손녀, 외손녀딸, 외숙, 외숙모님, 외숙부, 외숙부님, 외조부모, 외할머님, 외할아버님, 외할애비, 윗누이, 육친, 의붓딸, 의붓아들, 의붓아버지, 의붓아범, 의붓아비, 혈육, 의붓어머니, 의붓어멈, 의붓자식, 이모님, 이모부님, 이모할머니, 이모할머님, 이모할아버님, 이모할아버지, 이복동생, 이복형제, 작은누나, 작은손녀, 작은시누, 작은아가씨, 작은아기, 작은아버님, 작은아비, 작은어머님, 작은어미, 작은조카, 작은할머님, 작은할미, 작은할아버님, 형제자매, 작은할아버지, 작은할아비, 장모님, 장부, 장인어른, 조강지처, 조모, 조부, 조부모, 증손, 증조, 증조부모, 증조할머니, 증조할머님, 증조할아버님, 증조할아버지, 지아비, 지어미, 직계가족, 차남, 차녀, 처가댁, 처제, 처조카, 처형, 친어버이, 친자, 친자식, 친정아버님, 친정아버지, 친정어머니, 정어머니, 친조모, 친조부, 친할머니, 친할미, 친할아버지, 친할아비, 큰누님, 큰시누, 큰아가씨, 큰아기, 큰아버님, 큰아이, 큰아저씨, 큰할머니, 큰할머님, 큰할아버님, 큰아버지, 홀시아버지, 홀시할머니

〈표1〉 김광해(2003)가 제시한 친족어 어휘 등급

〈표1〉은 김광해(2003)에서 제시한 것으로 사용되는 빈도와 학습 시기를 바탕으로 정리된 것이다. 이때 1등급 어휘소는 그 사용 빈도가 높고 중요하여 1차 교육에서 꼭 가르쳐야 하는 어휘소이며 2등급 어휘소는 정규교육 이전에 가르쳐야할 어휘소, 3등급 어휘소는 정규교육 개시, 사춘기 이전에 가르쳐야할 어휘소, 4등급 어휘소는 사춘기 이후에 가르쳐야할 어휘소로 구분했다.3) 이를 조금 더 쉽게 말하면 1등급에서 4등급으로 갈수록 일상생활에서 노출되는 빈도가 낮은 어휘소라는 말로도 이해가 가능하다.4)

친족어에 대한 대표적인 분류는 김광해(2003)외에도 임지룡(1991)이 있다. 김광해의 분류가 사용 빈도를 바탕으로 가능한 많은 어휘소를 정리한 것이라면 임지룡의 분류는 친족어를 사람에 관한 기초어휘로 보고 그 범주에 포함되는 어휘소만을 분류·정리한 차이를 보인다.

(2) 고모, 남편, 누나, 동생, 딸, 며느리, 부모, 사위, 사촌, 삼촌, 손녀, 손자, 아내/ 처, 아들, 아버지, 아저씨, 아주머니, 어머니, 언니, 오빠, 이모, 장모, 장인, 조상, 조카, 질녀, 할머니, 할아버지, 형, 형부, 형수, 후손, 자식

(2)는 임지룡(1991)이 정리한 기초어휘에 포함되는 친족어이다. 기초어휘에 포함된다는 것은 그 사용빈도나 중요도가 일상생활에서 높다는 것을 의미한다. 그로인해 친족어 중에서 [기초어휘]의 속성을 가진 어휘소는

---

3) 〈표1〉의 1등급 어휘에 실제 언어생활에서 사용빈도가 높은 [엄마는 포함되지 않는다. 반면 [아빠가 포함되어 있는 것은 재 논의되어야 할 점이라 여겨진다.
4) 이번 논의에서는 이 분류를 중심으로 연구 범주를 설정하지 않으려고 한다. 이 분류는 국어 교육에서 제시할 수 있는 순서를 중심으로 정리한 것으로 논의를 진행하기 위한 어휘소의 의미를 체계적으로 분류할 수 있는 기준이 없다고 여기기 때문이다.

〈표1〉에 비해 많이 줄어든 것을 확인할 수 있다. 하지만 이들 어휘소가 기초어휘의 범주에 포함되었다고 실제 언어생활에서 동일한 등급의 기초 어휘에 포함될 수 있을지 고려할 필요가 있다. 특히 (2)에 포함된 {아저씨}와 {아주머니}의 경우 현대 언어생활에서 그 사용양상이 친족어로 사용되는 빈도가 활발할 지 비친족어로 사용되는 빈도가 활발할 지에 대해 고려할 필요가 있으며 친족어로 사용되는 이들 어휘소의 사용 빈도가 같은 기초어휘에 포함된 {아버지}, {어머니}와 비교하여 유사한 횟수로 사용되고 있는지에 대하여 고민할 필요가 있다. 이런 고민은 (2)의 어휘소 전부를 논의의 대상으로 삼을 필요가 있을지, 어휘소마다 가지고 있는 사용 빈도의 차이가 존재하지 않을지, 사용빈도가 존재한다면 어떠한 기준으로 이를 구분하면 좋을지에 대한 답을 찾게 할 것이다. 즉 기초어휘에 포함된 친족어라 할지라도 모두 논의의 대상으로 삼을 필요가 없으며 논의를 위한 명확한 기준을 세우기 위한 다른 조건이 필요하다는 것을 뜻한다.

(3)

㉠ 기초어휘를 사용하지 않고 다른 단어를 대용하는 일이 불가능하여 문장을 작성하는 일이 불가능해지며, 다른 단어를 대용한다고 하더라도 오히려 그것이 더 불편해 진다.

㉡ 기초어휘를 서로 조합하여 다른 복잡한 개념이나 새로운 명명이 필요한 개념 등을 나타내는 단어를 쉽게 만들 수 있다.

㉢ 기초어휘에 속하지 않은 단어를 설명하는 경우 결국에는 기초 어휘의 범위에 들어 있는 단어들에 의지하는 일이 대개 가능하다.

㉣ 기본어휘의 많은 것은 오랜 옛날부터 사용되어 오던 것이며, 앞으로

도 계속 사용될 가능성이 크다.

ⓜ 여러 방면의 화제에 흔하게 사용된다.

(3)은 기초어휘에 대한 논의로서 김광해(2004:48)을 참고한 것이다.[5]

ⓖ을 통해 기초어휘는 그 사용 영역을 다른 어휘소와 공유하지 않는 것을 확인할 수 있다. 이는 기초어휘는 사용되는 그 영역에서 [고유성]을 가지는 것을 뜻한다.

ⓛ에서 기초어휘는 형식 확장이 활발한 것을 나타낸다. 형식 확장이란 새로운 대상에게 의미를 부여할 수 있는 새로운 형식을 나타내기 위해 단어가 만들어지는 것인데 그 방법에 따라 '합성법과 파생법'으로 나눌 수 있다.

ⓒ은 기초어휘에 포함되지 않은 어휘소를 설명할 때 기초어휘를 사용하면 설명이 가능하다는 것을 뜻한다.

ⓔ에서 기초어휘는 앞으로도 사용될 가능성이 높은 것을 뜻한다. 〈표1〉에서 제시한 많은 친족어는 대가족으로 구성된 옛날 언어생활에서 기초어휘에 포함되었을 가능성이 있다. 하지만 가족 구성원의 수가 줄어든 현대 언어생활에서는 일상생활에서 사용되는 빈도가 거의 없는 어휘소도 많이 존재한다. 이는 얼마의 시간이 지난 후에 특정 어휘소의 경우 사라질 수도 있음을 의미하는데 그런 가능성을 가진 어휘소는 '기초어휘'가 될 수 없다.[6] 이러한 현상은 지금 기초어휘에 포함된 (2)에 있는 어휘소들 중에

---

5) 기초어휘에 대한 논의는 학자마다 약간의 차이가 있으나 대부분 사용빈도를 논의의 중심으로 삼는데 이견이 없다. (3)에서도 ⓜ을 통해 사용빈도가 기초어휘를 논의하는 한 방법으로 제시하고 있다. 그 밖에 김광해(2004)의 경우 기초어휘를 구분할 수 있는 다양한 관점을 제공하고 있기에 논의의 기준으로 삼는다.

서도 나타날 수 있으며 특정 어휘소의 경우 사어死語가 될 것이다.

㈁은 기초어휘를 논하는 대부분의 학자들의 공통된 의견인 사용 빈도가 높음을 뜻한다.[7]

친족어는 언어 사용자가 자신과 [혈연], 혹은 [혼인]의 속성으로 맺어진 대상을 지칭하거나 부를 때 사용하는 어휘소다. 그 관계에 따라 매우 다양하게 확장된 어휘소가 존재할 수 있는데 이를 〈표1〉에서 확인했다.

앞서 몇 차례 언급했지만 현대 언어생활에서 〈표1〉의 어휘소가 일상 언어생활에서 모두 사용되는 것은 아니다. 또한 일부 어휘소는 그 의미 조차 모르며 현대 언어생활에서 한국어 모국어 화자마다 사용하는 친족어의 차이가 있고 사용하지 않는 친족어도 각기 다를 것이다. 실제로 현대 사회에서 [숙부叔父], [백부伯父], [백모伯母], [빙부聘父]와 같은 어휘소를 지칭어나 호칭어로 사용하는 한국어 모국어 화자는 많지 않을 것이다. 이는 이 어휘소가 사라지고 있는 것을 나타낸다.

이 책에서 논의의 대상으로 삼을 어휘소는 기초어휘에 포함되는 가장 기본적인 어휘소다. 특히 기초어휘 중에서 (3-ㄹ)의 조건을 만족시킬 수 있는 "사어死語가 되지 않을 가장 최소한의 어휘소"여야 한다. 이를 충족시키기 위해 현대 언어생활에서 가장 보편적인 가족 구성을 정리하면 [혼인]으로 맺어진 [부부]만 살고 있는 가정, [부부]사이에 [출산]이 이뤄진 한 자녀 가정, 자녀가 두 명 이상인 다자녀 가정, 그리고 [조부모]와 [부모], [손주]의 3대三代가 함께 살고 있는 가정이 가장 보편적일 수 있으며 이

---

6) 이러한 탓에 〈표1〉에 있는 많은 친족어가 기초어휘에 포함되지 않는 것이다.
7) 이상의 내용을 바탕으로 기초어휘에 포함되는 친족어들 중에서 (3)의 조건을 만족시킬 수 있는 어휘소를 찾아 논의의 대상으로 삼으려고 한다.

경우 다른 친족어가 사라진다고 해도 가장 오랫동안 생명력을 유지할 수 있어 (ㄹ)의 조건을 충족시키기에 가장 적절한 친족 구성이라 할 수 있다.

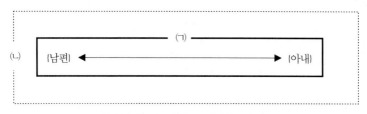

〈그림1〉 {부부夫婦}만으로 구성된 가족

〈그림1〉은 {부부夫婦}만으로 구성된 가족 구성을 나타낸다. 이 관계는 [혼인]을 중심으로 맺어진 친족집단으로서 친족을 구성하는데 가장 기본이 되며 세월이 지나도 변하지 않을 가장 기본적인 가족 구성의 형태이기 때문에 이 관계에서 사용될 수 있는 어휘소를 기초어휘로 설정함에 무리가 없다. 이때 모국어 화자는 (ㄱ)에 포함된 대상에게 사용할 수 있는 친족어만을 높은 빈도로 사용하며 (ㄴ)과 같은 그 외의 범주에 포함된 친족어를 기초어휘의 요건을 갖출 만큼 활발하게 사용하지 않는다. 즉 (ㄱ)의 범주에서 활발하게 사용될 수 있는 친족어는 {남편}과 {아내}에 관한 어휘소이며 (ㄴ)의 범주에 포함될 수 있는 {어머니}, {아버지}의 사용빈도는 그 보다 낮을 것이다. 이처럼 기초어휘의 범주에 포함된 어휘소라도 친족어의 경우에는 언어 사용자의 가족 구성에 따라 실제 언어생활에서 기초어휘의 요건을 충족할 수 있는 여부가 달라질 수 있다.[8]

---

8) 이 책에서는 이점을 중요하게 인지하여 논의의 중심축으로 삼는다.

〈그림2〉 한 자녀와 부모로 구성된 가족

　　〈그림2〉는 신현숙(2000:16)의 내용을 바탕으로 정리한 것으로 [한 자녀]
와 [부부]로 구성된 가족이 친족어로 사용할 수 있는 지칭대상과의 관계를
정리한 것이다. 이 때 〈그림1〉의 [부부]가 [출산]을 경험하여 [자식]에게
[아버지], [어머니]로 불리게 되어 새롭게 나타나는 관계를 뜻하는데 이러
한 형태로 가족 구성원이 형성되었을 때부터 [아버지], [어머니]는 기초어
휘가 될 수 있다.

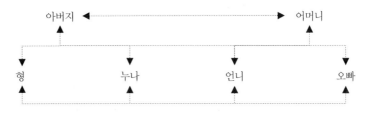

〈그림3〉 다자녀와 부모로 구성된 가족

　　〈그림3〉은 신현숙(2000:12)의 내용을 참고하여 정리한 것으로서 [다
자녀多子女]와 [부부夫婦]로 구성된 가족을 뜻한다. 이 구성은 〈그림2〉에서
두 명 이상의 [자녀]를 출산 했을 때부터 나타나며 같은 항렬의 [형제兄弟],
[자매姉妹], [남매男妹]에게 사용할 수 있는 [형], [언니], [오빠], [누나], [동생]
이 일상생활에서 사용될 때 기초어휘의 범주에 추가될 수 있다.

〈그림1〉과 〈그림2〉에서 사용할 수 있는 친족어는 지시 대상의 [성별性別]이 어휘소의 선택·사용에 필요한 요소였다. 하지만 〈그림3〉에서 사용할 수 있는 이들 친족어는 언어 사용자와 지시 대상의 [성별性別]을 함께 고려해야 하는 복잡한 사용 양상을 보인다. 이러한 특징은 김광순(2015: 178)에서 논의한 바 있는데 단어, 문화가 우리와 비슷한 '일본'과 '중국'에도 중요하게 여기지 않는 한국어의 특징이다. 이러한 이유 때문에 가족 구성원 중에 [자녀子女]가 더 추가될 때 친족어의 선택·사용은 더욱 복잡한 양상을 가지며 이 구성은 현대 언어생활에서 가장 보편적인 가족 구성원이라 할 수 있다.

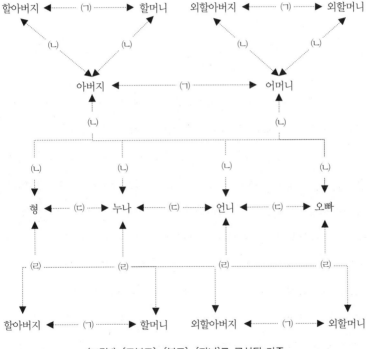

〈그림4〉{조부모}, {부모}, {자녀}로 구성된 가족

〈그림4〉는 신현숙(2000:12)와 신현숙(2000:16)의 내용을 참고하여 정리한 것이다. 이 구성은 오래전 한국의 전통사회에서 보편적으로 여겨지던 가족 구성의 모습이다. 하지만 현대 언어사회에서는 대가족大家族으로 분류되는 이러한 모습이 보편적인 가족의 구성은 아니다.

〈그림4〉에서 (ㄱ)은 (부부)관계를 나타낸다. 이는 〈그림1〉을 통해 살펴봤는데 (남편)과 (아내)가 [아버지]와 [어머니], [할아버지]와 [할머니]의 속성을 가지게 되더라도 언어 사용자와 지시 대상과의 관계만을 어휘소의 선택·사용에 중요한 요소로 삼는다. 반면에 대화가 진행되는 상황에 다른 청자가 함께 있을 경우 다른 어휘소를 선택·사용하게 되는데 이는 0.2의 논의를 통해 구체적으로 확인하기로 한다.

(ㄴ)은 (부모父母)와 (자녀子女)의 관계를 나타내며 어휘소를 선택·사용하는 현장에서 지칭의 대상이 되는 구성원의 [성性]에 따라 (부자父子), (부녀父女), (모자母子), (모녀母女)관계로 구분할 수 있다.

(ㄷ)은 같은 항렬의 친족에 해당하는 관계로 이 또한 언어 사용자와 지시 대상과의 [성별性別]에 따라 다양한 관계로 분류할 수 있다.

(ㄹ)은 (조부모祖父母)와 (손주)의 관계를 나타낸다. 이 사용에서는 언어 사용자는 지시 대상의 [성性]을 고려하여 어휘소를 선택·사용하게 된다.

이상에서 살펴본 그림은 [남성]과 [여성]의 [혼인]을 바탕으로 "[출산] → [양육] → [자녀의 결혼] → [자녀의 출산]"의 과정을 거치며 가족 구성원이 확장되며 그에 따라 선택·사용하는 친족어가 확장되는 것을 나타낸다. 〈그림1〉처럼 [혼인]으로 시작된 가족이 [출산]을 경험하여 확장되는 과정 중에 특정 단계에 이르러 그 확장이 멈추는 경우도 존재한다. 이 경우 〈그림3〉에 포함되는 (형), (오빠), (누나), (언니)와 같은 친족어가 중요하게 사용되지 않을 수도 있다. 하지만 그렇지 않은 보편적인 관점에서 한 남성과 여성이 [혼인]을 하여 (남편), (아내)가 되고 이들이 [출산]을 경험하여 (아버지), (어머니)가 되며 그 자식이 다시 [혼인]과 [출산]을 경험하여 (할아버지), (할머니)가 되는 일생의 과정은 대부분의 가정에서 보편적으로 나타날 것이다. 이외에 나타날 수 있는 다양한 친족의 관계는 논의의 중심으로 삼지 않으며 어휘소가 형식 확장된 양상의 확인을 통해 간략히 논의하도록 한다.

이를 바탕으로 0.2에서는 이와 같은 가족 구성의 변화에 따라 사용할 수 있는 친족어를 논의의 대상으로 설정하여 다양한 관점에서 그 사용 양상을 구체적으로 논의하도록 한다.

02. 한국어 친족어의 사용양상

1장의 제목이 '한국어 친족어의 용법'이다. 이를 확인하기 위해, 앞서 논의할 친족어의 범주를 설정했다. 지금부터는 앞서 설정한 범주에 포함된 친족어의 용법을 정리하고 그 특징에 대해 상세히 논의하려고 한다.

어휘소의 용법Usage을 논의한 기존의 연구는 어휘소의 사전정의나 말뭉치 자료를 중심으로 사용 양상을 논의하는 방법과 어휘소가 사용되는 다양한 상황의 맥락을 화용론적 시각에서 논의하는 방법으로 크게 구분할 수 있다. 하지만 용법에 대한 연구는 다양한 요소를 고려하기 때문에 연구자의 관점에 따라 논의하는 방법은 얼마든지 다양해 질 수 있다. 또한 한국어 친족어는 한국어 모어화자마다 개인이 선택·사용하는 어휘소로서 언어 사용자 모두의 개별적인 특징을 고려한다면 매우 방대한 자료가 필요할 것이며 매우 복잡한 양상을 나타낼 수도 있다. 그러한 이유로 이번 논의에서 이러한 방법을 선택하지 않고 일상생활에서 사용되는 가장 보편적인 시각에서 확인할 수 있을 정도로 논의의 범주를 제한한다.

「표준국어대사전」에서 한국어 친족어는 지칭어와 호칭어로 사용되는 것으로 정리하고 있다. 이때 지칭어는 "언어 사용자가 지시 대상을 가리키는 말"이며 호칭어는 "언어 사용자가 지시 대상을 부르는 말"로 그 차이를 설명할 수 있다. 한국어에서 지칭어와 호칭어는 동일한 대상을 나타내는 어휘소일 지라도 대화가 진행되는 상황의 다양한 요소에 따라 매우 복잡한 사용 양상을 가진다.

박영순(2013:85)는 대화가 진행되는 상황에서 나타나는 화용의 구성요소constitutes of using language를 발화에서 고려되는 요소로서 화자, 청자, 화자와 청자의 관계 및 상호 작용, 때와 장소, 대화의 목적, 대화 전략, 정보 구조, 화용 의미 등으로 설명했다.

이를 바탕으로 한국어 친족어가 지칭어와 호칭어로 사용될 때 언어 사용자가 고려하는 구성요소를 정리하면 다음 〈그림5〉와 같이 나타낼 수 있다.

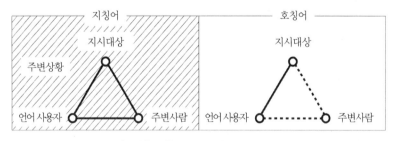

〈그림5〉 지칭어와 호칭어의 선택 요소

친족어가 호칭어로 사용될 때 어휘소가 선택되는 대부분이 언어 사용자와 지시 대상과의 대화 속에서 이뤄진다. 친족어는 [혼인], [혈연]을 기본으로 삼는 어휘소임을 앞서 설명했다. 또한 가족 구성원 사이에 사용되는 어휘소이기 때문에 언어 사용자와 지시 대상은 [친밀]을 자연스럽게 공유하게 된다. 이 속성은 다양한 요소를 고려해야 하는 지칭어의 용법과 달리 호칭어로 사용될 때 더욱 유지된다. 그로 인해 친족어가 호칭어로 사용될 때 언어 사용자는 지시 대상과의 관계를 가장 중요한 어휘소의 선택 요소로 삼는다.9) 이때 주변사람에 따라 선택·사용되는 호칭어가 변하기도 하지만 언어 사용자와 지시 대상과의 관계만큼 호칭어의 선택에 중요한 요소로 작용하지는 않는다. 반면에 지칭어는 언어 사용자와 지시대상과의 관계뿐만 아니라 주변 사람과 대화가 진행되고 있는 주변 상황을 어휘소의 선택·사용에 모두 고려해야 한다. 이는 지칭어의 사용이 호칭어의 사용보다 복잡한 양상을 가지는 원인이 된다. 가령 결혼한 남성이 자신의 [아내]와 대화를 하는 상황에서 사용하는 호칭어는 예외적인 상황이 아니면 크게 변화하지 않는다. 반면 지칭어로 사용할 때는 [아내]의 [동생]과 함께 있을 때 [누나]를 사용하고 [아내]의 [아버지]와 있을 때 [이름]을 직접 부르거나 [아내]를 지칭하는 다른 어휘소를 사용할 것이며 [자녀]와 있을 때 [엄마] 등을 사용하게 될 것이다. 이는 지칭어의 사용에서 주변사람이 중요한 속성으로 고려되고 있음을 보여주는 예이다. 이 장에서는 이처럼 복잡한 한국어 친족어의 용법을 〈그림5〉에서 제시한 내용을 중심으로 살펴보도록 한다.

---

9) 이는 언어 사용자와 지시 대상과의 관계에서 [친밀]이 공유되기 때문이다. 그로 인해 호칭어는 언어의 사회성을 무시한 은어적 표현의 사용도 가능하다. 반면에 지칭어의 경우 어휘소를 선택·사용하는 주변 상황과 그때 함께 있는 주변 사람을 고려하여 사용하기 때문에 호칭어보다 복잡한 사용양상을 가진다.

1. (부부夫婦) 사이의 친족어

(부부夫婦)는 (혼인)을 중심으로 형성된 친족어로서 (남성)의 속성을 가진 (남편)과 (여성)의 속성을 가진 (아내)의 관계를 나타내는 어휘소다. 하지만 (아버지)와 (어머니), (할아버지)와 (할머니)의 경우에도 (혼인)의 속성을 유지하고 있다면 그 둘의 관계를 (부부夫婦)로 지칭하는 것이 당연하다.

(부부夫婦)는 (혼인)을 중심으로 맺어진 관계로서 가족이 탄생하는 출발점에 위치한 관계이며 가족의 가장 핵심이 되는 어휘소이다. 이때 (남편), (아버지), (할아버지)는 (남성)의 속성을 가진 지시 대상이며 언어 사용자는 그들과 혼인한 (여성)이 된다. 반대로 (아내), (어머니), (할머니)는 (여성)의 속성을 가진 지시 대상으로서 언어 사용자는 혼인한 (남성)이 된다. 이처럼 (부부夫婦)의 관계에서 사용할 수 있는 이들 어휘소의 사용이 자연스럽기 위해서는 언어 사용자와 지시 대상이 되는 (남성)과 (여성)이 서로 (혼인)의 속성을 유지하고 있어야 한다.

1.1 결혼한 여성

먼저 "결혼한 여성"에게 사용할 수 있는 어휘소와 사용상 특징을 확인하도록 한다. "결혼한 여성"은 (남편)과의 관계를 고려했을 때 (아내), (자식)과의 관계를 고려했을 때 (어머니), (손주)와의 관계를 고려했을 때 (할머니)의 속성을 지닌 대상으로 인지될 수 있다.

(4)

(ㄱ) [아내]: [여성], [혼인]

(ㄴ) [어머니]: [여성], [혼인], [출산]

ⓒ [할머니]: [여성], [혼인], [출산], [자녀의 혼인], [자녀의 출산]

(4)는 [아내], [어머니], [할머니]의 속성으로 인지되는 [여성]이 가지는 구체적인 속성을 정리한 것이며 이와 관계없이 언어 사용자는 결혼한 [남편]이 된다. ㉠에서 [아내]의 속성은 [여성]과 [혼인]의 두 속성을 함께 유지하고 있는 대상에게 인지된다. 이들 [여성]의 연령은 대게 20대~30대 정도이며 다른 속성에 비해 [젊음]의 속성으로 더욱 인지된다. 이때 언어 사용자인 [남편]은 지시 대상만을 고려하여 어휘소를 선택·사용하면 된다.

㉡에서 [어머니]의 속성은 [여성], [혼인]의 속성을 가진 [아내]가 [출산]을 경험했을 때 인지되는 속성이다. 이때 언어 사용자인 [남편]은 지시 대상뿐만 아니라 지시 대상의 [자식]과의 관계까지 고려한 어휘소를 친족어로 선택·사용해야 한다.

㉢에서 [할머니]는 [여성], [혼인]의 속성을 가진 여성이 [출산], [자녀의 혼인], [자녀의 출산]을 모두 경험했을 때 인지되는 속성이다. [아내]의 속성과 달리 60대~70대 이상의 [여성]이 대부분이며 [늙음]으로 인지되는 정도가 강하다. 이때 역시 언어 사용자는 [남편]이며 '지시 대상', [자식], [손주]와의 관계를 모두 고려한 어휘소를 친족어로 선택·사용해야 한다.

이상의 내용을 정리하면 언어 사용자와 지시 대상과의 관계는 [젊음] → [늙음]의 속성을 가진 이후에도 변하지 않는다. 하지만 지시 대상이 [어머니], [할머니]의 속성을 추가로 가지게 될 때 언어 사용자인 [남편]은 지시 대상과 다른 사람과의 관계를 함께 고려한 어휘소를 추가적으로 선택·사용해야 한다.

[아내]의 속성	추가 고려 대상	
	적극적 대상	소극적 대상
(ㄱ) [아내]		친親부모
		가시부모10)
(ㄴ) [아내], [어머니]	자녀子女	친親부모
		가시부모
(ㄷ) [아내], [어머니], [할머니]	자녀子女	
	손주	

〈표2〉 {남편}이 고려하는 대상

〈표2〉는 언어 사용자인 {남편}이 자신과 결혼한 {아내}에게 친족어를 선택·사용할 때 고려하는 속성을 정리한 것이다.

(ㄱ)처럼 {아내}가 [아내]의 속성만 가진 경우 언어 사용자인 {남편}은 일상적인 대화 상황에서 지시 대상만을 고려하여 친족어를 선택·사용하면 된다. 특히 이때 사용되는 호칭어는 언어 사용자와 지시 대상과의 관계에서 약속이 되어 있다면 '언어의 사회성'이 무시된 어떠한 어휘소라도 사용이 자연스럽게 된다. 하지만 '소극적 대상'에 포함된 [친親부모]나 [가시부모]가 대화에 참여했을 때 언어 사용자는 그들을 고려한 새로운 친족어를 호칭어로 사용하게 될 것이다.11)

(ㄴ)은 [출산을 경험한 [여성]에게 {자녀子女}가 생겨 [아내]와 [어머니]의 두 속성으로 모두 인지되는 [여성]에게 언어 사용자는 (ㄱ)에서 사용하는 어휘소외에 {자녀}와의 관계를 고려한 어휘소를 추가로 선택·사용한다.

---

10) {가시부모}는 {가시아버지}와 {가시어머니}를 포함하는 것으로 "아내의 부모님"을 나타낸다. {가시-}의 형태는 {처가妻家}의 뜻을 가지나 현대 언어생활에서 {장인丈人}과 {장모丈母}로 더 활발하게 사용되며 이들 어휘소는 사어死語의 위치에 있다.

11) 이때 소극적 요소는 일상생활에서 만나는 빈도가 높지 않아 어휘소의 선택에 크게 작용하지 않는 요소를 말한다. 하지만 {친親부모}나 {가시부모}와 함께 생활하여 접촉하는 빈도가 높을 경우 이들은 '적극적 요소'로 그 분류가 달라질 것이다.

이때 대부분의 가정에서 [자녀子女]는 일상생활에서 함께 생활하는 존재이기 때문에 언어 사용자는 어휘소를 선택·사용할 때 이들과의 관계를 중요한 요소로 인지하게 되는 것이다.

㈐의 속성을 [아내]가 모두 가지고 있을 때 언어 사용자인 [남편]은 [자녀子女]와의 관계를 고려한 어휘소뿐만 아니라 [손주]와의 관계를 고려한 어휘소를 추가적으로 사용하게 된다.12) 이때 ㈏과 ㈐의 경우 ㈎에서 사용되는 어휘소의 사용이 자연스럽지 않을 상황도 존재하게 된다. 즉 ㈏이나 ㈐의 대화 상황에 대화 참여자로 [자녀]나 [손주]가 있을 때 ㈎에서 사용되던 특정 어휘소의 사용이 제한되는 것을 의미한다.

이상의 내용은 [남편]이 [아내]에게 친족어를 선택·사용할 때 대화에 참여하는 사람에 따라 사용이 자연스러운 어휘소를 각기 달리 선택하는 것을 뜻한다. 이처럼 언어 사용자와 지시 대상이 동일한데 대화 참여자에 따라 사용되는 친족어가 달라지는 이유는 언어 사용자가 지시 대상의 체면face을 지켜주기 위한 의도가 반영된 결과이다.

George Yule(1996: 61)은 체면보호행위Face Saving Act를 대화가 진행되는 상황에서 언어 사용자가 지켜야 하는 언어 사용의 예절로 설명했다. 체면을 보호하는 행위는 적극적인 체면positive face과 소극적인 체면negative face으로 나눌 수 있는데 언어 사용자인 [남편]은 세월의 흐름 속에 [윗사람]의 속성을 가진 [아내]에게 [아랫사람]인 [자녀], [손주]와의 관계를 고려하여 체면을 지켜주기 위한 의도를 반영하여 어휘소를 달리 선택·사용하는 것이다.

---

12) [손주]는 함께 생활하는 빈도에 따라 소극적인 요소로도 분류할 수 있다. 하지만 [손주]가 대화 참여자로 함께 존재하는 상황에 선택·사용하는 친족어가 그렇지 않은 상황과 비교하여 정확히 구분되고 있는 것을 고려할 때 적극적 요소로 분류하여 논의한다.

[아내]		[아내], [어머니]		[아내], [어머니] [할머니]	
호칭어	지칭어	호칭어	지칭어	호칭어	지칭어
이름 이름+씨 자기(야) 여보(야)	당신	이름 이름+씨 자기(야) 여보(야) 자네	당신	이름 이름+씨 자기(야) 여보(야) 자네 임자	당신
	자기		자기		자기
	아내		자네		자네
	신부		아내		아내
	각시		신부		신부
	색시		각시		각시
	부인		색시		색시
	처妻		부인		부인
	와이프		처妻		처妻
	집사람		와이프		와이프
	안사람		집사람		집사람
	안주인		안사람		안사람
	마누라		안주인		안주인
	여편네		마누라		마누라
			여편네		여편네
		N1(야) N1+엄마	N1+엄마	N1+엄마	N1+엄마
					할멈
			아이엄마	N2+할머니 할멈	N2+할멈
					N2+할머니

〈표3〉 결혼한 여성에게 사용할 수 있는 친족어

〈표3〉은 결혼한 여성에게 사용할 수 있는 친족어를 (4)에서 살펴본 지시 대상의 속성에 따라 정리한 것으로서 언어 사용자는 '결혼한 여성의 남편' 이고 지시 대상은 '언어 사용자의 아내'가 되며 [혼인]을 유지하고 있을 때 자연스럽게 사용할 수 있다.13)

[아내]의 속성만을 가졌을 때 언어 사용자는 대부분의 일상생활에서 지시 대상과의 관계만을 고려한 어휘소를 선택·사용하게 된다.14)

[어머니]의 속성이 추가되었을 때 언어 사용자는 〈그림2〉, 〈그림3〉처럼 지시 대상 외에 [자녀]와의 관계를 추가로 고려하여 어휘소를 선택·사용 하게 된다.

[할머니]의 속성이 추가되면 언어 사용자는 〈그림4〉처럼 [자녀], [손주] 와의 관계를 추가로 고려하여 어휘소를 선택·사용한다.

친족어는 호칭어와 지칭어로 그 사용이 나뉜다. 이 표에서도 호칭어로 사용되는 상황과 지칭어로 사용되는 상황이 구분되는데 호칭어가 비교적 간단한 어휘소로 구성되어 있는 반면 지칭어는 다양한 어휘소로 구성되어 있는 것을 확인할 수 있다. 이는 〈그림5〉에서 언급한 것처럼 지칭어가 사용되는 상황이 호칭어로 사용되는 상황에 비해 매우 복잡한 양상을 지녔기 때문이다.

친족어는 특정 친족에게 사용하는 어휘소로서 사용 범주가 제한되는 특수한 어휘소만으로 구성되었다고 생각할 수 있다. 하지만 〈표3〉을 통해

---

13) 이 외에 다양한 어휘소가 친족어로 사용될 수 있다. 하지만 언어 사용자가 사용하는 모든 어휘소 중에서 보편적인 사용에 포함되지 않는 어휘소나 특정 지역에서 사용되는 '방언'은 논의의 대상에서 제외한다.
14) 〈표2〉에서 언급한 적극적 요소가 어휘소의 선택에 가장 중심되는 요소이며 소극적 속성은 상황에 따라 고려하게 되는 요소로서 일상생활에서 고려 빈도가 높지 않다.

우리는 (이름)이 (아내)를 부를 수 있는 호칭어로 사용되는 것을 확인할 수 있다.

박정운(2005:77)은 이름을 호칭어로 사용할 때 상하 관계Power와 친소 관계Solidarity에서 제약이 있음을 언급했다. 이는 아랫사람이 윗사람의 이름을 호칭어로 직접 부르는 것이 제한되며 [-친밀]의 속성을 가진 언어 사용자와 지시 대상 사이에 (이름)을 호칭어로 사용하는 것이 제한되는 것으로 해석할 수 있다. 하지만 대부분의 가정에서 (남편)이 (아내)보다 나이가 많아 [윗사람]의 속성을 가지며 [친밀]의 속성을 공유하고 있기 때문에 (이름)을 호칭어로 사용하는 게 자연스럽게 인지된다.

(이름)만을 호칭어로 사용하는 것과 달리 (-씨)가 결합한 (이름+-씨)의 형태의 호칭어는 지시 대상을 존중하려는 의도가 포함된 사용으로 볼 수 있으며 지시 대상인 (아내)의 이름을 직접 부르는 것 보다 [존중] 혹은 [대우]의 속성이 포함된 사용이다. 이 호칭어는 지시 대상인 (아내)가 언어 사용자보다 [윗사람]의 속성을 가진 연상年上이거나 언어 사용자가 [대우]의 속성을 전달하려는 의도가 있을 때 사용하며 〈표2〉에서 제시한 소극적 요소가 대화에 참여했을 때에 제한적인 상황에서 선택될 수 있다.

(자기(야))나 (여보(야))는 (부부)가 서로에게 자연스럽게 사용할 수 있는 호칭어이며 (이름)을 직접 부르는 방법에 비해 [대우]의 속성이 포함되었다고도 볼 수 있으며 이 호칭어의 경우 〈표2〉에서 제시한 소극적 요소가 대화에 참여했을 때에도 변함없이 사용이 가능하다.

(아내)가 [어머니]의 속성을 추가로 가지면 (자녀)의 이름을 사용한 (N1+-야)의 형태를 호칭어로 사용할 수 있다. 이때 대부분의 언어 사용자는 첫째 아이의 이름을 호칭어로 사용한다. 이때 지시 대상은 (아내)뿐만

아니라 (자녀)가 될 수도 있기에 실제 언어생활에서 혼란을 줄 수 있을 것 같으나 모국어 화자는 그 지시 대상이 누구인지 상황 맥락을 파악하여 이해하기 때문에 큰 혼란 없이 (N1+-야)를 호칭어로 사용하고 있다.[15] 또한 자녀의 이름과 (엄마)가 결합한 (N1+엄마)의 형태를 호칭어로도 사용한다. 이러한 사용법은 (아내)의 (이름)을 직접 부르는 방법에 비해 [대우]의 속성을 전달할 수 있다. 이때 [대우]는 지시 대상이 (어머니)가 된 후 (자녀)와의 관계에서 [윗사람]의 속성을 가졌기 때문에 지시 대상의 체면을 보호하기 위한 언어 사용자의 의도가 포함된 호칭어의 선택·사용의 예이다.

「표준국어대사전」은 (자네)를 "듣는 이가 친구나 아랫사람인 경우, 그 사람을 높여 이르는 이인칭 대명사. 하게할 자리에 쓴다. 처부모가 사위를 부르거나 이를 때 또는 결혼한 남자가 처남을 부르거나 이를 때도 쓸 수 있다"로 어휘 정보를 정리했다. 이 예만을 참고하면 부부사이에 호칭어로 사용이 자연스럽지 않은 어휘소다. 하지만 현대 언어생활에서 일부에 의해 제한적으로 사용되고 있다.

(5)

   (ㄱ) 아는 언니가 나이가 몇 살 많은 남편을 부르는 호칭으로 자네라는 호칭을 씁니다.

   (ㄴ) 극중 박진석은 아내 최수아에게 '자네'라고 부르는가 하면…

---

15) (아이이름+엄마)의 형태는 일본에도 존재하지만 아이의 이름만을 사용하여 (아내)에게 호칭어로 사용하는 것은 한국어의 특징이다. 연세대 한국어학당에서 만나고 있는 많은 외국인 학생들에게 이러한 호칭법을 소개하면 자기네 문화와 비교하여 재미있다는 반응을 보이며 지시 대상이 누구인지 어떻게 아느냐는 질문을 자주 한다. 이러한 반응을 미루어 짐작 할 수 있는 것은 한국어에서 첫째아이를 중요하게 생각하고 있다는 것과 이러한 호칭법이 한국어에 존재하는 특이한 용법이라는 사실이다.

(ㄷ) 산소호흡기 단 부인을 쳐다보던 할아버지의 한마디 "자네, 얼른 죽으소"

(5)는 [자네]가 [아내]에게 호칭어로 사용되는 것을 보여준다. 이 어휘소의 사용을 모국어 화자는 자연스럽게 인지하지 않고 부정적인 시각으로 바라보거나 어색한 사용으로 여기는 경우가 많다. 이는 [자네]의 용법이 앞서 언급한 「표준국어대사전」의 어휘정보를 자연스럽게 인지하기 때문이다.[16] 또한 이 사용이 지금까지 논의하고 있는 다른 어휘소들에 비해 자연스러우며 활발한 편은 아니다. 언어 사용자는 지시 대상과 대화를 진행하는 상황에서 다른 대화 참여자를 고려하여 제한적인 상황에서 이 어휘소를 호칭어로 선택·사용하는 것으로 설명할 수 있다. 이처럼 [자네]는 지시 대상외의 요소가 어휘소의 선택에 중요한 속성으로 작용하기 때문에 호칭어로 사용되나 다른 어휘소와 달리 지칭어와 그 경계를 명확히 구분하기 어려운 특징을 가진다.

[아내]가 [어머니]외에 [할머니]의 속성을 추가로 가지면 [임자], [N2+할머니], [N2+할멈]과 같은 형태의 어휘소를 추가로 사용할 수 있다.

[임자]는 「표준국어대사전」에서 "나이가 지긋한 부부 사이에서, 상대편을 서로 이르는 이인칭 대명사"로 그 어휘정보를 제공하고 있다. 이때 "나이가 지긋한 부부"라는 표현을 바탕으로 다른 어휘소와 달리 [노년老年]의 속성을 지닌 대상에게 사용이 자연스러운 것을 알 수 있다. 대부분 [혼인]을 한 [여성]의 경우 [노년老年]이 되면 [손자]나 [손녀]를 가지게 된다. 그로 인해 언어 사용자는 지시 대상과 [손주]와의 관계를 고려하여 [N2+할머

---

16) [자네]를 [중년中年]의 [아내]에게 [남편]이 실제 언어생활에서 사용하고 있는 것은 틀림없다. 실제 본 저자의 [아버지] 또한 [자네]를 사용하고 있다.

니), (N2+할멈)과 같은 어휘소를 호칭어로 사용할 수 있으며 이때 (N2)는 (손주)의 이름이 온다. 이러한 방법도 언어 사용자가 지시 대상의 체면을 보호하기 위한 의도가 포함된 것이다.[17]

이상의 내용을 통해 (남편)이 (아내)에게 사용할 수 있는 호칭어를 살펴보았고 지시 대상이 가지는 속성에 따라 선택·사용될 수 있는 호칭어가 다양하게 존재하는 것을 확인했다.

호칭어의 첫 번째 기능은 상대방을 부르는 것이다. 이 기능에만 초점을 둔 경우 (남편)은 [친밀]만을 고려하여 (아내)의 (이름)을 호칭어로 사용하거나 특정 (애칭)을 호칭어로 사용할 수도 있다.[18] 또한 (자기), (여보)와 같은 어휘소도 언어 사용자와 지시 대상의 관계에서 [친밀]을 고려한 사용으로 다른 대화 참여자를 어휘소의 선택에 고려하지 않아도 된다. 반면에 (N1+엄마), (N2+할머니), (N2+할멈), (자네), (임자)와 같은 호칭어의 경우 대화에 참여하는 다른 사람을 고려하여 선택·사용되는 것으로 지시 대상인 (아내)의 체면을 보호하기 위해 선택되는 어휘소임을 여러 번 확인했다.

지칭어는 그 어휘소를 선택·사용할 때 호칭어보다 더 많은 요소가 고려된다는 것을 〈그림5〉를 통해 설명했다. 그런 이유로 〈표3〉에서도 호칭

---

17) (N2+할머니)에 비해 (N2+할멈)은 [낮춤]을 가진 어휘소다. 하지만 이를 사용한다고 하여 지시 대상의 체면을 손상시키는 것은 아니며 (N2+할머니)가 (N2+할멈)에 비해 [대우]의 속성을 더 전달하려는 의도가 포함된 것으로 볼 수 있다.

18) (부부)가 사용하는 (애칭)은 [친밀]만을 고려한 사용으로 서로가 동의한다면 언어의 사회성을 무시한 어떠한 어휘소의 선택도 자연스러워 진다. 이런 이유로 특정 어휘소만이 (부부)사이에 사용하는 (애칭)으로 제한되지 않으며 상황에 따라 다양한 어휘소가 존재할 수 있다. 하지만 다른 대화 참여자가 존재할 경우 (애칭)의 사용은 제한되며 보편적인 친족어를 호칭어로 선택·사용하게 된다.

어에 비해 다양한 지칭어가 존재했던 것이다.

[당신]은 [남편]이 [아내]를 직접 가리킬 때 사용하는 지칭어로서 「표준국어대사전」에서 "부부 사이에서 상대편을 높여 이르는 이인칭 대명사"로 정의하고 있다. 이 어휘소는 [아내]가 대화에 참여하고 있을 때만 지칭어로의 사용이 가능하며 [자기]와 치환이 가능하다.

[아내]는 가장 일반적인 지칭어로서 대화가 진행되는 상황에서 지시 대상의 참여 여부와 관계없이 사용이 가능한 어휘소라는 점에서 [당신]의 용법과 차이를 가지며 공식적인 말하기, 비공식적인 말하기 상황에서 모두 사용할 수 있다.[19]

[신부新婦], [색시], [각시]는 [새로움]의 속성이 포함된 어휘소로서 [혼인]을 한 시기가 오래되지 않았을 때 사용할 수 있는 어휘소이나 지시 대상이 [젊음]의 속성을 가졌을 때 자연스럽게 사용되는 어휘소로 인지되고 있다.[20] 또한 언어 사용자, 대화 참여자, 지시 대상이 [친밀]을 공유하고 있는 비공식적인 말하기 상황에서 사용이 자연스러운 어휘소다.

[부인], [처妻], [와이프wife], [집사람], [안사람], [안주인]은 [높임]의 속성을 지닌 어휘소로서 지시 대상의 체면을 보호하기 위한 의도가 포함되어 있다. 지시 대상이 [중년中年]의 속성을 지녔을 때 사용이 자연스럽다. 또 [부인], [처妻], [와이프wife]는 [-친밀]의 속성을 지닌 대화 참여자에게도 지칭어로 사용할 수 있으며 [집사람], [안사람], [안주인]은 [친밀]의 속성을 지닌 대화 참여자에게 지칭어로 사용이 자연스럽다.

---

19) 2장에서 [아내]가 [혼인]의 속성을 가진 [여성]을 지칭하는 어휘소들 중에서 가장 원형에 가까운 어휘소임을 정리했다. 이를 바탕으로 [아내]가 가장 일반적인 지칭어로 사용되고 있음을 언급한 것이다.
20) 이와 관련된 내용은 2장을 통해 자세히 확인하도록 한다.

반면에 {마누라}와 {여편네}는 [낮춤]의 속성을 지닌 어휘소로서 지시 대상의 체면보호행위Face Saving Act를 고려하지 않는 사용이다. {마누라}는 [친밀]의 속성만을 전달하려는 의도로 사용될 수도 있으며 대화 참여자와 [친밀]을 공유하지 않은 상태에서 사용하게 되면 [불쾌감]을 전달할 수도 있기 때문에 사용에 제약이 존재한다. {여편네}의 경우 지시 대상인 [아내]를 [부정]의 대상으로 인지할 때 사용하거나 매우 친밀한 대화 참여자와의 관계에서 일부 제한적인 지칭어로 사용될 수 있으며 두 어휘소 모두 비공식적인 상황에서 사용이 자연스럽다.

{아내}가 [어머니]의 속성을 가졌을 때 언어 사용자는 {N1+엄마}나 {아이 엄마}와 같은 방법의 지칭어를 사용할 수 있다. 이때 대화 참여자가 {N1}의 대상이 되는 언어 사용자의 {자녀의 이름}을 알고 있을 때 사용이 가능한데 이는 두 대상이 [친밀]의 공유를 전제로 하기 때문이다. 즉 {자녀의 이름}을 모를 경우 {N1+엄마}의 사용이 제한되는 것이다.

{아내}가 [할머니]의 속성을 가졌을 때 사용할 수 있는 지칭어는 {N2+할머니}, {N2+할멈}의 방법이 추가된다. 이 사용에서도 대화 참여자는 언어 사용자의 {손주의 이름}을 알고 있어야 사용이 자연스러우며 이는 두 대상이 [친밀]의 속성을 공유한 것을 전제로 사용되고 있음을 내포적으로 보여주는 지칭어의 용법이다.

이상의 내용을 통해 [혼인한 여성]에게 사용할 수 있는 친족어를 호칭어와 지칭어로 구분하여 살펴보았다. 그 특징을 마지막으로 정리하며 다음의 논의로 이야기를 넘어가려고 한다.

(6) [아내]에게 사용할 수 있는 친족어의 특징

(ㄱ) 지시 대상이 가지는 속성에 따라 사용할 수 있는 친족어가 추가 된다.

(ㄴ) 호칭어보다 지칭어가 많다.

(ㄷ) [이름]이 사용될 때 [친밀]의 공유를 기본으로 한다.

(ㄹ) 체면보호행위Face Saving Act가 어휘소의 선택에 중요하게 작용한다.

1.2 결혼한 남성

"결혼한 남성"에게 사용되는 친족어는 언어 사용자가 [아내]이며 지시 대상이 그와 [혼인]을 공유한 [남편]일 때 사용이 자연스럽다. "결혼한 여성"이 [혼인]을 지속하는 세월의 흐름 속에 변화하는 속성에 따라 선택·사용되는 친족어가 달라진 것처럼 [남편]에게 사용할 수 있는 친족어도 다음과 같은 속성에 따라 선택되는 어휘소가 달라진다.

(7)

(ㄱ) [남편]: [남성], [혼인]

(ㄴ) [아버지]: [남성], [혼인], [출산]

(ㄷ) [할아버지]: [남성], [혼인], [출산], [자녀의 혼인], [자녀의 출산]

앞서 (4)를 통해 [아내], [어머니], [할머니]의 속성이 가지고 있는 세부적인 속성을 확인했다. (7)은 (4)에서 확인했던 속성 중에서 [여성]의 속성이 [남성]의 속성으로만 변했을 뿐이며 그 외의 속성은 동일하다.

(ㄱ)의 [남편]의 속성은 [혼인]과 [남성]의 속성만을 가진 대상을 대표하는 속성이다. 이 속성으로 인지되는 지시대상에게 언어 사용자인 [아내]는

친족어를 선택·사용할 때 특별히 고려해야 할 속성이 있는 것은 아니다.

(ㄴ)의 [아버지]의 속성은 [출산]을 경험하여 {자녀}가 존재하는 상황을 대표하는 속성이다. 이때 언어 사용자인 {아내}는 지시 대상뿐만 아니라 지시 대상과 {자녀}와의 관계도 고려하여 사용이 자연스러운 친족어를 선택하게 된다.[21]

(ㄷ)의 [할아버지]의 속성은 [남성], [혼인]의 속성을 가진 지시대상이 [출산], [자녀의 혼인], [자녀의 출산]을 모두 경험한 상황을 대표하는 속성이며 대부분의 지시 대상이 60대~70대 이상의 [남성]으로서 [늙음]의 속성으로 인지되는 정도가 강하다. 이때 언어 사용자는 지시 대상과 {자녀}와의 관계뿐만 아니라 {손주}와의 관계도 함께 고려한 친족어를 선택·사용하게 된다.[22]

[남편]의 속성	고려 대상	
	적극적 대상	소극적 대상
(ㄱ). [남편]	시부모	친親부모
(ㄴ). [남편], [아버지]	시부모	친親부모
	자녀子女	
(ㄷ). [남편], [아버지], [할아버지]	자녀子女	
	손주	

〈표4〉 {아내}가 고려하는 대상

---

21) 이때 [출산]은 지시 대상이 직접 경험하는 속성은 아니며 언어 사용자인 {아내}가 경험하여 {자녀}를 가지고 있음을 나타내는 말이다.

22) (7)의 속성들은 대부분 [세대世代]를 중심으로 인지되는 것으로도 볼 수 있다. [남편]의 속성은 대부분 20대~30대의 [남성]이며 [아버지]의 속성을 가진 [남성]은 대부분 40대~50대이며 [할아버지]의 속성을 가진 [남성]은 대부분 60대 이상이다. 하지만 지시 대상의 연령이 [혼인], [출산], [자녀의 출산]과 같은 속성을 무조건 충족시키는 것은 아니기 때문에 [세대世代]를 (7)의 속성을 구분하는 절대적인 속성으로 삼지 않으려고 한다.

〈표4〉는 [남편]에게 친족어를 선택·사용할 때 [아내]가 고려해야 하는 대상을 [남편]의 속성에 따라 정리한 것이다. 앞서 〈표2〉에서 살펴본 것과 달리 지시 대상의 부모 즉 [시부모媤父母]가 어휘소의 선택·사용에 적극적 요소로 분류된 것을 주목할 필요가 있다.

(ㄱ)에서 지시 대상은 [혼인]의 속성만을 가진 [남성]이다. 언어 사용자인 [아내]는 '남편의 부모'가 대화에 참여했을 경우 어휘소의 선택에 중요한 요소로 인지하게 된다. 이는 [남편]이 '아내의 부모'를 소극적 대상으로 여기는 것과 차이를 보이는데 [남편]이 [아내]에 비해 친족집단에서 [윗사람]의 속성을 가진 대상으로 인지되고 있기 때문이다.[23) 그로 인해 일상생활에서 평등관계로 인지되어 선택된 친족어라도 [시부모]가 대화에 참여할 경우 [윗사람]의 속성을 전달할 수 있는 [대우]의 의미가 포함된 다른 친족어를 선택·사용하는 것이다. 만약 [-대우]의 속성이 포함된 친족어를 지속적으로 사용하게 될 경우에도 대화가 중단될 수도 있다. 반대로 언어 사용자인 [아내]의 [친親부모]가 대화에 참여했을 경우 [대우]의 표현이 포함되지 않는 친족어를 사용해도 대화가 지속되는데 큰 무리가 없다. 이는 대화 참여자가 지시 대상보다 언어 사용자인 [아내]와 [친밀]을 더욱 공유하기 때문에 [-대우]의 속성을 사용하더라도 대화를 중단시킬 가능성이 [시부모]에 비해 크지 않기 때문이다.

(ㄴ)에서 [남편]은 [출산]을 경험하여 [아버지]의 속성을 추가로 가진다. 이때 [아내]는 [시부모]외에 추가적으로 [자녀]를 친족어의 선택·사용에 중요한 대상으로 인지하며 적절한 어휘소를 선택하게 된다.

---

23) 이와 관계되는 구체적인 이유는 논의가 진행되는 과정을 통해 확인할 수 있다.

(ㄷ)에서 [남편]은 [자녀의 결혼]과 [자녀의 출산]을 경험한 [할아버지]의 속성을 추가로 가진다. 그로 인해 [손주]가 친족어의 선택에 적극적으로 고려되는 대상으로 추가된다.

이상의 내용을 통해 확인한 〈표4〉에서 (ㄴ)과 (ㄷ)은 〈표2〉에서 확인한 내용과 큰 차이가 없다. 이는 [아내]가 [자녀]나 [손주]의 앞에서 지시 대상인 [남편]의 체면을 유지하기 위한 의도를 친족어의 선택에 반영하기 때문이다. 이는 앞서 살펴본 [남편]이 [아내]의 체면을 유지하기 위한 의도와 동일한 양상으로 이해할 수 있다. 하지만 (ㄱ)의 경우 [아내]는 [남편]의 체면을 유지하기 위한 의도라기보다는 친족 집단에서 [윗사람]의 속성을 가진 [남편]을 대우할 수 있는 친족어를 선택하여 대화 참여자인 [시부모]에 대한 예절을 지키려는 의도가 반영되어 사용이 적합한 적절한 어휘소를 선택하게 하는 것이다.

[남편]		[남편], [아버지]		[남편], [아버지] [할아버지]	
호칭어	지칭어	호칭어	지칭어	호칭어	지칭어
이름 이름+씨 자기(야) 여보(야) 오빠	당신	이름 이름+씨 자기(야) 여보(야)	당신	이름 이름+씨 자기(야) 여보(야) 임자	당신
	자기		자기		자기
	남편		남편		남편
	신랑		신랑		신랑
	바깥사람		바깥사람		바깥사람
	바깥양반		바깥양반		바깥양반
		N1+아빠	N1+아빠	N1+아빠	N1+아빠
			아이아빠		아이아빠
		N1+아버지	N1+아버지	N1+아버지	N1+아버지
					아이아버지
			아이아버지	N2+할아버지 영감	N2+할아버지
					(우리)영감

〈표5〉 결혼한 남성에게 사용할 수 있는 친족어

〈표5〉는 '결혼한 남성에게 사용할 수 있는 친족어'를 정리한 것이다. 이때 언어 사용자는 지시 대상의 [아내]이고 지시 대상은 언어 사용자의 [남편]이며 [혼인]을 유지하고 있을 때 자연스럽게 사용할 수 있다.

[남편]의 속성만을 가졌을 때 언어 사용자는 지시 대상과의 관계만을 고려한 어휘소를 선택·사용하며 특별한 경우에 한하여 대화 참여자를 고려하면 된다. [아버지]의 속성이 추가되었을 때 언어 사용자는 지시 대상 외에 [자녀]와의 관계를 추가로 고려하여 어휘소를 선택·사용하게 된다. [할아버지]의 속성이 추가되면 언어 사용자는 [자녀], [손주]와의 관계를 추가로 고려하여 어휘소를 선택·사용하게 된다.

앞서 '아내에게 사용할 수 있는 호칭어'에서 [이름]이 있음을 확인했고 비교적 제한없이 사용될 수 있음을 살펴봤다. 반면에 [아내]가 '남편의 이름'을 호칭어로 사용하는 것은 현대 언어생활에서 많은 제약이 따른다.

[이름]을 호칭어로 사용하려면 상하관계의 제약과 친소관계의 제약이 있음을 언급했다. 이때 친소관계를 나타내는 [친밀]과 관련된 속성은 [남편]과 [아내] 사이에 충분히 갖춘 것으로 볼 수 있으며 이는 앞서 살펴본 경우와 동일하다. 하지만 상하관계와 관련된 조건을 만족시키지 못한다. 즉 [이름]을 호칭어로 선택하는 주체, 언어 사용자인 [아내]가 지시 대상인 [남편]보다 [아랫사람]의 속성을 가진 것으로 인지하는 한국 언어문화의 특징 때문에 [남편]의 [이름]을 호칭어로 사용하는 것에 많은 제약이 따르게 된다.24) 하지만 [대우]의 속성이 포함된 [-씨]와 결합한 [이름+씨]의 방

---

24) 이때 '제약'이란 대화가 진행되는 상황에서 존재하는 대화 참여자에 의한 제약, 대화가 진행되는 상황에 따른 제약을 말한다. 만약 언어 사용자와 지시 대상 두 사람만이 자연스럽게 대화를 나누는 경우는 [친밀]의 속성만이 강조되기 때문에 [이름]을 호칭어로 선택·사용해도 무방하다.

법은 [-씨]가 가지는 속성에 의해 호칭어로 사용할 수 있다.

[자기(야)]나 [여보(야)]는 부부 사이에 자연스럽게 사용할 수 있는 어휘소다. 특히 [아내]가 [남편]에게 선택·사용할 때 [남편]이 [아내]에게 선택·사용하는 것보다 더욱 자연스럽다.[25]

[오빠]는 같은 항렬의 나이가 많은 친족남성에게 사용할 수 있는 친족어다. 이 어휘소는 "여동생이 같은 항렬의 나이가 많은 남성에게 사용하는 친족어"의 뜻을 지닌다. [오빠]는 현대 언어생활에서 [-친족]의 속성을 가진 비친족의 [남성]에게 호칭어로 활발히 사용되는 데 [-혼인]의 속성을 가진 당시의 언어 습관이 [혼인]의 속성을 가진 후에도 지속되어 호칭어로 사용이 자연스럽게 여겨지는 것이다. 하지만 [누나]가 부부 사이의 호칭어로 사용되는 것은 자연스럽지 않으며 집안의 윗사람에게 제약을 받게 된다.

[오빠]는 지시 대상이 [중년中年]의 속성을 가지면 그 사용빈도가 [젊음]의 속성을 가졌을 때에 비해 줄어들며 사용의 제약을 받는다. 반면에 [누나]가 부부사이에 호칭어로 사용되는 것은 현대 언어생활에서 많은 제약을 받게 된다.[26] 이는 [누나]가 [윗사람]의 속성을 가진 탓으로 이 호칭을 사용하게 되면 [남편]이 [아랫사람]의 속성으로 인지되는 탓에 사용이 자연스럽지 않은 것이다. 이러한 예는 부부관계에 있어 [±윗사람]을 구분하는 기준은 [연령年齡]이 아니라 [성별性別]과 관계되는 [남성], [여성]의 속성임을 보여주며 [남성]의 [남편]은 [여성]의 [아내]보다 나이가 어려도 [윗사람]의

---

25) 이는 이 어휘소가 언어 사용자와 지시 대상과의 관계만을 고려한 사용으로 [연인] 사이에 [이름]대신 사용되어 '애칭'의 기능을 담당하던 [자기(야)], [여보(야)]의 용법과 유사한 의도가 포함되어 있기 때문이다. '애칭'은 [이름]의 사용에 비해 [친밀]을 더욱 표현할 때 사용하는 호칭어로서 [남성]의 사용보다 [여성]의 사용이 더욱 자연스럽게 여겨진다. 이러한 탓에 [여성]의 속성을 가진 [아내]의 사용이 더욱 자연스러운 것이다.

26) 가장 큰 제약은 집안 어른에 의한 제약을 뜻한다.

속성으로 인지되고 있으며 이를 [누나]의 선택·사용의 제약을 통해 확인할 수 있다.

[남편]이 [출산]을 경험하여 [아버지]의 속성을 가지게 되면 [아내]는 [자녀]와의 관계를 고려하여 [N1+아빠]나 [N1+아버지]와 같은 호칭어를 추가로 선택·사용할 수 있다.27) 이러한 방법은 지시 대상의 체면을 보호하려는 [아내]의 의도가 포함된 것이다.

앞서 [아내]의 체면을 보호하려는 [남편]의 의도가 포함되어 [N1+엄마]의 형태가 호칭어로 사용되는 것을 확인했다. 반면에 [N1+어머니]는 호칭어로 사용되지 않는다. 하지만 [아내]는 [남편]에게 [어머니]와 같은 등급인 [아버지]가 확장된 형태인 [N1+아버지]를 호칭어로 사용하고 있다.

한국 언어문화에서 [남성]인 [남편]이 [여성]인 [아내]보다 [윗사람]으로 인지되는 것을 여러 번 언급했다. 이 특징이 [아빠]에 비해 [높임]의 속성을 가진 [아버지]를 [N1+아버지]의 형태로 확장하여 호칭어로 사용할 수 있게 하는 것이다. 하지만 한국어에서 [엄마]보다 [높임]의 속성을 가진 [어머니]의 확장 형태인 [N1+어머니]를 [아내]에게 사용하는 것을 자연스럽지 않게 여기는데 이는 [남편]이 [아내]를 [높임]의 대상으로 인지하는 것 자체를 자연스럽게 여기지 않았던 한국 언어문화의 특징을 보여주는 예라고 할 수 있다.28) 이러한 특징을 보여주는 또 다른 예는 [자네]가 있다. 앞서 [남편]은 [아내]에게 [자네]를 지칭어로 사용할 수 있으며 이는 [이름]을 직접 부르는 방법에 비해 지시 대상의 체면을 유지하기 위한 의도가 포함된

---

27) [N1]은 [자녀]의 이름이 오며 보통 첫째의 이름이 많이 사용된다.

28) 여기에서 말하는 [높임]은 [대우]와 구분되는 것임을 밝혀둔다. [자녀]와의 관계에서 지시 대상의 체면을 유지하기 위한 의도는 [대우]를 위한 것이지 그 자체가 [높임]의 속성을 포함하는 것은 아니다.

것임을 언급했다. 하지만 이 어휘소는 {남편}에게 사용되지 않는데 이는 지시 대상이 [아랫사람]의 속성을 가졌을 때 사용이 자연스러운 {자네}의 의미 때문이다. 다시 말하면 지시 대상인 [남성]의 위치가 언어 사용자인 [여성]보다 [윗사람]으로 인지되기 때문에 {자네}의 사용을 자연스럽지 않게 하는 것이다. 이러한 특징은 [할아버지]의 속성을 추가로 가진 {남편}에게 사용하는 호칭어에서도 나타난다.

앞서 [할머니]의 속성을 가진 여성에게 {할멈}을 친족어로 사용할 수 있음을 확인했다. {할멈}은 {할머니}보다 [낮춤]의 속성을 가진 어휘소다. 이는 지시 대상의 {이름}을 직접 부르는 방법대신 사용되어 지시 대상의 체면을 높여주는 기능과 [친밀]의 속성을 전달할 수 있고 추가적으로 [대우]의 속성을 함께 전달할 수는 있지만 이 어휘소 자체가 [높임]의 속성을 가진 것은 아니다.

한국어에서 {할아버지}보다 [낮춤]의 속성을 가진 어휘소로 {할아범}이 있다. 하지만 이 어휘소는 {할멈}과 달리 호칭어나 지칭어로 사용이 자연스럽지 않다. 이는 [낮춤]의 속성을 가진 탓이며 그 대신 {영감}을 호칭어로 사용한다.

{영감}은 조선시대 때 "종2품 · 정3품 당상관의 품계를 가진 관인을 높인 칭호"의 뜻을 가진 어휘소다. 이 사용이 현대에 [늙음]의 속성을 지닌 [남성]을 [대우]하려는 의도로 사용된다.[29]

[할아버지]의 속성을 가진 {남편}에게 사용할 수 있는 친족어는 {영감} 외에 {N2+할아버지}가 있다. 이는 {N2+할머니}와 같은 의도로 사용되는

---

29) 이때 [대우]는 {할아범}의 사용에 비해 [대우]의 속성을 가진 것을 뜻하며 비친족의 [남성]에게 지칭어나 호칭어로 사용할 때에도 그 속성을 전달할 수 있다.

호칭어다.

이상의 내용을 통해 친족집단에서 [아내]가 [남편]에게 사용할 수 있는 호칭어를 살펴보았다. 그 내용 중에서 가장 큰 특징은 [N1+아버지], [자네], [영감]의 용법과 같이 한국 친족집단에서 [남편]이 [아내]에 비해 [윗사람]의 속성을 가지고 있음을 나타내는 호칭어가 존재한다는 것이다. '남녀평등'을 인간관계의 중요한 요소 중 하나로 여기는 현대 언어생활에서 이와 같은 내용은 아직도 친족집단에서 만큼은 [남성]과 [여성]의 '위치 차이'가 존재하는 것을 보여주며 이를 자연스럽게 인지하고 있는 현대 언어생활의 역설적인 특징을 보여주는 내용으로 이해하면 좋을 것 같다.

[아내]에게 [남편]이 사용할 수 있는 지칭어가 호칭어에 비해 많이 존재하는 것을 앞서 확인했다. 이처럼 [남편]에게 사용할 수 있는 지칭어도 호칭어에 비해 많은 것을 <표5>를 통해 확인할 수 있다.

결혼한 [남성]에게 [아내]가 지칭어로 사용할 수 있는 어휘소는 [당신], [자기], [남편], [신랑], [바깥사람], [바깥양반], [N1+아빠], [아이아빠], [N1+아버지], [N2+할아버지], [영감] 등이 있다. 지시 대상인 [남편]이 세월의 흐름 속에서 추가로 가지는 속성에 따라 다음과 같이 그 용법을 정리할 수 있다.

[남편]의 속성만을 지닌 대상에게 자연스럽게 사용할 수 있는 어휘로 [당신]과 [자기]가 있다. 이들 어휘소는 지시 대상인 [남성]이 대화에 참여하고 있을 때 사용이 자연스러운데 이 사용상 특징은 [아내]에게 사용할 때도 동일하게 적용된다.

[남편]은 보통의 상황에서 가장 자연스럽게 사용할 수 있는 어휘소다. [당신]과 [자기]가 [친밀]을 중심으로 사용되는 어휘소라면 [남편]은 [대우]

의 속성을 가지는 어휘소다. 공적인 상황과 비공식적인 상황에 관계없이 대화 참여자가 존재하는 대부분의 상황에서 사용이 자연스럽다.

{신랑}은 {남편}에 비해 [친밀]의 느낌을 전달할 수 있고 '결혼 한 시기가 얼마 지나지 않은 대상'에게 사용이 자연스러운 어휘소다.

{남편}에게 [아버지]의 속성이 추가되었을 때 사용이 자연스러운 어휘소는 {바깥사람}, {바깥양반}, {N1+아빠}, {아이아빠}, {N1+아버지}가 있다.

{바깥사람}과 {바깥양반}은 [밖外]의 속성을 지닌 {바깥}이 결혼한 남성을 가리키는 어휘소로 확장·사용된 예이다.[30] 이는 결혼 한 여성에게 사용되던 [안內]의 속성과 대립한다. 이러한 지칭어의 사용 양상은 결혼한 남성의 주된 역할이 '집 밖에서 일을 하는 것'이고 결혼한 여성의 주된 역할이 '집 안에서 일을 하는 것'을 환유metonymy적 방법으로 인지한 것을 보여준다.

Lakoff(1986: 85)에서 Lakoff&Johnson(1980, chap8)을 인용하여 환유란 "지시하고자 하는 목표물이 가진 개념이 표현된 맥락과 의미가 가까운 거리를 유지하여 지시하는 목표물을 쉽게 이해할 수 있는 것"으로 설명했다. 이는 지시물인 {남성}이 밖에서 일을 하는 맥락과 인접한 속성으로 인지되기 때문에 {바깥사람}, {바깥양반}과 같은 환유표현이 지칭어로 자연스럽게 사용될 수 있는 것이다.

이상의 내용에서 정리한 "결혼한 남성"에게 사용할 수 있는 지칭어는 대화 참여자가 비친족의 대상일 때 사용이 자연스럽다. 반면 {N1+아빠}, {아이아빠}, {N1+아버지}와 같은 어휘소는 [친족]의 속성을 가진 대화 참여자가 대화에 참여했을 때 지칭어로 사용이 자연스러운 어휘소다.[31] 또한

---

30) 이 두 어휘소는 지시 대상인 {남편}이 [중년中年]의 속성을 가진 대상일 때 사용이 자연스러우며 [출산]의 속성을 크게 인지하여 사용되는 어휘소는 아니다.

[자식]과의 관계에서 체면을 유지하려는 의도가 포함된 사용으로 보는 것이 옳다.32)

[남편]이 [할아버지]의 속성을 추가로 가지면 {N2+할아버지}, {영감}과 같은 어휘소를 지칭어로 사용할 수 있다. 이는 호칭어로 사용되는 것과 큰 차이는 없으며 {영감}에 비해 {N2+할아버지}가 [높임]의 속성을 더욱 나타내는 사용이며 {N1+아빠}, {아이아빠}, {N1+아버지}의 용법처럼 [친족]의 대상이나 [친밀]의 속성을 공유한 [-친족]의 대상이 대화 참여자로 있을 때에는 사용이 자연스럽다.

이상의 내용을 통해 결혼한 남성에게 사용할 수 있는 친족어를 호칭어와 지칭어로 구분하여 살펴보았다. 대부분의 특징은 앞서 살펴본 [아내]를 나타내는 친족어의 특징과 동일했다. 하지만 [남성男性]의 속성을 가진 [남편]이 [여성女性]의 속성을 가진 [아내]보다 [윗사람]의 속성을 가지고 있는 것을 확인할 수 있었고 이를 고려하여 어휘소가 선택·사용되는 것에서는 차이를 보였다. 이상의 내용을 다음과 같이 정리할 수 있다.

(8) [남편]에게 사용할 수 있는 친족어의 특징

(ㄱ) 지시 대상이 가지는 속성에 따라 사용할 수 있는 친족어가 추가 된다.

(ㄴ) 호칭어보다 지칭어가 많다.

---

31) [친족]의 속성을 지닌 대화 참여자는 {N1}과 {N2}에 오는 대상의 이름을 알고 있다. 그런 이유로 대화에 이러한 지칭어를 사용해도 제약을 받지 않는다. 만약 [친밀]의 속성을 공유한 대화 참여자가 대화에 참여한 경우에 [-친족]의 속성을 지녀도 {N1}과 {N2}의 대상이 되는 정보를 알고 있다면 이와 같은 지칭어를 사용해도 무방하다.

32) {N1+아빠}나 {아이아빠}의 사용에 비해 {N1+아버지}는 [높임]의 속성을 추가로 전달하려는 의도가 포함된 것이며 이들 어휘소 모두 지시 대상의 체면을 유지하려는 의도가 포함되어 있다.

(ㄷ) (이름)을 호칭어로 사용하는 것에 제약이 많다.

(ㄹ) 체면보호행위Face Saving Act뿐만 아니라 지시 대상인 (남편)에게 (높임)의 속성을 함께 전달하려는 의도로 선택되는 어휘소가 존재한다.

(ㅁ) (남성)의 속성을 지닌 (남편)이 (여성)의 속성을 지닌 (아내)보다 (윗사람)으로 인지되는 것을 나타내는 어휘소가 많다.

2. (부모父母)와 (자녀) 사이의 친족어

(부모父母)와 (자녀) 사이에 사용할 수 있는 친족어는 (자녀)를 (출산)한 이후부터 선택이 고려되는 어휘소이다. (자녀)의 수에 따라 지칭어와 호칭어가 달라 질 수 있기 때문에 (한 자녀)와 (부모) 사이의 친족어, (다多자녀)와 (부모) 사이의 친족어로 구분하여 논의하도록 한다.

2.1 한 자녀와 부모 사이의 친족어

'한 자녀와 부모 사이의 친족어'라는 뜻은 (출산을 경험한 (남편)과 (아내)의 사이에 (자녀)가 한 명 출생하여 (아버지), (어머니)로 불리게 되는 시점에서 서로에게 사용되는 친족어를 나타내는 말이다. 이때 지시 대상은 (혼인)의 속성을 공유한 (남편)과 (아내)이며 언어 사용자는 (자녀)인 상황과 그 반대되는 상황이 해당된다.

손남익(2008)은 (아버지)와 (어머니)를 친족어의 원형에 가장 가까운 어휘소로 설정했다. 또 이 어휘소는 한국어 친족어에서 사용 빈도가 가장 높은 어휘소 중 하나로 기초어휘 중에서 가장 기초가 되는 어휘소라 할 수 있다. 하지만 (부부夫婦)가 (혼인)의 속성만을 가졌을 때 그들을 (아버지)와 (어머니)로 불러줄 대상이 없기 때문에 모든 친족집단에서 높은 빈도로

사용되는 어휘소라 볼 수 없다. [출산]을 경험하여 {자녀}가 출생한 후에야
비로소 기초 어휘의 자격을 갖추게 되는 것이다.

{어머니}와 {아버지}를 논의의 대상으로 삼은 논문은 김광순(2012)와 김
광순(2014)가 있다. 지금 논의의 바탕이 되는 {아버지}, {어머니}와 관련된
논의는 두 논문에서 언급했던 내용을 참고하여 정리하도록 한다.

지칭어				호칭어			
자녀		부모		자녀		부모	
남성	여성	남성	여성	남성	여성	남성	여성
이름	이름	아버지	어머니	이름	이름	아버지	어머니
아들	딸	아빠	엄마	아들	딸	아빠	엄마
아들내미	딸내미						
아드님	따님	아버님	어머님	아드님	따님	아버님	어머님
내 새끼		부父	모母				
		부친父親 ⋮	모친母親 ⋮				

〈표6〉 한 {자녀}와 {아버지}, {어머니}의 호칭어와 지칭어

〈표6〉은 한 자녀와 부모 사이에서 사용할 수 있는 친족어를 정리한 것
이다. 먼저 언어 사용자인 {부모}가 지시 대상인 {자녀}를 부르거나 지칭하
는 할 때 사용하는 어휘소에 대해 확인하도록 한다.

{부모}가 {자식}에게 지칭어나 호칭어로 가장 활발하게 사용하는 어휘소
는 지시 대상의 {이름}이다. 앞서 [이름]을 사용할 때 언어 사용자와 지시
대상과의 관계에 있어 상하 관계가 존재하며 [친밀]의 공유가 필요함을
언급했는데 {부모}가 {자녀}의 {이름}을 호칭어나 지칭어로 사용하는 것은
이 두 조건을 자연스럽게 충족하고 있기 때문에 가능하다.[33]

[아들]과 [딸]은 지시 대상의 [성별性別]을 고려하여 [남성]에게는 [아들], [여성]에게는 [딸]을 선택하여 호칭어와 지칭어 모두 사용할 수 있다.

현대 언어생활의 대부분의 상황에서 [아들]과 [딸]이 [이름]에 비해 호칭어로 사용되는 빈도는 낮다. 하지만 특수한 상황과 맥락에서 [이름]을 직접 부르는 방법보다 [친밀]의 속성을 전달할 수 있다.

[아들]과 [딸]이 지칭어로 사용될 때 지시 대상의 [이름]을 모르는 [-친밀]의 속성을 공유한 대화 참여자가 있을 경우에 지칭어로 사용될 수 있다.[34]

[아들내미], [딸내미]의 경우 [아들], [딸]의 사용에 비해 더욱 [친밀]을 나타내려는 의도로 사용될 수 있다. 지칭어로 자연스럽게 사용되며 호칭어로 사용되는 것은 어색하다.

[아드님]과 [따님]은 [아들], [딸]에 [-님]이 결합하여 [높임]의 속성을 전달하려는 의도가 포함된 것으로 여길 수 있다. 하지만 [윗사람]의 속성을 가진 [부모]가 사용하기 때문에 지시 대상에게 [높임]의 속성을 전달하는 것으로 보기에는 무리가 있으며 제한된 특정 상황에서 [대우]의 표현이 포함된 [소중함]의 속성을 전달하려는 의도로 선택·사용되는 어휘소로 보는 것이 타당하다.

[아드님]과 [따님]은 [부모]외에 [-친족]의 속성을 지닌 비친족의 언어 사용자가 지칭어로 사용할 수도 있다. 이때 언어 사용자는 자신과 지시 대상의 [부모]와의 사회적 거리를 고려하여 사용하며 자신이 [아랫사람]

---

33) [이름]은 지시 대상인 [자녀]가 대화에 참여하지 않는 상황에서도 지칭어로 사용이 가능하다. 이때 대화 참여자는 언어 사용자와 [친밀]을 공유한 관계로서 언어 사용자가 지칭하는 [이름]이 그의 [자녀]임을 알고 있기에 사용이 자연스러운 것이다.
34) 지시 대상의 [이름]을 알고 있는 경우라도 특수한 상황에 한 하여 [이름]대신 [친밀]의 속성을 전달하려는 의도가 포함되어 사용되기도 한다.

으로 인지되거나 대화 참여자인 {부모}에게 [높임]의 속성을 전달하려는 의도가 있을 때 선택·사용하는 어휘소다.

{내새끼}는 {내}+{새끼}가 결합한 어휘소다. 「표준국어대사전」에서 {새끼}는 "낳은 지 얼마 안 된 어린 짐승이나 자식을 낮잡아 이르는 말"로 정리한다. 이를 정리하면 [-사람]이나 [낮춤]의 속성을 가진 어휘소가 {새끼}의 기본의미다. 하지만 {내새끼}가 친족어로 사용될 때 [낮춤]의 속성을 전달하지 않는다. 사용 빈도는 높지 않지만 지시 대상이 대화에 참여한 상황에 제한하여 [소중함]의 속성을 표현하려는 의도로 사용되는 지칭어이다.

이상의 내용을 통해 확인한 지칭어와 호칭어의 특징을 다음과 같이 정리할 수 있다.

> (9) {자식}에게 사용할 수 있는 친족어의 특징
>
> (ㄱ) {이름}이 가장 높은 빈도로 사용된다.
>
> (ㄴ) {아들}, {딸}, {아드님}, {따님}, {아들내미}, {딸내미}는 [성별性別]로 구분하여 사용하는 어휘소다.
>
> (ㄷ) {아드님}, {따님}은 [-님]에 의해 [높임]의 속성을 가졌으나 [친밀], [소중함]을 더욱 전달하려는 의도를 나타낸다.
>
> (ㄹ) {아들내미}, {딸내미}는 [친밀]을 나타내려는 의도를 가진 어휘소다.
>
> (ㅁ) {내새끼}는 [-사람], [낮춤]의 속성을 가졌으나 이 또한 [친밀], [소중함]의 속성을 전달하려는 의도를 나타낸다.
>
> (ㅂ) 체면보호행위Face Saving Act를 위한 특정 어휘소가 존재하지 않는다.

{자녀}가 {부모}에게 사용할 수 있는 가장 기본적인 친족어는 {아버지}와

[어머니]가 있다.35) 이 두 어휘소는 [아빠], [아버님], [아비], [부父], [엄마], [어머님], [어미], [모母]의 확장에 가장 기본이 되는 어휘소다. 하지만 실제 언어생활에서 사용빈도가 [아빠], [엄마]에 비해 높지 않다.36)

[아빠]와 [엄마]는 [친밀]의 속성을 전달하려는 의도가 포함된 어휘소이다. 또한 실제 언어생활에서 호칭어로서 선택·사용이 가장 활발한 어휘소이며 공식적인 상황에서 지칭어로 사용되는 것은 자연스럽지 않다.

[아버님]과 [어머님]은 [높임]의 속성이 포함된 어휘소이며 실제 언어생활에서 호칭어로의 선택·사용은 자연스럽지 않은 편이나 공식적인 상황에서 지칭어로 사용은 자연스럽다. 이 두 어휘소는 현대 언어생활에서 언어 사용자와 [-혈연]의 [친족] 관계인 [가시부모]와 [시부모]를 지칭할 때 더 자연스럽게 사용되고 있다.

[부父]와 [모母]는 [한자]의 속성을 가진 어휘소로서 가족관계증명서나 주민등록등본과 같은 서류에서 언어 사용자와의 관계를 나타낼 때 지칭어로 사용된다. 또한 [부친父親]과 [모친母親]으로 확장하여 공식적인 상황에서 지칭어로 사용될 수도 있는 어휘소이나 호칭어로 사용은 어색하다.37)

이상의 내용을 통해 살펴본 [부모]에게 사용할 수 있는 친족어의 특징을 다음과 같이 정리할 수 있다.

---

35) [어머니]는 김광순(2012), [아버지]는 김광순(2014) 참고.
36) [아비]와 [어미]는 [낮춤]의 속성이 포함된 어휘소이며 실제 언어생활에서 [자녀]가 친족어로 선택·사용하지 않는다.
37) 이 범주에 속하는 어휘소는 [낮춤]의 속성을 가진 [아비]와 [어미]를 가지나 친족집단에서 사용되지 않기 때문에 논의의 대상에서 제외했으며 2장에서 논의하도록 한다.

(10) {부모父母}에게 사용할 수 있는 친족어의 특징

(ㄱ) 지시 대상의 {성별性別}이 어휘소의 선택에 중요한 요소로 작용한다.

(ㄴ) {아버지}는 {아빠}, {아버님}, {아비}, {부父}, {어머니}는 {엄마}, {어머님}, {어미}, {모母}와 같이 다양한 어휘소가 존재하지만 {아빠}, {엄마}가 호칭어로 가장 활발히 사용된다.

(ㄷ) 한 번 선택된 호칭어는 오랜 시간 지속적으로 사용된다.

(ㄹ) 대화가 진행되는 주변 상황에 따라 지칭어가 각기 달리 선택·사용된다.

2.2 {多多자녀}와 {부모} 사이의 친족어

이 논의에서 {多多자녀}란 두 명 이상의 {자녀}를 뜻하는 말로 정의한다. 두 명 이상의 자녀가 [출생]하면 앞서 살펴본 {자녀}와 {부모}의 관계에서 사용할 수 있는 친족어에 [태어난 순서]를 중심으로 확장된 친족어가 추가된다.[38]

지칭어		호칭어	
남자	여자	남자	여자
맏이, 큰아이, 첫째아이		큰애야, 첫째야	
첫째아들, 장남, 큰아들, 맏아들	첫째딸, 장녀, 큰딸, 맏딸		
작은아이, 둘째아이		둘째야, 작은애야	
둘째아들, 차남, 작은아들	둘째딸, 차녀, 작은딸		
막내, 막내아이, 막둥이		막내야, 막둥아	
막내아들	막내딸		

〈표7〉 多多 {자녀}에게 사용할 수 있는 지칭어와 호칭어

---

38) 〈표6〉에서 언급한 내용은 제외하고 논의하지 않은 내용만 논의하기로 한다.

한 명의 자녀만으로 구성된 가족은 [부모]가 지시 대상의 [성별性別]만을 고려하여 친족어를 선택·사용했었다. 하지만 〈표7〉과 같이 다多자녀로 구성된 친족집단에서는 지시 대상의 [성별性別]뿐만 아니라 [태어난 순서]를 추가로 고려하여 친족어를 선택·사용한다.[39]

언어 사용자인 [부모]는 지시 대상의 [태어난 순서]와 지시 대상의 [성별性別]을 고려하여 [첫째], [둘째], [셋째]같은 수사와 [아들], [딸]이 결합한 형태인 [첫째아들], [첫째딸], [둘째아들], [둘째딸]과 같은 방법을 지칭어로 사용한다. 또 [태어난 순서]만을 고려하여 [첫째아이], [둘째아이]와 같은 어휘소도 지칭어로 사용된다. 이 내용을 바탕으로 지칭어와 호칭어로 사용되는 어휘소의 특징을 보다 구체적으로 살펴보도록 한다.

[남편]과 [아내]사이에 처음 태어난 [자녀]에게는 [처음]의 속성이 포함된 [첫째아들], [첫째딸]과 같은 어휘소를 지칭어로 사용한다. 또한 [크다]와 결합된 [큰아들], [큰딸]과 같은 어휘소도 지칭어로 사용할 수 있다.[40] 이들 어휘소는 [성별性別]을 함께 고려하여 사용하는 지칭어이다. 반면에 [성별性別]을 고려하지 않고 [태어난 순서]만을 고려한 지칭어도 존재하는데 [첫째아이], [큰아이]가 그 예이다.

[맏이]는 첫째에게 지칭어로 사용할 수 있는 또 다른 어휘소로서 [아들]과 [딸] 모두에게 사용이 가능하며 [맏아들], [맏딸]과 같은 [성별性別]을 추

---

39) [태어난 순서]는 동일한 [아버지]와 [어머니] 사이에 태어나 [혈연]을 공유하고 있는 지시 대상들을 구분하는 방법을 뜻한다.
40) 이때 [크다]가 가지는 의미를 사전 의미 자체로 이해하는 것은 무리가 있다. [크다]의 대상은 지시 대상의 신체 어느 일부 중 한 곳인데 [±크다]와 관련된 속성은 [태어난 순서]와 관계없기 때문이다. 이때 [크다]가 가진 의미는 [태어난 순서]가 빠른 것을 뜻하는 의미 혹은 아기 시절에 다른 동생에 비해 신체가 컸던 시절의 사용습관이 고정된 것으로 이해하는 것이 타당하다.

가로 고려한 어휘소도 지칭어로 사용이 가능하며 [장남長男], [장녀長女]도 비슷한 속성을 가진 지칭어로 사용되는 어휘소다.

[부모]가 [자식]에게 호칭어를 선택·사용할 때 가장 자연스러운 방법은 지시 대상의 [이름]을 직접 부르는 것이다. 하지만 [이름]대신 [태어난 순서]에 초점을 두고 호격조사 [-야]와 결합하여 [첫째야], [큰애야]와 같은 방법이 호칭어로 사용될 수 도 있다. 하지만 [성별性別]의 구분을 둔 어휘소와 [-야]가 결합된 [첫째아들아], [큰아들아]와 같은 용법은 자연스럽지 않다.[41]

두 번째 순서로 태어난 [자녀]에게는 [둘째아들], [둘째딸], [작은아들], [작은딸]과 같은 확장 어휘소가 지칭어로 사용된다. 또한 [태어난 순서]만을 고려한 [둘째아이], [작은아이]와 같은 어휘소가 있다.

호격조사 [-야]와 결합하여 [둘째야], [작은애야]와 같은 형태를 호칭어로 사용할 수 있다. 이는 처음 태어난 [자녀]에게 사용하는 친족어의 용법과 동일하다. 하지만 [맏이], [맏아들], [맏딸], [장남], [장녀]처럼 숫자가 사용되지 않고 지칭이 가능한 어휘소는 존재하지 않는 차이가 있다.[42]

한 집안의 [자녀] 중에서 마지막에 태어난 대상에게는 [막내], [막둥이]와 같은 어휘소를 지칭어로 사용한다. 이 어휘소는 [태어난 순서]에 초점을 맞춘 [셋째아들], [셋째딸]과 같은 어휘소에 비해 사용이 자연스럽다. 또한 [성별性別]의 속성을 추가하여 [막내아들], [막내딸]과 같은 어휘소를 지칭

---

41) 이런 용법은 [첫째]뿐만 아니라 [둘째], [셋째]등과도 결합하여 자연스럽게 사용될 수 있다.
42) 한 집안에서 [자녀]가 4명 이상일 때는 [태어난 순서]를 고려하여 [셋째-], [넷째-]와 결합하여 지칭어로 사용할 수 있다. 다만 [장남]과 [맏이], [막내]와 같은 특별한 지칭어는 존재하지 않는다.

어로 사용할 수 있다.

ㅣ-야와 결합한 ㅣ막내야ㅣ, ㅣ막둥아ㅣ와 같은 형태의 확장 어휘소는 호칭어로 사용할 수 있다. 이러한 용법이 호칭어로 사용될 때는 호격조사 ㅣ-야와 결합하여 ㅣ첫째야ㅣ, ㅣ큰애야ㅣ와 같은 방법으로 사용하는 것이다. 하지만 ㅣ성별性別ㅣ의 구분을 둔 어휘소와 ㅣ-야가 결합된 ㅣ막내아들아ㅣ, ㅣ막내딸아ㅣ와 같은 용법은 자연스럽지 않다.

이상의 내용을 통해 ㅣ부모ㅣ가 ㅣ자식ㅣ에게 사용할 수 있는 어휘소로 ㅣ태어난 순서ㅣ에 초점을 둔 ㅣ첫째야ㅣ, ㅣ둘째야ㅣ 같은 어휘소를 사용하는 방법과 ㅣ성별性別ㅣ의 구분을 둔 ㅣ아들ㅣ과 ㅣ딸ㅣ이 결합한 어휘소를 사용하는 방법, ㅣ성별性別ㅣ의 대립이 사라진 ㅣ아이ㅣ와 ㅣ태어난 순서ㅣ에만 초점을 둔 ㅣ첫째아이ㅣ, ㅣ둘째아이ㅣ와 같은 방법의 어휘소가 자연스럽게 사용될 수 있음을 확인할 수 있었다. 특히 ㅣ아이ㅣ가 결합한 이들 어휘소는 ㅣ아들ㅣ, ㅣ딸ㅣ처럼 ㅣ성별性別ㅣ을 구분하여 사용하는 어휘소와 다음과 같은 차이를 확인할 수 있을 것이다.

(11) 아이

㈀ 나이가 어린 사람. ≒아자02兒子.

㈁ 남에게 자기 자식을 낮추어 이르는 말.

㈂ 아직 태어나지 않았거나 막 태어난 아기.

㈃ 어른이 아닌 제삼자를 예사롭게 이르거나 낮잡아 이르는 말.

(11)은 ㅣ아이ㅣ의 사전 정보를 「표준국어대사전」을 통하여 정리한 것이다. 이 중에서 친족어로 사용되는 ㅣ아이ㅣ의 의미는 ㈁이다. 사전에서는 ㅣ아

이)를 [낮춤]의 속성을 가진 어휘소로 정리한다. 하지만 (큰애야), (둘째야) 같은 어휘소의 사용이 [낮춤]의 속성을 전달하는 것으로 인지하기에 무리가 있다. 특히 이들 어휘소는 (부모)와 (자녀)만의 개인적인 대화에서도 호칭어로 사용되고 있는 데 이러한 예를 바탕으로 본다면 (아이)를 [낮춤]의 속성을 전달하려는 의도가 포함된 것으로 보기에는 무리가 크다. 그저 어휘소가 가지는 성격에만 초점을 맞춰 [성별性別]과 관계없이 [자녀]에만 초점을 둔 어휘소로 용법의 의미차이를 정리할 수 있을 것이다.[43)]

이상의 내용을 통해 부모가 한 명이상의 자녀에게 사용할 수 있는 친족어의 용법을 살펴보았다. 이를 다음과 같이 정리하도록 한다.

(12) (부모父母)가 한 명이상의 자녀에게 사용할 수 있는 친족어의 특징

(ㄱ) 지시 대상의 [태어난 순서]가 어휘소의 선택·사용에 가장 중요한 요소다.

(ㄴ) 지시 대상의 [성별性別]이 고려된 어휘소도 존재한다.

(ㄷ) [태어난 순서]를 고려하여 [처음]과 [마지막]의 속성을 가진 지시 대상 에게는 (맏이), (막내)와 같은 친족어로만 사용되는 특별한 어휘소가 존재하는데 이를 바탕으로 태어난 처음과 끝을 특별히 인지하고 있는 한국 문화의 특징을 확인할 수 있다.

(ㄹ) 대화가 진행되는 주변 상황에 따라 지칭어가 각기 달리 선택·사용 될 수 있으나 크게 중요한 사항은 아니다.

---

43) 지시 대상의 (이름)을 직접 부르는 방법에 비해 [친밀]의 속성을 전달할 수 도 있다.

3. {형제兄弟}, {자매姉妹}, {남매男妹}의 친족어

가족 집단에서 같은 항렬인 {형제兄弟}, {자매姉妹}, {남매男妹} 사이에 사용할 수 있는 친족어는 {형}, {누나}, {언니}, {오빠}가 있다. 이들 어휘소의 용법에 대해서 김광순(2015)은 친족 집단과 비 친족 집단으로 구분하여 다양한 상황에서 사용되는 어휘소의 의미를 화용론의 관점을 활용하여 논의한 바 있는데 이 내용을 참고하여 {형제兄弟}, {자매姉妹}, {남매男妹} 사이에서 사용할 수 있는 친족어의 용법을 논의한다.

언어 사용자: [남성]		언어 사용자: [여성]	
지시 대상		지시대상	
[남자]	[여자]	[남자]	[여자]
형	누나	오빠	언니
이름+형	이름+누나	이름+오빠	이름+언니
첫째 형 큰 형	첫째 누나 큰 누나	첫째 오빠 큰 오빠	첫째 언니 큰 언니
둘째 형	둘째 누나	둘째 오빠	둘째 언니
작은 형	작은 누나	작은 오빠	작은 언니
막내 형	막내 누나	막내 오빠	막내 언니

〈표8〉 같은 항렬의 [윗사람]에게 사용할 수 있는 친족어

〈표8〉은 같은 항렬의 윗사람인 {형}, {오빠}, {누나} {언니}에게 사용할 수 있는 어휘소를 정리한 것이다. 지금까지 정리한 다른 친족어들은 지칭어와 호칭어가 비교적 명확히 구분되어 사용되고 있었다. 하지만 〈표8〉의 경우 지칭어와 호칭어의 특별한 구분이 없는 것을 알 수 있다.

같은 항렬의 윗사람에게 친족어를 선택·사용할 때 언어 사용자는 지시 대상의 [성별性別]뿐만 아니라 언어 사용자 자신의 [성별性別]을 어휘소의

선택·사용에 필수 요소로 고려한다. 이 사용에서 언어 사용자는 지시 대상과 같은 [부모]의 [혈연]을 공유한 [남동생]이나 [여동생]이며 지시 대상은 언어 사용자와 같은 항렬에 있고 [윗사람]의 속성을 가진 [남성]이나 [여성]이다. 이때 [윗사람]의 속성은 [나이차]를 고려하여 설정되며 같은 항렬일 경우 나이가 많은 사람이 [윗사람]이 된다.

[형]은 언어 사용자와 지시 대상이 모두 [남성]일 때 사용되는 친족어다. 현대 언어생활에서 대부분의 가정이 [출산]을 많이 하지 않기 때문에 언어 사용자는 대부분 한 명의 형만을 가지며 특별한 구분 없이 [형]을 지시어와 호칭어로 사용하면 된다. 하지만 형제의 수가 많아 구분이 필요할 때에는 [태어난 순서]를 중심으로 [첫째], [둘째], [셋째]와 [형]이 결합한 형태를 지칭어나 호칭어로 사용할 수 있다. 또한 [첫째형]과 [둘째형]의 경우 [큰형], [작은형]같은 어휘소로도 사용할 수 있다. 이러한 용법은 [형]뿐만 아니라 [누나], [오빠], [언니]에서도 동일한 방법으로 확장·사용된다.

[누나]는 언어 사용자가 [남성], 지시 대상이 [여성]일 때 사용되는 친족어다. [오빠]는 언어 사용자가 [여성], 지시 대상이 [남성]일 때 사용되는 친족어다. [언니]는 언어 사용자와 지시 대상 모두 [여성]일 때 사용되는 친족어이며 이들 어휘소 모두 [형]의 용법과 선택·사용의 양상이 동일하다. 이처럼 한국어는 같은 항렬의 동기同氣에게 친족어를 사용할 때 언어 사용자와 지시 대상의 [성별性別]을 모두 고려해야 하는 것을 확인할 수 있다. 또한 지시 대상의 [이름]과 [형], [누나], [언니], [오빠]등이 결합하여 지칭어나 호칭어로 사용될 수 도 있으나 [이름]만이 사용되지 않는다. 이는 지시 대상이 되는 [형], [누나], [언니], [오빠]가 언어 사용자와의 관계에서 [윗사람]의 속성을 가졌기 때문이다.

이상의 내용을 통해 [형제兄弟], [자매姉妹], [남매男妹] 관계에서 사용할 수 있는 친족어와 그 특징을 살펴보았다. 앞서 살펴본 다른 친족어와 비교했을 때 가장 큰 특징은 언어 사용자 자신과 지시 대상의 [성별性別]이 어휘소의 선택·사용에 중요한 요소로 작용하는 것이다. 또 다른 특징으로 지칭어와 호칭어의 구분이 크게 없다는 것이다. 앞서 살펴본 친족어들은 호칭어와 지칭어가 구분되었으며 대화가 진행되는 상황에 따라 사용이 자연스러운 어휘소가 달리 존재했지만 [형제兄弟], [자매姉妹], [남매男妹] 관계에서 사용되는 어휘소는 [형], [누나], [언니], [오빠]와 같은 4개의 어휘소 이외의 다른 어휘소가 특별히 존재하지 않는 차이를 보였다.

지칭어		호칭어	
남자	여자	남자	여자
동생		이름	
첫째동생, 큰동생, 둘째동생, 작은 동생, 막냇동생			
남동생	여동생		
첫째 남동생 둘째 남동생	첫째 여동생 둘째 여동생		

〈표9〉 [동생]에게 사용할 수 있는 친족어

〈표9〉는 동생에게 사용할 수 있는 친족어를 정리한 것이다. [동생]은 언어 사용자와 같은 [부모] 사이에서 태어나 [혈연]을 공유하며 [태어난 순서]가 늦은 대상을 말한다. 어휘소의 선택·사용에 [태어난 순서]가 가장 중요하게 고려되며 지시 대상의 [성별性別]이 추가된 확장 어휘소도 존재한다.[44]

---

44) [아우], [누이], [누이동생]과 같이 성性을 중심으로 사용이 구분되는 어휘소가 존재

언어 사용자가 [동생]에게 호칭어로 사용할 수 있는 가장 자연스러운 어휘소는 지시 대상의 [이름]이다. 이는 [동생]이 [아랫사람]의 속성을 가지고 있으며 [친밀]을 공유하고 있기 때문에 사용이 자연스러운 것이다.[45]

[동생]은 지칭어로 사용할 수 있는 가장 기본적인 어휘소이며 [태어난 순서]에만 초점을 두고 있는데 대부분의 상황에서 사용이 자연스럽다. 또 언어 사용자는 [성별性別]을 구분하여 [남동생], [여동생]의 확장 어휘소를 지칭어로 사용할 수 있는데 이는 언어 사용자와 대화 참여자가 [-친밀]을 공유한 탓에 서로에 대한 배경지식이 부족하여 대화가 진행되는 것을 방해할 수 있는 상황에서 [이름] 대신 사용이 자연스러운 어휘소다.

[동생]이 2명 이상일 때 [태어난 순서]에 초점을 둔 [첫째동생], [둘째동생]과 같은 어휘소도 지칭어로 사용할 수 있다. 또한 [성별性別]을 함께 고려하여 [첫째남동생], [첫째여동생]과 같은 어휘소도 사용할 수 있다. 또한 [큰동생], [작은동생], [막냇동생]등의 어휘소도 [태어난 순서]가 고려된 [동생]의 확장 어휘소로서 지칭어로 사용할 수 있다.[46] 이들 어휘소는 모두 외부적인 요인과 관계없이 언어 사용자와 지시 대상과의 관계만을 어휘소의 선택·사용에 중요하게 고려한다.

이상의 내용을 바탕으로 [동생]에게 사용할 수 있는 친족어의 용법을

하기 도하나 현대 언어생활에서 그 쓰임이 활발하지 않고 이들 어휘소 대부분 남성 언어 사용자를 중심으로 생성되었다는 점에서 친족어의 용법이 남성을 중심으로 발달되어 왔음을 보여준다.

45) [이름] 외에 호칭어로 사용되는 특정 어휘소는 존재하지 않는다. 다만, [친밀]의 속성을 공유하고 있는 사이기 때문에 특정 '애칭'을 사용할 수는 있다.

46) [막냇동생]은 한 집안에서 마지막에 태어난 대상을 지칭할 수 있는 특별한 어휘소가 존재하는 것을 보여준다. 이는 [부모]가 [태어난 순서]가 가장 마지막인 [자식]을 지칭할 때 사용되던 [막내]와 [동생]이 결합된 어휘소다.

살펴보았다. 가장 큰 특징은 언어 사용자와의 관계에서 [태어난 순서]를
가장 기본되는 속성으로 인지하는 것이다. 또 [형], [누나], [언니], [오빠]는
언어 사용자와 지시 대상의 [성별性別]을 모두 고려하여 사용하는 것과 달
리 [동생]은 지시 대상의 [성별性別]만을 고려한 [남동생]과 [여동생]과 같은
확장 어휘소를 가지는 것을 확인했다. 이상의 내용을 다음과 같이 정리하
도록 한다.

(13) [형제兄弟], [자매姉妹], [남매男妹]가 사용하는 친족어의 특징

(ㄱ) [형], [누나], [언니], [오빠]는 지칭어와 호칭어의 특별한 구분이 없다.

(ㄴ) [형], [누나], [언니], [오빠]는 언어 사용자와 지시 대상의 [성별性別]이
함께 고려되는 어휘소다.

(ㄷ) [태어난 순서]를 나타내는 [첫째], [둘째]와 같은 어휘소와 [형],
[누나], [언니], [오빠], [동생]이 결합된다.

(ㄹ) [윗사람]의 속성을 지닌 [형], [누나], [언니], [오빠]는 [아랫사람]의
속성을 지닌 [동생]의 [이름]을 호칭어, 지칭어로 사용할 수 있다.

(ㅁ) 어휘소의 선택·사용이 외부적인 요소에 크게 영향을 받지 않는다.

(ㅂ) [동생]은 [태어난 순서]를 가장 중요한 속성으로 삼는 어휘소다.

4. [손주]와 [할아버지], [할머니]의 친족어

[할아버지]와 [할머니]는 [남편]과 [아내]의 관계처럼 [부부夫婦]를 구성
하는 어휘소이다. [남편]과 [아내]에서 시작된 이들은 세월의 흐름 속에서
[출산]을 경험한 뒤 [아버지]와 [어머니]의 역할을 담당하다가 [늙음]의 속성
이나 [자녀의 출산]과 같은 속성을 추가로 가지게 되어 [할아버지]와 [할머
니]로 인식되게 된다.

지칭어				호칭어			
손주		조부모祖父母		손주		조부모祖父母	
남성	여성	남성	여성	남성	여성	남성	여성
이름		할아버지	할머니	이름		할아버지	할머니
손자	손녀						
장손 맏손자 큰손자	장손녀 맏손녀 큰손녀	할아버님	할머님			할아버님	할머님
		조부祖父	조모祖母				
막냇손자	막냇손녀	조부님	조모님				
친親손자	친親손녀	친親할아버지	친親할머니			친親할아버지	친親할머니
		친조부親祖父	친조모親祖母				
외外손자	외外손녀	외外할아버지	외外할머니			외外할아버지	외外할머니
		외조부外祖父	외조모外祖母				
		N+할아버지	N+할머니				

<표10> {손주}와 {할아버지}, {할머니}의 친족어

　　〈표10〉은 {손주}와 {할아버지}, {할머니}의 사이에서 사용할 수 있는 친족어를 정리한 것이다. 친족집단에서 이들의 관계는 [혈연]을 중심으로 형성된 관계다. 먼저 {손주}가 {할아버지}, {할머니}에게 사용할 수 있는 친족어를 살펴보기로 한다.

　　가장 기본되는 어휘소는 {할아버지}와 {할머니}다. 언어 사용자인 {손주}는 [남성]에게 {할아버지}, [여성]에게 {할머니}를 사용한다. 호칭어로 사용이 가장 활발한 어휘소이며 지칭어로도 사용이 가능하다.

　　{할아버님}과 {할머님}은 [높임]의 속성을 가진 {-님}과 {할아버지}, {할머니}가 결합한 어휘소이며 공식적인 상황에서 지칭어로 사용이 자연스러우

며 호칭어로 사용은 활발한 편은 아니다.

[조부祖父]와 [조모祖母]는 [한자]의 속성을 가진 [할아버지], [할머니]의 확장 어휘소다. 호칭어로 사용은 자연스럽지 않으며 [할아버님], [할머님]처럼 공식적인 상황에서 지칭어로 사용이 가장 자연스러운 어휘소다.

언어 사용자는 [친가親家]와 [외가外家]를 중심으로 [할아버지], [할머니]를 구분하기도 한다. 이는 [할아버지], [할머니]가 [성별性別]의 대립뿐만 아니라 또 다른 속성으로 대립 양상을 가지는 어휘소임을 보여주는 예이다.

[친가親家]는 [친할아버지]와 [친할머니], [외가外家]는 [외할아버지]와 [외할머니]의 확장 어휘소를 가지게 한다. 이들 어휘소는 호칭어로 사용될 수도 있으나 활발한 편은 아니며 [친가親家]와 [외가外家]의 구분이 필요한 특정 상황에서 지칭어로 사용된다. 또한 [친조부親祖父], [친조모親祖母], [외조부外祖父], [외조모外祖母]와 같은 형태의 확장 어휘소도 존재하며 이 또한 지칭어로 사용이 자연스럽다.

현대 언어생활에서는 한국 전통사회에 비해 [친가親家]과 [외가外家]의 구분을 중요하게 여기지 않는 것 같다. 이는 [친할아버지], [외할아버지], [친할머니], [외할머니]를 구분하여 호칭어로 사용하는 빈도가 낮기 때문이기도 하지만 [친가親家]와 [외가外家]의 속성을 전달하지 않기 위한 의도로 [N+할아버지]나 [N+할머니]의 형태로 이들을 구분할 수 있는 어휘소를 생산하기 때문이다. 이때 [N]은 [지역]이나 [지시 대상의 특징] 등이 올 수 있으며 이러한 용법은 [친가親家]와 [외가外家]의 속성을 가진 대상 누구에게나 동일한 방법으로 확장·사용되고 있다.

[할아버지], [할머니]가 [손주]에게 사용할 수 있는 친족어는 지시 대상의 [성별性別]이 어휘소의 선택·사용에 중요한 요소가 된다. 하지만 [이름]

을 직접 사용하는 방법은 지시 대상의 [성별性別]이 어휘소의 선택에 중요한 요소는 아니다.

[이름]은 [할아버지], [할머니]가 [손주]에게 사용할 수 있는 친족어의 용법 중에서 가장 자연스러운 방법으로 언어 사용자와 지시 대상과의 관계에서 [친밀]이 공유되고 언어 사용자가 [윗사람]의 속성을 가졌기 때문에 사용이 가능하다. 또한 [친밀]을 공유하여 지시 대상의 [이름]을 알고 있는 대화 참여자가 있을 경우에 제한하여 지칭어로서의 사용이 가능하다.

[손자]와 [손녀]는 [성별性別]을 중심으로 구분된 어휘소로서 지칭어로 사용이 가능하다. 또한 한 명 이상의 [손주]가 있을 때 [태어난 순서]를 중심으로 구분할 수 있는 [장손], [장손녀], [맏손주], [맏손자], [맏손녀], [큰손녀], [큰손주], [막냇손자], [막냇손녀]47)와 같은 어휘소가 존재한다.48)

지시 대상의 [성별性別]과 [태어난 순서]외에 [친가親家]과 [외가外家]의 속성이 추가되어 [친親손자], [친親손녀], [외外손자], [외外손녀]와 같은 어휘소도 지칭어로 사용된다. 이러한 어휘소의 확장 양상은 [할머니], [할아버지], [손주]와의 관계에서만 나타나는 특징이다.

이상의 내용을 통해 [손주]와 [할아버지], [할머니]의 관계에서 사용할 수 있는 친족어를 살펴보았다. [할아버지]나 [할머니]가 [손주]에게 호칭어

---

47) 「표준국어대사전」에서 [막냇손자]를 "맨 끝의 손자"로 정리했다. 하지만 "아들의 딸, 또는 딸의 딸"의 뜻을 가진 [손녀]는 [막냇손녀]의 확장 어휘소를 가지는 것으로 정리되지 않았다. 하지만 이 지시대상이 가지는 의미가 명확하고 사용이 자연스럽다는 점에서 논의의 대상에 포함시킨다.

48) [태어난 순서]를 중심으로 가장 처음에 태어난 [손주]에게 [장손], [장손자], [장손녀]와 같은 어휘소를 사용하는 것과 가장 마지막에 태어난 [손주]에게 [막냇손자], [막냇손녀]와 같은 어휘소를 사용하는 것으로 처음 태어난 대상과 마지막에 태어난 대상을 다른 대상과 비교하여 특별하게 인지하고 있는 한국 언어문화의 특징을 확인할 수 있다.

로 사용할 수 있는 용법 중에서 [이름]을 직접 부르는 방법이 가장 자연스러운 것을 확인했다. 또한 지칭어로 사용할 때는 지시 대상의 [태어난 순서]와 [성별性別]이 가장 중요한 속성으로 작용하며 [친가親家]와 [외가外家]도 지시대상을 구분하는 속성으로서 이를 바탕으로 확장된 어휘소도 있음을 확인했다. 이 속성은 [할아버지]와 [할머니]를 구분하는 속성으로도 사용되었다. 또한 [높임]의 속성을 나타내는 [할아버님], [할머님], [한자]의 뜻을 가진 [조부祖父], [조모祖母]와 같은 어휘소가 존재하는 것을 확인했다. 이들 어휘소는 호칭어로 사용되는 빈도는 낮은 편이며 공식적인 자리에서 지칭어로 사용되며 [조부祖父], [조모祖母]의 경우 문어생활에서 주로 사용된다. 이상의 내용을 다음과 같이 정리하도록 한다.

(14) [손주]가 [할아버지], [할머니]에게 사용하는 친족어의 특징

㉠ 지시 대상의 [성별性別]을 중심으로 어휘소를 선택 · 사용한다.

㉡ [할아버지], [할머니]는 호칭어로 사용이 자연스러우며 [할아버님], [할머님], [조부祖父], [조모祖母]와 같은 어휘소는 지칭어로 사용된다.

㉢ [친가親家]와 [외가外家]를 중심으로 확장된 어휘소가 존재한다.

㉣ 현대 언어생활에서 [친가親家]와 [외가外家]의 구분 대신 [N+할아버지], [N+할머니]와 같은 형식을 중심으로 확장된 어휘소를 사용하기도 한다.

(15) [할아버지], [할머니]가 [손주]에게 사용하는 친족어의 특징

㉠ [손주]의 [이름]이 호칭어로 가장 활발히 사용된다.

㉡ [태어난 순서], [성별性別], [친가親家]와 [외가外家]의 속성이 고려된다.

㉢ [태어난 순서를 고려하여 가장 처음의 대상과 마지막 대상에게 사용
할 수 있는 특별한 어휘소가 존재한다.

지금까지 가족 구성원에 따라 사용할 수 있는 친족어와 그 특징을 가족
을 구성하는 관계를 중심으로 [남편]과 [아내], [부모]와 [자녀], [형제],
[남매], [자매], [할아버지], [할머니]와 [손자]의 관계에서 서로에서 사용할
수 있는 친족어를 지칭어와 호칭어로 구분하여 살펴보았다.
친족어가 선택·사용되는 다양한 상황에서도 언어 사용자와 지시 대상
은 [윗사람]과 [아랫사람]의 속성으로 구분되며 그 속성에 따라 사용될 수
있는 어휘소가 있음을 확인했다. 또한 [성별性別], [태어난 순서], [지시 대상의
체면 유지], [대화 참여자], [대화가 진행되는 배경]과 같은 다양한 속성에
따라 선택·사용이 자연스러운 어휘소가 다양하게 존재했음을 확인했다.
지금까지 논의를 통해 확인한 친족어의 특징을 다음과 같이 정리하여
다음 장의 구체적인 논의를 준비하려고 한다.

(16) 한국어 친족어의 특징
㉠ [윗사람]은 [아랫사람]의 [이름]을 호칭어로 사용한다.
  - [이름]의 사용이 자연스러운 것은 [친족]의 관계에서 자연스럽게
    공유되는 [친밀]의 속성이 존재하기 때문이다.
  - [이름]이 호칭어로 사용되는 경우 그 빈도가 매우 높다.
  - [이름]이 지칭어로 사용될 수 도 있다. 이때 언어 사용자와 대화
    참여자는 [친밀]의 속성을 공유한 관계로서 지칭하는 [이름]의 대상
    이 누구인지 그에 대한 정보를 알고 있을 때로 제한된다.

- 현대 언어생활에서 동등한 관계로 여겨지는 (남편)과 (아내)의 사이에서 (남편)은 (아내)에게 (이름)을 호칭어로 사용할 수 있었으나 그 반대되는 상황에서 사용은 금기시 된다. 이는 현대 언어생활에서 당연하게 인지하는 '남녀평등'이 친족 집단에서 지켜지지 않고 (남편)에게 [윗사람]의 속성을 부여하고 이를 자연스럽게 여기고 있음을 보여주는 한 예가 된다.

(ㄴ) 체면보호행위Face Saving Act를 위한 어휘소가 존재한다.
- 체면보호행위는 (부부)사이에 중요하게 여겨진다.
- 언어 사용자는 대화에 특정 참여자가 있을 때 지시 대상의 체면을 보호할 수 있는 특정 어휘소를 선택·사용하게 된다.
- (아내)의 체면을 보호하기 위해 언어 사용자는 [대우]의 속성이 포함된 어휘소를 선택·사용한다. 반면에 (남편)의 체면을 보호하기 위해 언어 사용자는 [대우]의 속성이 포함된 어휘소뿐만 아니라 [높임]의 속성이 포함된 어휘소도 사용할 수 있다.

(ㄷ) 지시 대상이 (자식), (아버지), (어머니), (할머니), (할아버지)일 때 어휘소의 선택에 지시대상의 [성별性別]이 가장 중요한 요소가 된다.

(ㄹ) 같은 항렬의 (형), (누나), (언니), (오빠)는 언어 사용자와 지시 대상의 [성별性別]을 함께 고려한다.
- 동생의 경우 [성별性別]을 고려하지 않은 어휘소도 존재한다.
- 지시 대상이 한 명 이상일 때 그들의 구분을 위해 [태어난 순서]가 중요한 요소가 된다.
- 호칭어와 지칭어가 특별한 구분없이 사용되며 외부적인 요인에 어휘소의 선택·사용이 방해받지 않는다.

(ㅁ) {손주}와 {할아버지}, {할머니}의 관계에는 [친가親家]와 [외가外家]의 구분이 존재한다.

   - 현대 언어생활에서 이 구분을 하지 않기 위한 새로운 형태의 어휘소가 사용되고 있다.

(ㅂ) 대부분의 관계에서 호칭어와 지칭어가 구분된다.

   - 지칭어의 경우 대화가 진행되는 상황에서 나타나는 다양한 외부적인 요소를 고려하여 사용이 자연스러운 어휘소가 다양하게 존재했다.

   - 이 또한 지시 대상의 체면을 유지하기 위한 의도가 포함된 것이다.

제 2 장

/

한국어 친족어의 확장

한국어
친족어의
의미

Ⅱ. 한국어 친족어의 확장

/

　지금까지 한국어 친족어를 호칭어와 지칭어로 구분하여 언어 사용자와 지시 대상과의 관계, 대화가 진행되는 배경, 대화 참여자와 같은 요소에 의해 사용이 자연스러운 어휘소를 살펴보았다. 앞장의 내용은 구체적인 자료를 바탕으로 살펴본 것은 아니며 「표준국어대사전」에서 확인할 수 있는 정보를 활용하여 지칭어와 호칭어로 구분하여 그 특징을 간략하게 정리한 것이다. 하지만 실제 언어생활에서 이들 어휘소가 사용되는 양상을 구체적인 자료를 바탕으로 자세히 살펴본다면 미처 논의하지 못한 다양한 형식 확장과 의미 확장의 양상이 존재할 것으로 여긴다.

　지금부터 이 장에서의 논의는 앞장의 내용에서 살펴본 어휘소의 구체적인 형식·의미 확장 양상을 다양한 자료를 바탕으로 자세히 살펴보도록 한다. 1장에서 살펴본 친족어의 용법은 언어 사용자와 지시 대상과의 관계를 중심으로 현대 언어생활에서 자주 사용되는 한국어 친족어를 논의의 대상으로 삼았고 그들 어휘소가 친족 집단에서 사용되는 예만 정리하여 논의했다. 하지만 이 장에서는 앞서 논의했던 내용을 바탕으로 각각의 어휘소의 확장 양상을 정리하고 친족뿐만 아니라 비친족 집단에서 사용될 수 있는 어휘소까지 논의의 범위를 확대하려고 한다. 어휘소의 형식·의미 확장에 대한 연구는 지금까지 활발히 논의되어 왔지만 이 장에서 논의하는 방법은 신현숙(2010)의 방법을 따르도록 한다.

한국어 친족어의 형식 확장은 다른 어휘소와 결합하여 복합어가 된 다양한 형태의 결과를 나타내며 이에 대한 논의는 「표준국어대사전」에서 검색이 가능한 어휘소로 제한한다. 또한 일부 지역에서 사용되는 '방언'의 경우에 논의의 대상에서 제외한다.

친족어의 의미 확장에 대한 논의는 형식 확장의 내용을 통해 그 의미 확장을 충분히 살펴 볼 수 있을 경우 형식 확장된 어휘소만을 참고하여 정리하며 그 외의 추가적인 의미의 설명이 필요한 부분은 국립국어원에서 제공하는 말뭉치 자료를 검색하여 정리하려고 한다. 단 친족어가 가지는 개별적인 사용 양상과 그에 관한 의미를 모두 정리할 수 없기에 각각의 친족어가 가지는 원형의미를 정리하고 그를 바탕으로 각각의 어휘소가 형식·의미 확장되는 양상을 표와 그림을 활용하여 정리하도록 한다.

01. [부부]를 구성하는 어휘소의 형식·의미 확장

[부부]는 [혼인]의 속성을 공유한 [남성]과 [여성]의 관계를 뜻한다. 이 관계를 지시 대상이 가지고 있는 속성에 따라 구분할 수 있는데 [혼인]의 속성만을 공유한 [남편]과 [아내], [혼인], [출산]을 공유한 [아버지]와

(어머니), (혼인), (출산), (자녀의 혼인), (자녀의 출산)을 공유한 (할아버지)와 (할머니)로 그 관계를 앞서 정리했다. 이를 바탕으로 동일한 지시 대상에게 사용할 수 있는 모든 어휘소의 형식·의미 확장을 논의의 대상으로 삼는데 이를 다음과 같이 정리하도록 한다.

(남편)은 (신랑), (바깥사람), (바깥양반)과 같은 어휘소가 지칭어로 사용될 수 있음을 확인했는데 이들 어휘소의 형식·의미 확장의 양상까지 논의의 대상으로 삼는다.

(아내)는 (신부), (색시), (각시), (안사람), (부인婦人), (처妻), (집사람), (마누라)와 같은 어휘소가 지칭어로 사용될 수 있음을 확인했고 이들 어휘소를 논의의 대상으로 삼는다.

(아버지)는 (아빠), (아버님), (아비), (부父)등의 확장 어휘소를 가지며 이들 어휘소의 형식·의미 확장 양상을 논의의 대상으로 삼는다.

(어머니)는 (엄마), (어머님), (어미), (모母)등의 확장 어휘소를 가지며 이들 어휘소의 형식·의미 확장 양상을 논의의 대상으로 삼는다.

(할아버지)는 (할아버님), (할아비), (조부祖父)등의 확장 어휘소가 있으며 이들 어휘소의 형식·의미 확장 양상을 논의의 대상으로 삼는다.

(할머니)는 (할머님), (할미), (조모祖母)등의 확장 어휘소가 있으며 이들 어휘소의 형식·의미 확장 양상을 논의의 대상으로 삼는다.

이상의 내용을 통해 정리한 어휘소의 형식·의미 확장 양상과 그 특징을 친족어, 비 친족어의 사용 구분없이 순서대로 살펴보도록 한다.

1. 〔남편〕

〔남편〕의 속성을 가지며 동일한 지시 대상에게 사용할 수 있는 어휘소는 〔신랑〕, 〔바깥사람〕, 〔바깥양반〕등이 있다.[1] 이들 어휘소의 의미 관계를 확인하기 위해 먼저 〔남편〕의 의미 정보를 「표준국어대사전」을 통해 확인하도록 한다.

  (1) 〔남편〕
  (ㄱ) 혼인을 하여 여자의 짝이 된 남자를 그 여자에 상대하여 이르는 말.
   ≒부서03夫壻·장부04丈夫
  (ㄴ) 『옛말』 '남성01男性'의 옛말.

(1)에서 〔남편〕은 하나의 기본의미와 하나의 확장의미를 가진 것을 확인할 수 있다. 1장을 통해 〔남편〕은 '결혼한 여성이 자신과 결혼한 남성에게 사용할 수 있는 친족어'임을 확인했다. 하지만 (ㄱ)에서 〔남편〕의 기본의미는 친족어의 사용에 초점을 두지 않고 〔혼인〕을 한 〔남성〕에 초점을 둔 어휘소임을 알 수 있다. 이는 〔남편〕이 친족어뿐만 아니라 비친족어로서도 사용될 수 있음을 나타내는 것이다.[2] 또한 유의 관계에 있는 어휘소로 〔부서夫壻〕, 〔장부丈夫〕가 있음을 확인할 수 있다. 하지만 이들 어휘소는 현대 언어생활에서 사용이 활발한 어휘소는 아니다.

앞서 논의를 통해 〔신랑〕, 〔바깥사람〕, 〔바깥양반〕, 〔남편〕이 "결혼한 남성"

---

1) 〔남편〕의 속성은 〔혼인〕, 〔남성〕의 속성을 내포하는 것을 뜻한다. 또한 동일한 지시 대상은 〔아내〕와 〔혼인〕한 〔남편〕을 뜻한다.
2) 이처럼 지금부터 논의하는 내용은 친족뿐만 아니라 비친족의 대상에게서도 사용되는 어휘소의 특징을 함께 논의한다.

에게 사용할 수 있는 어휘소임을 확인했다. 이들 어휘소는 모두 [남편]의 속성을 가진 동일한 어휘목록에 포함된 어휘소다. 이들의 형식·의미 확장 양상의 논의를 위해 [신랑], [바깥사람], [바깥양반]의 사전의미를 「표준국어대사전」을 참고하여 확인하도록 한다.

(2) [신랑]
(ㄱ) 갓 결혼하였거나 결혼하는 남자.
(ㄴ) 신혼 초의 남편을 이르는 말.

[신랑]은 "얼마 전에 결혼한 남성이나 결혼을 할 남성에게 사용할 수 있는 어휘소"로 정리되었으며 친족어와 비친족어 모두 사용될 수 있다.

(ㄱ)을 통해 [신랑]이 [신혼]의 속성을 가졌으며 결혼한 시기가 오래되지 않은 [남성]에게 사용할 수 있는 어휘소임을 확인할 수 있다. [신랑]이 가지는 이러한 속성은 [남편]이 사용될 수 있는 특정 영역에서 사용이 제한되게 한다. 즉 결혼을 한 시기가 오래된 대상에게 [신랑]을 사용하는 것은 자연스럽지 않다.[3]

---

3) 결혼을 한 시기가 오래되지 않은 대상에게 [남편]보다 [신랑]의 사용이 더 자연스럽다. 하지만 이 시기에 [남편]의 사용이 제한되는 것은 아니며 공식적인 상황의 경우 오히려 [남편]이 더 자연스럽게 사용된다. 지금 설명하고 있는 [신랑]은 결혼을 한 특정 시기가 지난 경우 사용이 자연스럽지 않은 보편적인 사용양상을 뜻하며 상황에 따라 그 사용이 자연스러울 경우도 있다. 이는 신랑의 확장의미를 논의하면서 구체적으로 확인하도록 한다.

(3) {바깥사람}

㉠ 남편을 예사롭게 또는 낮추어 이르는 말.

㉡ 궁중에서, 대궐 밖에 사는 사람을 이르던 말.

㉢ 『북한어』 바깥에서 일하는 사람을 갱 안이나 지하실에서 일하는
사람에 상대하여 이르는 말.

(3)은 {바깥사람}의 사전정보를 정리한 것이다. {바깥사람}은 한국 사회
에서 "집 밖에서 일하는 주된 주체가 남성"이었던 상황을 인지한 한국어
모어母語화자가 지시 대상을 대하는 태도가 반영되어 {바깥}과 {사람}이 결
합된 어휘소다. 이는 {남편}이나 {신랑}이 [결혼]에 초점을 둔 것과 달리
결혼을 한 특정 남성이 집 밖에서 담당하는 [일]에 더욱 초점을 둔 어휘소
로 볼 수 있다.

㉠을 통해 {바깥사람}을 {남편}보다 [낮춤]의 의미가 포함된 사용으로
여길 수 있다. 하지만 이 사용은 언어 사용자가 지시 대상이 되는 {남편}에
게 직접적인 방법으로 [낮춤]을 전달하려는 것보다 [낮춤]의 속성이 포함된
어휘소를 사용하여 대화 참여자를 [대우]하려는 의도로 사용된 것으로 보
는 것이 바람직하다. 또한 이 속성은 대화 참여자와 언어 사용자와의 관계
에서 [친밀]의 속성이 공유될 때 자연스럽게 사용할 수 있다. 만약 비친족
의 대화 참여자가 대화에 참여한 여성의 {남편}에게 [친밀]의 공유 없이
{바깥사람}을 사용하게 되면 [불쾌감]을 줄 수 있기 때문이다.⁴⁾

---

4) 이 사용이 자연스럽기 위해 [친밀]의 공유는 매우 중요하다. 이때 보통의 친밀만으로
사용을 자연스럽게 할 수 없으며 [낮춤]의 속성을 일정부분 전달하여도 이해할 수 있
을 만큼의 [친밀]을 공유한 관계에서 사용이 가능한 어휘소이다.

(4) {바깥양반}

ㄱ 집안의 남자 주인을 높이거나 스스럼없이 이르는 말. ≒바깥주인

ㄴ 아내가 남편을 이르는 말. ≒바깥주인「2」·밖주인「2」·밭주인

(4)에서 {바깥양반}은 [높임]의 속성을 가진 어휘소임을 확인할 수 있다. 이는 [낮춤]의 속성을 가졌던 {바깥사람}과의 차이를 보이나 [일]의 속성을 인지하여 확장된 특징은 동일하다.

ㄱ에서 {바깥양반}을 "스스럼이 이르는 말"로 정의했는데 {스스럼없다}의 사전 정보는 "조심스럽거나 부끄러운 마음이 없다"이다. 이는 이 어휘소를 사용할 때 언어 사용자와 대화 참여자와의 관계에서 [친밀]을 공유하고 있음을 뜻한다. 이처럼 {바깥양반}이나 {바깥사람}의 사용은 [친밀]의 공유를 중요하게 여기는데 이러한 사용양상은 {남편}이 사용되는 영역에서 이들 어휘소가 모두 자연스럽게 대치되어 사용될 수 없음을 의미한다.

지금까지 「표준국어대사전」에서 제공한 어휘정보를 통해 {남편}, {신랑}, {바깥사람}, {바깥양반}의 특징을 살펴보았다. 이때 이들 어휘소는 친족어뿐만 아니라 대화에 참여한 비친족의 대상과 결혼한 남성을 지칭할 때도 사용될 수 있다.

이상의 내용을 정리하면 {신랑}은 결혼한 시기를 고려하여 [신혼新婚]의 속성을 가진 대상에게 사용이 자연스러우며 {바깥사람}과 {바깥양반}은 [일]에 초점이 맞춰진 어휘소로서 지시 대상이 [중년中年]의 속성을 지닌 [남성]으로 인지될 때 사용이 자연스럽다. 또한 이들 어휘소 모두 대화 참여자와 언어 사용자와의 관계에서 [친밀]의 공유가 어휘소의 선택·사용을 자연스럽게 한다.

반면에 {남편}은 [혼인]에 초점을 둔 어휘소로서 대부분의 [세대世代]에서 사용이 가능하며 언어 사용자와 대화 참여자가 [±친밀]의 여부와 관계없이 사용이 가능하다. 다시 말하면 {남편}은 [결혼한 남성]을 지칭하는 대부분의 영역에서 사용이 자연스러운 반면 {신랑}, {바깥사람}, {바깥양반}의 경우 지시 대상이 가지는 [세대世代]의 구분, [±친밀]의 정도에 따라 사용의 제한이 따르는 것이다. 이러한 차이는 {남편}과 {신랑}, {바깥사람}, {바깥양반}을 "결혼한 남성"을 지칭하는 동일한 층위의 유의어로 보는 것 보다 [혼인], [남성]의 속성을 가진 {남편}이 사용될 수 있는 넓은 영역 중에서 {신랑}, {바깥사람}, {바깥양반}이 특정 부분 사용 영역이 구분되어 사용되고 있는 어휘소로 보는 것이 바람직하다. 이와 같은 내용을 다음 그림을 통해 보다 자세히 확인해보도록 하자.

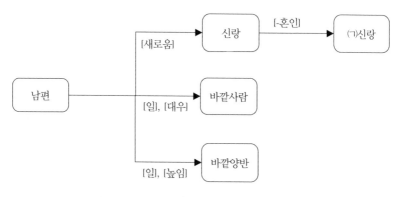

〈그림1〉 {남편}, {신랑}, {바깥사람}, {바깥양반}의 의미 관계

〈그림1〉은 앞서 살펴본 내용을 바탕으로 {남편}, {신랑}, {바깥사람}, {바깥양반}의 관계를 정리한 것이다. 이때 {남편}은 [혼인], [남성]의 속성을 이상적 인지모형ICMs으로 가진다.

Lakff(1987:68)는 이상적 인지모형ICMs을 특정 정보와 지식을 조직하며 원형의미를 인지하는 것을 가능하게 하는 것으로 설명했다. 즉 한 어휘소가 가지는 구체적인 모습을 몇 개의 속성으로 정리하여 가장 잘 설명해 줄 수 있는 것이 이상적 인지모형ICMs인 것이다.

이를 중심으로 살펴봤을 때 {남편}의 이상적 인지모형은 [혼인], [남성]이 되며 {신랑}은 [혼인], [남성]에 [새로움]이 추가된 것이며 [혼인], [남성], [일], [대우]의 속성이 포함된 {바깥사람}과 [혼인], [남성], [일], [높임]의 속성이 포함된 {바깥양반}으로 이들 어휘소의 관계를 정리할 수 있다. 즉 {신랑}, {바깥사람}, {바깥양반}은 {남편}을 원형으로 삼으며 새롭게 추가된 속성을 가지는 어휘소가 되는 것이다.

{신랑}5)의 경우 (ㄱ)처럼 "결혼을 준비하려는 남성"에게 제한적으로 [혼인]의 속성과 관계없이 사용이 가능하다. 이는 {남편}이 [혼인]의 속성을 필수적으로 가진 상태에서 사용이 자연스러운 것과 차이를 보인다. 이러한 영역은 {신랑}이 가진 고유한 확장 영역이며 함께 논의되고 있는 {남편}, {바깥사람}, {바깥양반}과 대치할 수 없다.

이상의 내용을 통해 "결혼한 남성"에게 사용할 수 있는 {남편}, {신랑},

---

5) 연세대한국어학당에서 열린 제12회 한국어교육 학술대회 때 "한국어 친족어의 확장·사용 양상으로 살펴본 문화적 특징"이란 제목으로 이 내용을 발표한 적이 있다. 이화여대에서 공부하고 있는 중국인 학생이 한 식당에서 처음 본 식당 아주머니가 {신랑}이란 지칭어를 사용한 것이 기억나는데 자기는 그 아주머니와 [-친밀]의 관계인데 왜 {신랑}을 지칭으로 사용했는지 궁금하다며 그 용법에 대해서 질문을 했다. 친족어가 일상생활에서 사용될 때 호칭과 지칭의 기능 이외에 [친밀]의 속성을 공유하기 위한 의도로도 사용될 수 있음을 김광순(20015)에서 언급했는데 처음 본 식당 아주머니가 [친밀]의 속성을 지닌 {신랑}을 사용하여 경제활동의 중요한 요소가 되는 손님에게 [친밀]의 속성을 전달하려는 의도가 포함된 사용으로 보는 것이 타당하며 이런 의도가 포함되었을 경우 언어 사용자와 지시 대상과의 [친밀]이 공유되지 않아도 사용될 수 있다.

[바깥사람], [바깥양반]의 관계와 각각의 어휘소가 가지는 의미 속성을 정리했다. 지금부터 이들 어휘소가 가지는 의미를 조금 더 구체적으로 논의하기로 한다. 이를 위해 각각의 어휘소가 형식·의미 확장된 어휘소나 실제 언어생활에서 사용되고 있는 용례를 참고하여 논의하도록 한다.

(5)

㉠ 남편감: 남편으로 삼을만한 사람.

㉡ 전남편前男便: 이혼이나 재혼을 하였을 때, 전에 혼인했던 남자를 이르는 말.

㉢ 밋남편: 본 남편의 옛 말.

㉣ 본남편本男便: 이혼하거나 개가하기 전의 본디 남편.

㉤ 후남편後男便: 다시 혼인하여 맞은 남편을 이르는 말.

㉥ 남편네: 남정네.

(5)는 [남편]의 형식 확장 어휘소를 정리한 것이다. 친족어로 사용되는 [남편]은 [혼인]과 [남성]의 속성을 중심으로 사용된다. 하지만 [남편]의 확장 어휘소의 경우 ㉤의 [후남편後男便]을 제외한 모든 어휘소에서 [-혼인]의 속성을 가지고 있음을 확인할 수 있다. 이를 다시 정리하면 [전남편前男便], [밋남편], [본남편本男便]의 경우 [이혼]의 속성을 가지고 있으며 [남편감], [남편네]의 경우 혼인의 경험조차 없는 [-혼인]의 속성을 가진 어휘소다. 이를 통해 [남편]의 확장 어휘소는 [남성]의 속성만이 남아 있으면 [±혼인]의 속성과 관계없이 확장·사용되어 왔음을 확인할 수 있다.6)

(6)

(ㄱ) 새신랑: 갓 결혼한 남자.

(ㄴ) 노신랑老新郞: 혼기를 넘겨서 결혼한 나이 많은 신랑.

(ㄷ) 신랑감: 신랑이 될 만한 인물. 또는 앞으로 신랑이 될 사람.

(ㄹ) 신랑쟁이: 신랑감을 낮잡아 이르는 말.

(ㅁ) 신랑각시놀음: 어린아이들 소꿉놀이의 하나. 신랑과 각시 역할을 흉내 내며 논다.

(ㅂ) 신랑 다루기: 신랑달기.

(ㅅ) 신랑달기: 신부 집에서 신부의 이웃 젊은이들이 신랑을 거꾸로 매달고 발바닥을 때리며 노는 일.

(ㅇ) 신랑마新郞馬: 장가들 때 신랑이 타고 가는 말.

(ㅈ) 신랑상新郞床: 신랑이 신부의 집에서 예식을 마치고 받는 큰상.

(6)은 [신랑]의 형식 확장 어휘소를 정리한 것이다. 앞서 [신랑]은 [남편]에서 [새로움]이 추가된 어휘소임을 확인했는데 [신랑]의 확장 어휘소 대부분 그 속성을 중심으로 확장·사용되고 있다.[7]

(ㄱ)의 [새신랑]은 [새로움]을 뜻하는 한자 [새新-]와 [신랑]이 결합한 어휘소다. [신랑]이라는 어휘소 스스로가 가지는 '갓 결혼함'의 [새로움]에 그를 뜻하는 어휘소가 추가로 결합되어 중복된 의미를 나타내지만 한국어 모어

---

6) [혼인]의 속성을 [신랑], [바깥사람], [바깥양반]처럼 형태상 공통점이 없는 어휘소가 반드시 가지는 것과 달리 그 형태를 유지한 [남편]의 확장 어휘소는 그 기본의미에서 가장 중요하게 인지되는 [혼인]의 속성을 유지하지 않고 확장되는 특이한 확장 양상을 이 자료를 통해 확인할 수 있다.

7) 이 특징은 [남편]의 확장 어휘소가 [혼인]의 속성을 유지하지 않고 확장되는 것과 차이를 보인다.

화자는 이를 어색하게 여기지 않고 일상생활에서 자연스럽게 사용한다.[8) 반면에 [혼인]에 초점을 둔 [남편]의 경우 [새新-]와 결합하여 [새남편][9)으로 형식 확장될 때 [후남편]과 같은 뜻을 가지게 되어 전혀 다른 뜻을 나타내는 것을 알 수 있다. 이는 [신랑]과 달리 [남편]이 [혼인]의 속성에 더욱 초점을 맞춰진 어휘소이기 때문이다. 즉 [혼인]의 속성과 [새로움]의 속성이 결합하여 [새로운 혼인]으로 인지되기 때문에 [새신랑]과 달리 의미차가 생기는 것이다.

현대 언어생활에서 [신랑]이 자연스럽게 사용될 수 있는 보편적인 연령은 [중년中年] 이전인 [청년靑年]혹은 [장년壯年]으로 인지되는 [남성]이다. 하지만 다소 어색할 수는 있지만 실제 [신랑]이 가지는 [새로움]의 속성은 이러한 [연령年齡]과 관계없이 결혼을 한 시기가 오래되지 않은 [남성]에게 사용이 가능한데 [노신랑老新郎]이 그 예이다.

[노老-]는 [늙다]의 의미를 가진 어휘소다. 하지만 [늙음]의 속성을 지닌 [할아버지]가 아닌 [신랑]에게도 사용할 수 있는 점으로 미루어 보아 "결혼하는 시기가 많이 늦어진 남성"에게 사용이 자연스러운 어휘소로 보는 것이 타당하다. 이때 [늙다]와 대립되는 [젊다]와 관련된 속성과 [신랑]이 결합된 예는 없다. 이는 [신랑]이 가진 의미 속성 그 자체에 [젊음]이 포함되어 있는 것으로 인지되기 때문이다. 이러한 특징을 유표항marked terms과 무표항unmarked terms으로 설명할 수 있다.

임지룡(2007:398)은 극성대립에서 단순하고 일반적인 쪽을 무표항으로

---

8) [신랑]의 [신新-]이 가지는 의미가 [새로움]이다. 여기에 또 새로움의 뜻을 나타내는 단어 [새-]가 결합하여 의미의 중복을 일으키나 이 사용이 가능한 것은 [새로움]을 더욱 강조하려는 의도로 [새신랑]을 인지하기 때문으로 볼 수 있다.
9) 「표준국어대사전」에는 없는 말이나 실제로 사용되고 있는 말이다.

설명하고 복잡하고 특수한 쪽을 유표항으로 설명했는데 |신랑|은 |노신랑|보다 그 형태가 단순하다는 점과 결혼한 시기가 많이 늦어진 뜻을 나타내기 위한 |노신랑|과 같은 확장 어휘소가 존재하는 것과 달리 |젊음|의 속성을 나타내기 위한 의도가 포함된 |신랑|의 확장 어휘소가 없다는 점에서 |신랑|에게서 무표항으로 인지되는 속성 중 하나로 |젊음|을 설정할 수 있는 것이다. 그로 인해 |늙음|의 추가적인 속성을 전달할 필요가 있을 때 |노신랑|과 같은 복잡한 구조의 확장 어휘소가 나타나는 것이다. 또한 결혼 시기가 너무 이를 경우 |꼬마신랑|의 확장 어휘소를 가진다. 이 또한 지시 대상은 |젊음|의 속성을 지니지 못했으며 |어리다|의 속성을 지녔고 이를 특별히 구분하기 위해 |신랑|이 형식 확장된 |꼬마신랑|이란 어휘소를 사용하는 것이다 이러한 예들은 한국어 모어母語화자의 인지구조에서 |신랑|이 |젊음|의 속성을 가진 어휘소로 인지되고 있음을 보여준다.

 |신랑|은 (ㅁ)의 |신랑각시놀음|, (ㅂ)의 |신랑다루기| (ㅅ)의 |신랑달기|와 같은 |놀이|의 속성을 가진 어휘소로도 형식 확장된다. (ㅁ)은 어린 아이들의 |놀이|로 |신랑|이 확장된 것이고 (ㅂ)과 (ㅅ)의 |신랑다루기|, |신랑달기|는 '갓 결혼을 한 남성'을 대상으로 행해졌던 풍습과 같은 |놀이|에 |신랑|이 확장·사용된 예이다. (ㅇ)의 |신랑마|는 결혼을 진행하는 과정에 "신랑이 타고 가는 말"을 나타내며 (ㅈ)의 |신랑상|은 결혼 후에 신랑이 받는 |음식|과 관련된 것을 나타내는 어휘소이다.

 이상의 내용을 통해 살펴본 |신랑|의 확장 어휘소는 「표준국어대사전」에 등재된 어휘소이다. 하지면 현대 언어생활에서 |신랑한복|, |신랑예복|, |신랑예물|과 같은 어휘소처럼 사전에 등재되지 않았지만 활발한 빈도로 사용되는 어휘소가 존재한다. 이러한 |신랑|의 형식 확장 어휘소를 바탕으

로 한국어 모어화자가 인지하는 추가적인 의미 영역을 다음과 같이 정리
할 수 있다.

속성	사용 예
[결혼 전前]	{신랑한복}, {신랑예복}, {신랑예물}
[결혼 중中]	{신랑}+{N군君}10), {신랑신부}
[결혼 후後]	{신랑}

〈표1〉 {신랑}의 의미 확장

〈표1〉을 통해 현대 언어생활에서 {신랑}은 [결혼 전前], [결혼 중中], [결혼
후後]와 같은 속성과 연관되어 인지될 수 있음을 확인할 수 있다. 앞서 {신
랑}은 [-혼인]의 속성을 가진 [남성]에게도 사용할 수 있는 것을 언급했다.
이를 구체적인 속성으로 정리하면 [결혼 전前]이며 {신랑한복}, {신랑예복},
{신랑예물}과 같은 어휘소가 그 예다. 또한 이 표를 통해 {신랑}은 결혼을
준비하는 특정 시점에서부터 결혼이 진행되는 과정, 결혼을 완료한 특정
시점 이후의 일정기간 동안 {남편}보다 자연스럽게 사용될 수 있음을 확인
할 수 있다.11)

한국어 모어 사용자는 이러한 특정 시기가 지난 이후 {신랑}에 비해
{남편}을 더 자연스럽게 사용하게 된다. 또한 [대우]나 [높임]의 속성을 전
달할 필요가 있는 상황에 한하여 {신랑}의 사용이 자연스러운 특정 기간에
도 {남편}의 사용을 더 자연스럽게 여긴다. 이는 지시 대상이 되는 {남편}의
체면유지를 위한 언어 사용자의 의도가 포함된 탓이다.

---

10) 이와 같은 사용은 청첩장이나 결혼식이 진행되는 과정에서 확인할 수 있는 예로서
   신랑의 이름이 {군君}과 결합하여 호칭어나 지칭어로 사용될 수 있다.
11) 이는 {신랑}의 사용 시기가 구분되어 있음을 뜻 한다.

｛신랑｝은 현대 언어생활에서 매우 다양한 속성을 바탕으로 활발하게 사용되고 있는 어휘소이다. 이는 앞서 살펴본 ｛남편｝이 ［사람］의 속성을 가진 대상에게 제한적으로 확장·사용되는 것과 차이를 보인다. 하지만 ｛남편｝은 논의의 대상이 되는 어휘소들의 가장 원형에 자리한 어휘소이다. 또한 언어 사용자와 지시 대상, 대화 참여자와의 관계에서 ［친밀］의 인지 정도와 관계없이 대부분의 상황에서 자연스럽게 사용될 수 있는 어휘소이며 실제 언어생활에서 그 용례가 높다는 점으로 보아[12] 「표준국어대사전」에 등재된 어휘소만으로 그 구체적인 의미를 파악하는데 한계가 있다고 여긴다. 이에 실제 언어생활에서 사용되는 보다 다양한 모습을 파악해야할 필요를 인지하고 이를 위해 국립국어원에서 제공하는 말뭉치와 '네이버'에서 확인할 수 있는 ｛남편｝의 용례를 통해 다음과 같이 실제 사용되는 형식 확장 양상을 정리하도록 한다.[13]

확장형식	관형어+｛남편｝	｛N｝+｛남편｝ ｛남편｝+｛N｝	｛-의｝+｛남편｝
실제예문	바람난 남편, 성공한 남편. 멋있는 남편.	전 남편, 의사 남편 국회의원 남편.	제 남편, 중년의 남편. 연하의 남편.
		남편 구실, 남편 내조.	

〈표2〉 ｛남편｝의 형식 확장 유형

---

12) ｛남편｝의 용례검색 결과 12322개다. 이는 그 사용빈도가 매우 높음을 의미한다. 그로 인해 실제 언어생활에서 사용되는 양상을 정리하여 그 특징을 확인해야할 필요가 있다고 판단하여 위와 같이 정리한 것이다.
13) 말뭉치에서 제공하는 어휘소의 용례는 입력된 말뭉치의 자료가 특정 시기 이후로 추가되지 못했다는 점과 특정 범주에서 제한적으로 제공되었다는 한계가 있기 때문에 그 용례만으로 실제 언어생활의 양상을 반영하는 것은 불가능하다고 여긴다. 이를 보완하기 위해 '네이버'에서 "남편"과 일치한 검색 결과 중에서 '블로그'에서 사용된 예만을 대상으로 삼아 함께 정리한 결과를 〈표2〉로 정리했다.

[남편]의 가장 기본적인 형식·확장 유형은 '관형어+[남편]'이다. 그 대표적인 용례로 [바람난 남편], [성공한 남편], [멋있는 남편]과 같은 어휘소가 있다. 이들 어휘소처럼 관형어 자리에 오는 어휘소는 [아내]가 [남편]에게 인지하는 [외형적 특징], [배경적 특징], [상황적 특징] 그 밖의 다양한 속성을 지닌 어휘소다. 한국어 모어母語화자 개인마다 [남편]에게 인지하는 속성의 차이가 있기에 이와 관련된 모든 속성을 정리하는 것은 매우 많은 자료를 바탕으로 오랜 시간이 필요할 것이다. 하지만 관련 자료를 바탕으로 확실하게 구분할 수 있는 하나의 큰 기준은 지시 대상에게 인지하는 [긍정]과 [부정]의 속성이며 이와 관련된 매우 다양한 어휘소가 [남편]과 결합한다는 것이다.

[N+남편], [남편+N]에서 [N]은 명사를 뜻하며 [남편]의 앞이나 뒤에 위치할 수 있다. [N+남편]과 같은 형태로 확장될 때 [N]의 자리에는 [남편]의 [직업]과 관련된 어휘소가 많이 온다. 또한 이 속성으로 [남편]의 성공 여부를 인지하는 기준이 되기도 한다.14)

[-의+남편]은 조사 [-의]와 [남편]이 결합한 예이다. 그 용례를 몇 가지 정리하면 "제 남편"과 같은 확장 양상은 [소유]의 대상이 [남편]인 것을 뜻하며 "중년의 남편"은 [남편]의 [세대世代]에 초점이 맞춰진 사용이며 "연하의 남편"과 은 [아내]와 비교하여 나이가 어린 것을 나타내려는 의도로 확장·사용된 예이다.15)

---

14) 이와 관련된 특징은 [아버지]에서도 나타난다. 이는 결혼한 남성에게 동일하게 인지되는 특징이다.

15) 이 용례를 통해 확인할 수 있는 것은 한국 사회에서 보편적인 [남편]의 나이는 [아내]보다 많기 때문에 이를 지칭할 수 있는 특별한 어휘소가 존재하지 않는다는 것이다. 이는 곧 무표항으로 인지되어 별도의 구분이 필요 없다. 반면에 [아내]의 나이가 [남편]보다 많을 때는 이를 특수한 경우로 인지하며 이 경우가 유표항이 되며 그를

이상의 내용을 통해 (남편)의 형식 확장 유형을 살펴봤다. 하지만 논의의 과정에서 언급한 것처럼 그 의미 확장의 양상을 정밀하게 분류하는 것은 더욱 많은 자료와 시간이 필요하기 때문에 이번 논의에서 진행하는 것은 쉬운 일이 아니다. 또한 (아내)와 (남편)의 관계는 개별적인 관계로서 사실상 한국어 모어 화자의 언어 사용습관을 전부 확인해야 정확한 구분이 가능하기 때문에 논의에 한계가 있음을 인정하지 않을 수 없다. 하지만 논의의 자료로 삼은 용례만으로 제한하여 언어 사용자가 (남편)에게 인지하는 의미 속성을 크게 분류할 경우 다음과 같은 그림으로 정리할 수 있다.

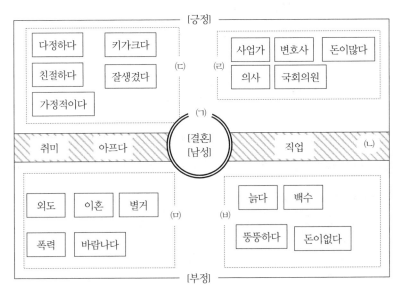

〈그림2〉 (남편)의 의미 확장 양상

구별할 수 있는 특정 어휘소가 존재하고 있다는 것이다.

(ㄱ)은 [남편]의 이상적인 인지모형인 [혼인], [남성]을 나타낸다. 이 속성을 중심으로 [남편]은 [긍정]과 [부정], [중립]의 속성으로 그 의미 확장 양상을 크게 구분할 수 있다.

(ㄴ)의 영역에 포함된 [남편]은 [중립]의 가치를 지닌 대상이며 [좋다], [나쁘다]로 인지되지 않는다. 언어 사용자인 [아내]의 인지구조에서 [아프다], [취미], [선물] 등과 같은 일상생활을 함께하는 시간의 흐름 속에서 [남편]에게 인지하는 다양한 속성이 이 영역에 올 수 있다.[16]

반면에 [긍정]과 [부정]의 대상으로 [남편]이 인지되는데 그 영역을 (ㄷ), (ㄹ), (ㅁ), (ㅂ)으로 구분할 수 있다.

[긍정]의 속성으로 인지되는 (ㄷ)은 [남편]의 [외형]이나 특정 행동을 하는 과정에서 인지되는 [태도]와 관련된 속성을 나타낸다. 이는 [남편]뿐만 아니라 모든 [남성]에게도 적용될 수 있는 기준이다. (ㄹ)은 [남편]의 [직업]을 통해 인지되는 세상의 보편적인 가치나 금전적인 결과가 [긍정]의 대상으로 인지되게 하는 예이다. 이를 통해 현대 한국 언어문화에서 [남편]을 [긍정]의 대상으로 인지하게 하는 기준이 [외형], [태도], [직업]과 관련된 속성임을 알 수 있다.

[부정]의 속성으로 인지되는 (ㅁ)은 [외도], [폭력], [바람나다]와 같은 결혼 생활을 지속할 수 없게 하는 특정 행위와 관련된 행동의 주체가 [남편]으로 인지될 때를 나타낸다. 또한 매우 [부정]적인 대상으로 인지된다. (ㅂ)은 [긍정]의 속성으로 인지된 [직업]과 반대되는 [부정]의 속성을 가진 [직업]이나 외형적 특징을 [남편]이 가졌을 때를 나타낸다. 이때 대부분 경제적으

---

16) 이때 [직업]과 관련된 속성은 [중립]의 속성뿐만 아니라 [부정], [긍정]의 속성을 인지하는데 모두 사용된다.

로 큰 도움을 줄 수 없는 [직업]이 [부정]의 속성으로 인지되게 하는 빈도가 높다. 이처럼 현대 한국 언어문화 속에서 [직업]은 {남편}의 의미 가치를 [긍정]과 [부정]으로 구분하는 기준으로 사용되고 있음을 확인할 수 있다.17)

이상의 내용을 바탕으로 {남편}의 의미 확장 양상을 살펴봤다. {남편}은 [혼인]과 [남성]을 이상적인 인지모형으로 가지는 어휘소다. 또한 언어 사용자는 {남편}을 [긍정]과 [부정], [중립]의 대상으로 인지하기도 하는데 이에 관여하는 속성이 [직업], [태도], [외모], [행동]와 같은 속성임을 확인했다.

지금까지 살펴본 내용을 통해 {남편}, {신랑}, {바깥사람}, {바깥양반}과의 관계를 다음과 같이 정리할 수 있다.

〈그림3〉 {남편}과 {신랑}, {바깥사람}, {바깥양반} 사용 영역

〈그림3〉은 {남편}, {신랑}, {바깥사람}, {바깥양반}의 관계를 정리한 것으로 어휘소의 영역이 구분되어 사용되고 있음을 보여준다.

{남편}은 [혼인]과 [남성]을 이상적 인지모형으로 가지는 어휘소임을 여러 차례 언급했다. 이 특징으로 결혼을 시작하는 (ㄱ)의 시점에서부터 사용

---

17) {뚱뚱하다}와 {늙다}의 속성만으로 {남편}을 [부정]의 대상으로 인지하지 않는다. {남편}이 (ㄹ)에 포함되는 [직업]을 가졌을 때 [긍정]의 대상으로 인지되기도 한다. 이는 가족 집단에서 {남편}의 역할이 [직업]을 바탕으로 경제력을 생산하기 때문이다. 이는 김광순(2014)에서 논의한 {아버지}의 특징과 유사한 특징을 보인다.

이 자연스러운 어휘소로서 [-혼인]의 대상으로 인지될 때 까지는 비교적 [연령年齡]을 크게 고려하지 않고 사용이 가능하다. 또한 이 시기는 '신혼新婚'으로 불리는 시기로서 [새로움]의 속성이 포함된 (신랑)의 사용 또한 자연스럽다.

(신랑)은 [결혼 전前], [결혼 중中], [결혼 후後]처럼 그 사용 시기가 구체적으로 구분되어 사용된다. 결혼을 약속한 여성이 있고 결혼을 준비하는 과정을 진행하는 경우에 한하여 [-혼인]의 속성을 가진 대상에게도 사용이 가능하다. (신랑)은 결혼이 완료된 일정 시간이 경과됐을 때부터 사용이 어색하며 특수한 경우에 제한적으로 사용이 가능하다.

(남편)에게 [대우]나 [높임]을 전달하려는 의도로 (바깥사람)과 (바깥양반)을 사용할 수 있으며 이들 어휘소는 [중년中年]의 속성을 지닌 [남성]에게 사용이 자연스럽다. 이는 대부분 [장년壯年]의 속성을 가진 [남성]에게 사용이 자연스러운 (신랑)과 차이를 보인다. 그 때문에 이들의 경우 은밀한 의미에서 유의관계에 있는 어휘소로 볼 수 없으며 사용 영역이 특정 [연령年齡]을 기점으로 구분되는 것을 알 수 있다. 또한 이들 어휘소는 [일]의 속성에 초점을 맞춰 확장된 어휘소라는 점에서 차이를 보인다.

2. (아내)

(부부)는 (남편)과 (아내)로 구성되는 어휘소다. 앞서 살펴본 (남편)의 경우 [혼인]과 [남성]의 속성을 이상적 인지모형으로 가지는 것처럼 (아내)의 경우에는 [혼인]과 [여성]을 이상적 인지모형으로 가진다. 이를 바탕으로 앞서 살펴본 (부인) (신부新婦), (색시), (각시), (집사람), (안사람), (안양반), (안주인), (처妻)의 사전의미와 각각의 어휘소가 가지는 형식 · 의미 확장

양상을 바탕으로 이들 어휘소들의 관계를 살펴보도록 한다.

(7)

(ㄱ) {아내}: 혼인하여 남자의 짝이 된 여자.

(ㄴ) {부인夫人}

「1」 남의 아내를 높여 이르는 말. ≒현합.

「2」 고대 중국에서, 천자의 비妃 또는 제후의 아내를 이르던 말.

「3」 예전에, 사대부 집안의 남자가 자기 아내를 이르던 말.

「4」『역사』고려 시대의 왕녀의 칭호 가운데 하나. 공주, 궁주宮主,
    택주宅主 등과 함께 쓰다가 공양왕 3년(1391)에 관제를 정하여
    궁주로 하였다.

「5」『역사』고려・조선 시대의 외명부의 봉작 가운데 하나. 고려
    시대에는 남편이나 아들의 품계에 따라 그 아내와 어머니를 봉
    하였고, 조선시대에는 대군大君・군君・공신・문무관의 품계에
    따라 봉하였다.

「6」『북한어』남의 어머니를 이르는 말.

「7」『북한어』공식 석상이나 공식 서한 따위에서, 남편이 자기의
    아내를 이르는 말.

(ㄷ) {부인婦人}: 결혼한 여자

(ㄹ) {신부新婦}: 갓 결혼하였거나 결혼하는 여자.

(ㅁ) {집사람}: 「1」 남에 대하여 자기 아내를 겸손하게 이르는 말.
              「2」『북한어』집안의 식구.

(ㅂ) {안사람}: '아내01'를 예사롭게 또는 낮추어 이르는 말.

(ㅅ) {안양반}: 집안의 여자 주인을 높이거나 스스럼없이 이르는 말.

(ㅇ) {처妻}: 아내01.

(ㅈ) {색시}

「1」 =새색시.

「2」 아직 결혼하지 아니한 젊은 여자.

「3」 술집 따위의 접대부를 이르는 말.

「4」 예전에, 젊은 아내를 부르거나 이르던 말.

(ㅊ) {각시}

「1」 '아내01'를 달리 이르는 말. 한자를 빌려 '閣氏'로 적기도 한다.

「2」 =새색시.

「3」 조그맣게 색시 모양으로 만든 여자 인형.

(ㅋ) {마누라}

「1」 중년이 넘은 아내를 허물없이 이르는 말.

「2」 중년이 넘은 여자를 속되게 이르는 말.

(ㅌ) {여편네}

「1」 결혼한 여자를 낮잡아 이르는 말.

「2」 자기 아내를 낮잡아 이르는 말.

(7)은 「표준국어대사전」에서 정리한 각각의 어휘소가 가지는 사전정보
다. 앞서 {남편}의 경우 {신랑}, {바깥사람}, {바깥양반}처럼 동일한 어휘목
록에 있는 어휘소가 많은 편은 아니었으나 "결혼한 여성"에게 사용할 수
있는 어휘소는 {아내}외에도 다양한 어휘소가 존재하는 것을 알 수 있다.
또한 특정 어떤 어휘소가 사용되지 않는 것도 아니고 빈도의 차이가 있을

뿐 모두 지속적으로 사용되고 있는 어휘소들이다. 이는 한국어 모어화자가 이들 어휘소를 다양한 상황에서 적절하게 그 영역을 구분하여 사용하려는 의도가 포함된 결과로 해석할 수 있다. 그로 인해 [아내]와 동일한 어휘목록에 다양한 어휘소가 존재하는 것이다.

[아내]는 "혼인하여 남자의 짝이 된 여자"를 가리키는 어휘소로서 [혼인]과 [여성]을 이상적 인지모형으로 가진다. 이를 바탕으로 (7)과 같은 다양한 어휘소가 확장·사용되고 있다.[18)]

[부인]은 [부인夫人]과 [부인婦人]처럼 두 개의 어휘소가 각기 다른 동음이의어 관계에 있으나 한국어 모어母語화자들에게 이 사실이 정확하게 인지되어 사용되는 것은 아니다.

[부인夫人]은 '다른 사람의 아내'에게 사용할 수 있는 어휘소로 그 기본의미를 정리할 수 있으며 한 개의 기본의미와 여섯 개의 확장의미를 가진다. [아내]의 경우 기본의미 외에 확장의미를 사전에서 확인할 수 없는 것과 달리 다양한 확장 의미를 가지는 것을 알 수 있다. 이때 친족어로 사용되는 것은 (ㄴ) - 「1」, (ㄴ) - 「3」이며 [높임]의 속성을 가진다.[19)]

[부인婦人]은 "결혼한 여자"의 뜻을 가진 어휘소다. 이는 [혼인]의 속성에 초점을 둔 어휘소임을 보여준다. 또한 [부인夫人]과 달리 의미 확장이 활발한 어휘소는 아니다.

[신부新婦]는 [신新-]이 가지는 의미처럼 "갓 결혼한 여자", "곧 결혼 할 여자"에게 사용이 자연스러운 어휘소다. 이는 [신랑新郞]이 가지는 [새로움]

---

18) [아내]를 원형으로 설정한 과정은 논의가 진행되는 내용을 통해 확인할 수 있다.
19) [부인夫人]이 다양한 확장의미를 가졌지만 대부분의 영역이 현대 언어생활에서 활발하게 사용되는 것은 아니다. 이는 이 어휘소의 의미 영역이 현대에 와서 기본의미를 중심으로 그 의미 영역이 축소되어 가고 있는 것으로 이해할 수 있다.

의 속성을 공유하는 관계로 볼 수 있다. 이러한 속성은 (신랑)의 의미 확장 양상에서 확인할 수 있었던 것처럼 결혼할 특정 시기가 정해진 여성에게 그 전前·후後로 하여 확장·사용을 가능하게 한다.

(집사람)은 "남에 대하여 자기 아내를 겸손하게 이르는 말"이란 뜻으로 정리된 어휘소다. 이는 이 어휘소가 자신의 (아내)를 겸손하게 지칭하여 지시 대상을 대우하려는 의도가 포함된 것으로 이해할 수 있다. 하지만 (집)과 (사람)이 합해진 이 어휘소는 그 단어의 뜻만으로 해석할 때 '집에 있는 사람'이 된다. 이처럼 '집에 있는 사람'이란 뜻으로 해석될 수 있는 이 어휘소가 (아내)로 인지되는 것이 자연스러운 이유는 (일)에 초점이 맞춰 확장된 (바깥사람)처럼 결혼한 여성이 (일)을 하는 주된 장소가 (집안)으로 인지되기 때문이다. 이와 같은 어휘소는 (안內)과 결합한 (안사람), (안양반), (안주인)과 같은 어휘소와도 그 사용 영역이 유사하다.

(안사람)은 (안內)과 (사람)의 합성어다. 이 어휘소도 (일)에 초점이 맞춰진 것으로 결혼한 여성을 "집안에서 집안일을 하는 사람"으로 인지해온 한국 언어문화의 한 특징을 보여주는 한 예이다. 「표준국어대사전」에서 이 어휘소를 "아내를 예사롭게 또는 낮추어 이르는 말"로 정의하고 있다. 하지만 이 사용보다 지시 대상이 되는 (아내)의 체면을 유지해주려는 의도가 포함된 어휘소로서 (대우)의 속성이 포함된 사용으로 보는 것이 더 자연스럽다.20) 여기에 (높임)이 추가된 (안양반), (안주인)과 같은 확장 어휘소가 존재한다.21)

---

20) 이 어휘소는 (남편)이 (윗사람)의 속성을 가졌으나 지시 대상의 연령이나 대화 참여자와의 관계, 대화가 진행되는 여러 상황에 (아내)에게 (대우)의 속성을 포함하여 지칭해야할 필요에 의해 선택·사용되는 어휘소로 정리할 수 있다.

21) 이들 어휘소는 (남성)에게 확장이 자연스러운 (양반), (주인)과 같은 어휘소가 (집안의

이상에서 살펴본 [집사람], [안사람], [안양반], [안주인]은 [일]에 초점이 맞춰진 어휘소로서 그 공간적인 영역이 [바깥]으로 설정되어 넓은 영역을 지녔던 [남성]과 달리 [집안]이라는 제한적인 공간에서 일을 하는 주체로 인지되는 [여성]의 차별적인 특징을 보여주는 것을 알 수 있다.

[처妻]는 [한자]의 속성으로 확장된 어휘소이며 호칭어로 사용되는 것은 자연스럽지 않다. 반면 공적인 상황이나 가족관계 증명서, 주민등록등본과 같은 문어적 상황에서 지칭어로 사용이 자연스러우며 [대위의 속성을 전달하려는 의도가 있을 경우 일상생활에서도 지칭어로 사용이 가능하다.

[색시]는 기본의미가 "새색시"로 정리된다. 이는 "갓 결혼한 여자"의 의미로 이해할 수 있는데 앞서 살펴본 [신부]처럼 [새로움]의 속성을 가지는 유의 관계에 있는 어휘소임을 알 수 있다. 확장의미 중에서 "아직 결혼하지 아니한 젊은 여자"를 이르는 말처럼 [-혼인]을 가졌으나 [젊음]의 속성으로 인지된다면 사용이 가능한 것을 확인할 수 있다. 또한 "술집 따위의 접대부를 이르는 말"과 같은 의미도 가지는데 현대 언어생활에서 그 의미로 [색시]의 사용이 활발하지 않고 자연스럽지 않기 때문에 논의의 대상에서 제외하도록 한다.

[각시]22)는 그 기본의미에서 [아내]를 달리 이르는 말로 정리된다. 또한 첫 번째 확장의미를 통해 [신부], [색시]와 유의 관계에 있는 것을 확인할 수 있다. 또한 이들 어휘소와 달리 [-사람]의 속성을 가진 대상에게도 확장·사용이 가능한 어휘소이다.

속성을 지닌 [안/서]과 결합하여 [여성]을 나타내며 [안사람]에 비해서 [높임]의 뜻을 전달할 수 있다.

22) 최창렬(1985: 394)은 [각시]의 어원을 [가시]를 갓妻+[-이]로 보고 이 뜻이 [아내]를 뜻하는데 이것이 명사화되어 [각시]가 되었음을 언급했다.

[마누라]는 "중년이 넘은 아내를 허물없이 이르는 말"이다. 이때 [중년中年]은 '결혼 생활을 지속한 시간이 오래 되었음'을 의미하며 오랜 시간 함께 생활한 [부부] 사이에서 [친밀]을 표현하려는 의도가 포함된 어휘소로 볼 수 있다. "중년이 넘은 여자를 속되게 이르는 말"의 뜻을 가지는 확장의미 는 비친족어로 사용되는 것을 뜻하며 일반적인 친족어가 비친족어로 확장 될 때 [친밀]의 속성을 전달하는 의도가 포함된 것과 달리 [부정]이나 [낮춤] 의 속성을 전달한다.[23] 대화 참여자 사이에 [친밀]의 속성이 아주 깊게 공 유되었을 경우에 한하여 비친족의 대상에게도 지칭어로 사용될 수는 있 으나 일반적인 사용은 아니다. [중년中年]의 [여성]에게 사용이 자연스러우 며 이 특징은 [젊음]의 속성을 지닌 [색시], [각시], [신부]와 치환될 수 없는 특정 영역의 구분이 존재하는 것을 나타낸다.

[여편네]는 "결혼한 여자를 낮잡아 이르는 말"로 정리된 것을 확인할 수 있다. 그 확장의미 또한 [낮잡다]의 속성을 가진다. 실제로 현대 언어생활 에서 이 어휘소를 지칭어로 사용할 경우 지시 대상은 그 어휘소로 지칭된 그 자체를 부정적인 결과로 인지하여 대화를 진행할 수 없으며 감정적인 싸움이 동반될 수 있기 때문에 일상생활에서 사용이 제한된다. 하지만 이 를 알고도 언어 사용자가 [여편네]를 선택·사용하는 것은 지시 대상에게 [불쾌감], [화火]와 관련된 속성을 전달하여 자신이 지시 대상을 부정적으로 여기고 있음을 알리기 위한 의도가 포함된 것이다.

이상의 내용을 통해 "결혼한 여성"에게 사용할 수 있는 어휘소를 정리했 다.[24] 이들 어휘소는 "결혼한 남성"에게 사용할 수 있는 어휘소에 비해

---

23) 친족어가 비친족어로 확장·사용되는 양상은 김광순(2015)를 통해 확인할 수 있다.
24) "결혼한 여성"을 뜻 하는 어휘소는 이들 뿐만 아니라 더욱 많으나 사용빈도가 낮은

그 수가 많음을 확인했다. 또한 대부분의 어휘소가 현대 언어생활에서 사용 영역을 비교적 정확히 구분하여 사용되고 있는 것을 확인했다. 이처럼 "결혼한 여성"을 뜻하는 어휘소가 많고 그 사용양상이 구분되어 있는 이들의 관계를 객관적으로 확인할 수 있는 기준을 선명하게 제시하기 위해서는 이들 어휘소 가운데 원형에 가장 가까운 어휘소를 설정하고 그를 바탕으로 나머지 어휘소와의 관계를 정리하는 것이 중요하다고 생각한다. 이를 다음을 통해 구체적으로 논의하도록 한다.

2.1 결혼한 여성을 뜻하는 어휘소의 원형 설정

"결혼한 남성"의 어휘목록은 그 어휘소가 다양하지 않고 (남편)만이 말뭉치 용례에서 높은 빈도를 보였기 때문에 (남편)을 원형에 가까운 어휘소로 설정하기에 큰 무리가 없었다. 하지만 "결혼한 여성"을 뜻하는 어휘소는 그 어휘목록에 포함된 어휘소가 많으며 (아내), (부인夫人), (부인婦人) 모두 말뭉치 용례의 빈도가 높기 때문에 (남편)과 같은 방법으로 원형에 가까운 어휘소를 설정할 수 없다. 앞서 '결혼 한 여성'은 (혼인), (여성)의 속성을 가장 이상적인 인지모형으로 가지는 것을 언급했다. 이 속성을 가장 잘 유지하여 사용되는 어휘소를 원형으로 삼는 것이 사용빈도를 중심으로 원형으로 설정하는 것보다 타당한 방법이라 여기며 (부인夫人)과 (부인婦人)의 의미 속성과 확장 어휘소를 먼저 살펴보기로 한다.

어휘소는 논의의 대상에서 제외한다.

{부인夫人}	속성
「1」	[-친족], [혼인], [여성]
「2」	[-친족], [혼인], [여성], [아주높임]
「3」	[친족], [혼인], [여성]
「4」	[-친족], [여성], [아주높임], [±혼인]
「5」	[혼인], [여성], [직위]

〈표3〉 {부인夫人}의 의미 속성

〈표3〉은 「표준국어대사전」을 통해 검색한 {부인夫人}의 기본 의미와 확장 의미를 바탕으로 그 의미 속성을 정리한 것이다.25) 이때 {부인夫人}의 기본의미는 「1」을 통해 확인할 수 있는 [-친족], [혼인], [여성]의 속성을 지니는 것을 확인할 수 있다. 이때 [-친족]은 이 어휘소가 친족어로 사용되지 않으며 비친족어로 사용되는 것을 나타낸다. 이는 친족어로 사용되는 "결혼한 여자"를 뜻하는 어휘소의 원형을 설정하려는 의도에서 벗어났기 때문에 {부인夫人}을 논의의 대상이 되는 다양한 어휘소들의 원형으로 설정할 수 없음을 의미한다.

{부인婦人}의 기본의미는 "결혼한 여자"이며 확장의미가 없다. 이 정보만으로 {부인婦人}의 확장 양상을 정확하게 논의 할 수 없기 때문에 {부인婦人}의 확장 어휘소를 찾아 정리하여 그 유형을 먼저 파악하도록 한다.

---

25) {부인夫人}에 대한 정의 중에서 "『북한어』 남의 어머니를 이르는 말이나 『북한어』 공식 석상이나 공식 서한 따위에서, 남편이 자기의 아내를 이르는 말"과 같은 북한어로 정리된 것은 논의의 대상에서 제외한다.

속성	단어
(ㄱ) 높임	귀부인貴婦人, 노부인老婦人, 안부인-婦人
(ㄴ) 부정	부인지성婦人之性, 부인지인婦人之仁, 양부인洋婦人, 순주부인醇酒婦人
(ㄷ) 직업	가정부인家庭婦人, 복부인福婦人
(ㄹ) 이론	부인론婦人論, 부인참정권婦人參政權, 부인필지婦人必知
(ㅁ) 의학	부인병婦人病, 부인과婦人科, 부인과학婦人科學, 부인병원婦人病院, 부인의婦人醫, 산부인과의産婦人科醫
(ㅂ) 도구	부인석婦人席, 부인용婦人用
(ㅅ) 의복	부인모婦人帽, 부인복婦人服
(ㅇ) 단체	대한애국부인회大韓愛國婦人會, 부인회婦人會
(ㅈ) 기념일	기념 국제 부인의 날國際婦人
(ㅊ) 인명	몽테스팡부인Montespan婦人

〈표4〉 {부인婦人}의 확장 어휘소

〈표4〉는 {부인婦人}의 형식 확장 어휘소를 정리한 것이다. 「표준국어대사전」에서 이 어휘소를 기본의미로 간단히 정리했으나 그 확장 어휘소의 양상을 살펴보면 다양한 의미 속성을 중심으로 확장·사용되는 것을 확인할 수 있다.

"결혼한 여성"이 가지는 이상적 인지모형은 [혼인]과 [여성]이다. 하지만 〈표4〉에서 [사람]의 속성을 일정부분 유지하여 확장된 어휘소는 (ㄱ), (ㄹ), (ㅁ) 정도이며 이 중에서도 논의의 대상이 되는 것은 (ㄱ)의 [높임]의 속성을 가진 어휘소가 전부이다.

임지룡(2007:64)은 원형Prototype을 "그 범주를 대표할만한 가장 전형적, 적형적, 중심적, 이상적, 좋은 보기"로 설명했다. 또한 원형에 가까울수록 그 어휘소의 의미를 인지하기 쉬워지는데 참새를 "새"로 인지하는 것은 쉬운 일이나 "펭귄"이나 "타조"를 "새"로 인지하는 것은 언어 사용자마다 그 기준이 다를 수 있기 때문에 "새"로 인지하는 결과가 달라 질 수도 있다.

이때 "참새"는 "새"의 원형에 가까운 것이고 "펭귄"이나 "타조"는 "새"의 원형에서 먼 것을 뜻한다. 이처럼 어휘소의 원형을 설정할 때 그 의미가 언어 사용자가 인지할 수 있는 인지거리에 얼마만큼 가깝게 있냐는 것 또한 원형을 설정하는데 매우 중요한 요소다. 이를 기준으로 살펴봤을 때 [부인婦人]은 [-혼인], [-사람]으로 확장되는 어휘소가 많다는 점과 "결혼한 여성"의 이상적 인지모형인 [혼인], [여성]을 중심으로 확장되고 있지 않다는 점에서 원형에 가까운 어휘소로 설정하기에 무리가 있음을 보여준다. 또한 한자어인 특성으로 문어체로의 사용이 자연스러우며 [높임]의 속성을 추가로 가져 공식적인 상황에서 지칭어로 사용이 자연스럽다. 이처럼 사용이 자연스러운 특정 영역이 존재한다는 것은 보편적인 상황에서 자연스럽게 사용될 수 있는 어휘소가 아님을 뜻하며 이러한 특수성을 가진 어휘소를 원형으로 설정하기에 다소 무리가 있다고 판단된다.

[아내]는 현대 언어생활에서 활발히 사용되고 있는 어휘소이며 말뭉치 자료의 검색 결과에서도 5000개가 넘는 고빈도 어휘소 중 하나다. 반면에 [부인婦人]처럼 다양한 의미 속성을 바탕으로 확장·사용되는 어휘소도 아니다. 이는 [아내]가 고유한 특정 의미를 매우 엄격하게 지키면서 사용되고 있는 어휘소라는 것을 보여주는 예가 된다.

임지룡(2011:172)은 국어의 기본층위 용어의 특성 중 "단일어·핵어"가 기본층위 변별의 주요 기준으로 작용한다는 점을 언급한 바 있는데 형식의 확장이 없는 "단일어"의 기준을 충족시키고 기본의미의 핵심에서 크게 벗어나지 않고 사용되는 [아내]를 "결혼한 여성"을 지칭하는 많은 어휘소들 중에서 가장 원형에 가까운 어휘소로 설정함에 무리가 없다고 여겨진다. 또한 대부분의 사용에서 이상적인 인지모형으로 설정한 [혼인], [여성]

을 잘 유지하고 있다.

이상의 내용을 바탕으로 "결혼한 여성"을 나타내는 어휘목록에 있는 어휘소들 중에서 가장 원형에 가까운 어휘소로 {아내}를 설정했다. 이제부터는 원형으로 설정한 {아내}를 중심으로 다른 어휘소들이 어떠한 관계로 형성되어 있는지 확인하도록 한다.

2.2 {아내}와 다른 어휘소의 관계

{아내}는 언어 사용자가 자신과 결혼한 여성을 지칭할 때 가장 자연스럽게 사용될 수 있으며 "다른 남자와 결혼한 여성"을 지칭할 때는 보다 자연스럽지 못하다. 이는 {아내}가 한국어 친족어로 사용되는 그 원형을 잘 지키고 있음을 보여주는 예이다. 이때 [혼인]과 [여성]을 가장 이상적인 인지모형으로 가지며 [혼인]은 언어 사용자인 {남편}과 지시 대상이 함께 공유하는 속성이다.

(8)

(ㄱ) [높임]이 포함된 어휘소: {부인婦人}, {부인夫人}

(ㄴ) [대우가 포함된 어휘소: {집사람}, {안사람}, {안양반}, {안주인}

(ㄷ) [한자가 포함된 어휘소: {처妻}

(ㄹ) [새로움新]이 포함된 어휘소: {신부新婦} {색시}, {각시}

(ㅁ) [낮춤]이 포함된 어휘소: {마누라}, {여편네}

(8)은 "결혼한 여성"을 가리키는 어휘목록에 있는 어휘소들을 정리한 것이며 이들 어휘소는 모두 {아내}가 가지는 [혼인]과 [여성]의 속성에 [높

임], [대우], [한자], [새로움], [낮춤]과 같은 속성을 추가로 가지고 있다.

[높임]은 (부인婦人)과 (부인夫人)이 함께 가지는 속성이다. 이때 [높임]은 (아내)에 비해 상대적인 속성이며 그로 인해 공식적인 상황에서 지칭어로 사용이 자연스럽다. 또한 비친족의 대상에게 [높임]의 속성을 전달하려는 의도로도 사용이 가능하다.

[대우]의 속성을 가진 어휘소는 (집사람), (안사람), (안주인), (안양반)이 있다. 이때 [대우]는 [높임]의 속성을 가진 어휘소에 비해 [낮춤]의 속성을 지니고 있기에 [대우]란 표현을 사용했다. 이들 어휘소의 사용 영역을 [친밀]의 정도로 구분할 수 있는데 언어 사용자와 [-친밀]로 인지되는 대상에게 [높임]의 속성을 가진 (부인夫人), (부인婦人)과 같은 어휘소를 사용하며 보다 [친밀]로 인지되는 대상에게는 [대우]의 속성이 포함된 (안주인), (안사람), (안양반), (집사람)과 같은 어휘소를 선택하는 것이 자연스러울 것이다. 이 두 속성 모두 지시 대상의 체면을 유지하기 위한 의도가 공통으로 포함되었으며 이 의도가 어휘소의 선택·사용에 가장 중요한 요소가 된다. 이를 바탕으로 [친밀]의 정도에 따라 [높임] 혹은 [대우]를 구분하는 것일 뿐이며 이 두 속성이 주된 비교 대상은 아니다.

[한자]의 속성은 (처妻)가 가지는 속성이다. (부인婦人)과 (부인夫人)도 [한자]의 속성을 가지나 (처妻)가 실제 언어생활에서 [한자]의 속성을 가족관계증명서, 주민등록등본과 같은 서류에서 (아내)의 역할을 한다는 점에서 (처妻)를 [한자]의 속성으로 정리한다.

[새로움]은 "갓 결혼한 여성"을 뜻하며 혼인이 지속되어 특정시기가 지나기 전까지 사용할 수 있는 (신부), (색시), (각시)가 모두 이 속성을 지닌 어휘소에 포함될 수 있다.

[낮춤]의 속성을 가진 어휘소는 (마누라)와 (여편네)가 있다. 다른 어휘소들에 비해 일상생활에서 사용이 자연스럽진 않다. 하지만 (마누라)의 경우 어휘소가 사용되는 상황에 따라 [친밀]의 속성을 전달할 수 있다. 하지만 지시 대상의 체면을 유지하여 주는 어휘소는 아니다. 또한 (여편네)의 경우는 [낮춤]의 속성이 아닌 [부정]의 대상으로 지시 대상을 인지하고 있는 언어 사용자의 심리적 상태를 전달할 수도 있기에 어휘소의 선택·사용이 매우 제한적이다.

이상의 내용을 통해 간단하게 살펴본 (8)의 어휘소를 각각의 어휘소가 가지는 형식·의미 확장 양상을 바탕으로 더욱 구체적으로 살펴보도록 한다.

가. [높임]의 속성을 가진 어휘소: (부인婦人), (부인夫人)

[높임]의 속성을 가지는 (부인)은 (부인婦人), (부인夫人)과 같은 동음이의어로 나뉜다. 이때 (부인婦人)의 형식 확장 어휘소는 (아내)와의 관계 확인을 위해 〈표4〉를 통해 확인했다. 이때 [높임]의 속성은 "신분이 높거나 재산이 많은 집안의 부인"을 뜻하는 (귀부인貴婦人), "늙은 여자를 높여 이르는 말"의 뜻을 가진 (노부인老婦人), "남의 집안 여자를 높여 이르는 말"인 (안부인)이 있다. 이들 어휘소 모두 [높임]의 속성을 가지는 것을 알 수 있다. 또한 친족이 아닌 비친족의 대상인 다른 사람의 (아내)를 가리키는 어휘소로 사용되는 것을 함께 확인할 수 있다.

(귀부인貴婦人)과 (노부인老婦人)의 선택·사용에 가장 중요한 속성은 언어 사용자가 지시대상의 외적인 모습을 통해 인지할 수 있는 [중년中年]과 관련된 속성이다. 언어 사용자는 이 속성을 인지하게 될 경우 처음 만난 지시 대상의 경우에도 [혼인]의 유무를 확인하지 않고 이들 어휘소를 지칭

어로 사용할 수 있다. 또한 [중년中年]의 속성은 [이론], [의학], [도구], [의복]에 포함된 어휘소처럼 [부인婦人]의 형식 확장 어휘소에 중요하게 활용된다.

[이론]과 [의학]의 속성을 중심으로 확장된 어휘소는 의학 분야의 전문용어로서 치료의 대상이 되는 [여성]의 연령이 [중년中年]이기 때문에 [부인婦人]이 확장된 것이다.26) 이때 [혼인]의 속성은 어휘소의 확장 사용에 중요한 속성이 아니며 지시 대상이 되는 [여성]의 연령이 [중년中年]것이 중요하다.

[도구]와 [의복]을 중심으로 확장된 어휘소 또한 그를 사용하는 주체가 모두 [중년中年]의 [여성]이기 때문에 [부인婦人]의 확장·사용이 자연스럽다. 또 [여성]의 [혼인]의 여부와 관계없이 [중년中年]의 속성을 지닌 [여성]으로 인지됐을 때 이들 어휘소를 자연스럽게 선택·사용할 수 있다.

[부정]의 속성을 지닌 [부인婦人]의 확장 어휘소는 "여자가 지니는 좁은 소견의 인정"을 뜻하는 [부인지인婦人之仁]과 "서양 사람의 부인이나 서양 사람에게 몸을 파는 여성"을 의미하는 [양부인洋婦人]이 있다. 이들 어휘소는 [-혼인], [여성]의 속성을 중심으로 확장된 어휘소다. 하지만 [부인婦人]이 항상 [여성]의 속성을 중심으로 확장되는 것은 아니다.

[부인지성婦人之性]은 "남자가 지니는 여자처럼 편벽되고 옹졸한 성질."을 뜻한다. 또 [순주부인醇酒婦人]은 "주색에 빠지는 일"을 뜻하는 어휘소다. 이들 어휘소 모두 행위의 주체가 [여성]이 아닌 [남성]이다. 이는 [부인婦人]이 [남성]에게도 확장·사용될 수 있음을 보여주는 예이다.

이상의 내용을 통해 [부인婦人]의 형식·의미 확장 양상을 살펴봤다. 이 어휘소는 [아내]와 비교하여 [높임]의 속성을 추가로 가진 어휘소이다. 하

---

26) 〈표4〉에서 제시한 내용을 참조하라.

지만 [혼인]의 속성과 관계없이 [여성]의 속성을 중심으로 [직업], [이론],
[의학], [도구], [의복], [단체]처럼 다양한 속성을 가진 어휘소로 확장되었으
며 이들은 [중년中年]의 속성을 지닌 대상에게 자연스럽게 사용될 수 있음
을 확인했다. 또한 [남성]의 속성을 가진 대상에게도 확장된 어휘소가 존재
하는 것도 확인할 수 있었다.

속성		단어
직위	[혼인]	국대부인國大夫人, 군대부인郡大夫人, 군부인郡夫人, 귀부인貴夫人, 대부인大夫人, 부대부인府大夫人, 부부인府夫人, 숙부인淑夫人, 신부인愼夫人, 영부인令夫人, 현부인縣夫人, 정경부인貞敬夫人, 정렬부인貞烈夫人, 정부인貞夫人, 정렬부인貞烈夫人, 정절부인貞節夫人, 합부인閤夫人
	[-혼인]	궁부인宮夫人, 봉보부인奉保夫人
높임	[혼인]	모부인母夫人, 사부인查夫人, 선대부인先大夫人, 존부인尊夫人, 정실부인正室夫人, 현부인賢夫人, 왕대부인王大夫人, 영부인令夫人
	[-혼인]	여부인如夫人
[부정]		골부인骨夫人
[예술작품]		나비부인夫人, 보바리 부인Bovary夫人, 박씨부인전朴氏夫人傳, 워런 부인의 직업Warren夫人職業, 위부인자衛夫人字, 정경부인윤씨행장貞敬夫人尹氏行狀, 죽부인전竹夫人傳, 채털리 부인의 사랑Chatterley夫人, 클레브 공작 부인Clèves公爵夫人
[-사람]		동해부인東海夫人, 임하부인林下夫人, 죽부인竹夫人
[민간신앙]		후토부인后土夫人, 상부인湘夫人, 용궁부인龍宮夫人
기타		공작부인孔雀夫人, 압채부인壓寨夫人

〈표5〉 {부인夫人}의 확장 어휘소

{부인夫人}의 {부夫}는 "문어체에서 남편을 이르는 말"의 사전의미를 가진
어휘소다. 여기에 [사람]의 속성을 가진 {인人}과 결합한 이 어휘소는 "남편

의 사람"으로도 해석이 가능하다. 이는 [부인夫人]이라는 어휘소가 그 [남편]에게 의존적인 대상이라고도 이해하는 것을 가능하게 할 것이다. 이러한 가정은 〈표5〉를 통해 정리한 [부인夫人]의 확장 어휘소를 통해 일정 부분 확인할 수 있다.

앞서 [부인夫人]은 [부인婦人]과 함께 [높임]의 속성을 가진 어휘소로 정리했다.[27] 이때 [부인婦人]과 의미차를 가지게 하는 속성이 바로 [남편]과 관련된 속성이다.

〈표5〉는 [부인夫人]의 형식 확장 어휘소를 정리한 것으로서 [직위], [높임], [부정], [예술작품], [-사람], [민간신앙]의 속성으로 확장되는 것을 확인할 수 있다.

[직위]의 속성은 다시 [혼인]과 [-혼인]의 속성으로 구분된다. 특히 [혼인] 의 속성을 지닌 어휘소가 매우 다양한 것을 확인할 수 있다.

[혼인]과 [직위]의 속성을 가진 어휘소는 "고려 시대에, 종친의 여자나 문무관의 아내에게 주던 정삼품 외명부外命婦의 품계"를 뜻하는 [국대부인 國大夫人], "조선 시대에, 왕자군王子君이나 종친의 아내에게 내리던 외명부 의 봉작"을 뜻하는 [군부인郡夫人]처럼 [남편]의 [직위]에 상대하여 내려진 [직위]와 "조선 시대에, 정조와 지조를 굳게 지킨 부인에게 내리던 칭호"를 뜻하는 [정렬부인貞烈夫人], "절개가 곧은 부인"을 뜻하는 [정절부인貞節夫人] 처럼 [남편]에 대한 행동의 옳음에 대한 상賞으로 받는 [직위]로 구분된다.

[-혼인]과 [직위]의 속성은 확장이 활발하진 않다. 하지만 "고려 초기에, 후비后妃 이하의 궁녀에게 내리던 봉작"을 뜻하는 [궁부인宮夫人]과 "조선

---

27) [아내]가 가진 [혼인], [여성]의 속성에 [높임]의 속성을 추가로 가진 것을 뜻한다.

초기에, 임금의 유모乳母에게 내리던 종일품 외명부의 품계"를 뜻하는 {봉보부인奉保夫人}과 같은 어휘소가 존재하며 이들 어휘소 모두 지시 대상이 [여성]이라는 점에 초점을 둔 {부인夫人}의 확장 어휘소이다. 하지만 이들 어휘소 모두 현대 언어생활에서 사용이 활발한 편은 아니다.

[높임]의 속성은 지시 대상이 다양하다. "부인夫人을 높여 이르는 말"인 {존부인尊夫人}[28], "안사돈의 높임말"을 뜻하는 {사부인査夫人}, "남의 어머니를 높여 이르는 말"인 {모부인母夫人}, "돌아가신 남의 어머니를 높여 이르는 말"인 {선대부인先大夫人}, "남의 정실을 높여 이르는 말"인 {정실부인正室夫人}, "어진 부인 혹은 남의 부인을 높여 이르는 말"인 {현부인賢夫人}, "다른 사람의 할머니를 높여 이르는 말"인 {왕대부인王大夫人}, "남의 아내를 높여 이르는 말"인 {영부인令夫人} 등이 그 예이다. 이처럼 이들 어휘소는 대부분 [-혈연]의 친족에게 지칭어로 사용이 자연스럽다. 이를 다시 정리하면 [남의 아내]에게 사용할 수 있는 어휘소로 {존부인尊夫人}, {영부인令夫人}, {현부인賢夫人}, {정실부인正室夫人}이 있으며 [남의 어머니]에게 사용할 수 있는 {모부인母夫人}, 여기에 [죽음]의 속성이 추가된 {선대부인先大夫人}, [남의 할머니]에게 사용할 수 있는 {왕대부인王大夫人}, [안사돈]에게 사용할 수 있는 {사부인査夫人}과 같이 나눌 수 있다. 이를 통해 [부인夫人]은 지시 대상이 되는 [여성]이 [아내]뿐만 아니라 [사돈], [어머니], [할머니]에게도 확장될 수 있음을 확인할 수 있다.

현대 언어생활에서 {영부인令夫人}은 {N+영부인}의 형태로 확장 사용될

---

28) 「표준국어대사전」에서 {부인夫人}은 '남의 아내를 높여 이르는 말'로 정의한다. 이는 {부인夫人}은 [높임]의 속성이 포함된 어휘소임을 나타낸다. 하지만 이를 더욱 높여 이르는 말로 {존부인尊婦人}이 있다. [높임], [높임], [혼인], [여성]으로 이 어휘소의 속성을 정리할 수 있는데 [높임]을 더욱 전달하려는 의도가 반영된 것을 나타낸다.

수 있는 어휘소다. 이때 {N}의 자리에는 국가명이 자리하여 {필리핀영부인}, {영국영부인}, {미국영부인}처럼 사용되어 불특정한 남성의 아내를 높여 이르는 말로 사용되는 {영부인}이 "한 나라의 대통령의 아내"에게 제한적으로 사용되기도 한다. 이들은 모두 [혼인]을 기본 속성으로 삼고 확장된 어휘소다.29)

> (9) {여부인如夫人}
> (ㄱ) 부인과 같다는 뜻으로, 정실正室 대우를 받는 애첩愛妾을 이르는 말.
> (ㄴ) 남의 첩을 높여 이르는 말.

{여부인如夫人}은 현대 언어생활에서 활발하게 사용되는 어휘소는 아니며 그 관계 또한 자연스럽지 않기 때문에 사어死語에 가깝다고 볼 수 있다. 하지만 전통 한국 사회에서 (9)처럼 {첩妾}을 뜻하는 어휘소로서 사용되었으며 [-혼인]의 속성을 가지는 {부인夫人}의 확장 어휘소다. 이 어휘소는 {첩妾}에 비해 [높임]의 속성을 나타낼 수 있다. 하지만 이 [높임]은 지시 대상을 위해 부여하는 것으로 해석하는 것보다 지시 대상인 {남편}의 체면을 위해 [높임]의 속성을 전달하려는 의도가 반영된 것으로 보는 게 타당할 것이다. 이러한 특징을 가진 어휘소는 {남편}과 관련된 어떠한 어휘소에도 나타나지 않는다. 만약 이와 반대되는 관계가 존재한다면 그 {아내}는 [부정]의 대상으로 여겨질 것이며 지속적인 혼인 관계를 유지할 수도 없을 것이다. 이러한 예는 한국 언어문화에서 [여성]과 [남성]의 불평등의 관계

---

29) [혼인]의 속성이 존재하기 때문에 {어머니}, {할머니}, {사돈}으로 확장이 자연스러운 것이다.

가 존재했음을 나타내는 또 다른 예이다.

[부정]의 속성을 가진 (골부인骨夫人)은 "골동품을 감상할 줄도 모르면서 투기投機를 목적으로 골동품이나 미술품을 극성스럽게 사 모으는 가정주부를 속되게 이르는 말"이다. 이는 [사치奢侈]에 초점을 맞춘 (부인夫人)의 형식 확장 어휘소로 [±혼인]과 관계없이 사용될 수 있다는 점에서 차이를 보이며 그 지시 대상을 [부정]의 존재로 인식하고 있다는 점에서 [높임]과 대치되는 속성을 지닌 (부인夫人)의 또 다른 형식·의미 확장 양상을 보여준다. 또한 "화려하게 차려 입은 여성"을 비유적으로 가리킬 때 사용할 수 있는 (공작부인孔雀夫人)도 지시 대상의 [혼인]의 확인 여부가 중요한 어휘소는 아니다. 이 어휘소는 모두 (부인夫人)이 [혼인]과 관계없이 [중년中年]의 속성을 가진 [여성]에게 사용될 수 있음을 보여준다. 이때 [중년中年]의 속성은 (나비부인), (보바리 부인), (박씨부인전)과 같은 다양한 예술작품의 제목이 되기도 한다.

[-사람]의 속성을 가진 어휘소인 (동해부인東海夫人)은 '홍합'을 가리키며 (임하부인林下夫人)은 으름덩굴의 '열매'를 나타내며 (죽부인竹夫人)은 특정 도구를 나타낸다. 이는 (아내)가 [혼인], [여성]의 속성을 이상적 인지모형으로 가지며 이를 중심으로 [높임]의 속성을 가진 (부인夫人)의 원형에서 매우 멀어진 확장 양상의 한 예이다.

[민간신앙]은 전통사회에서 민담을 통해 존재한다고 여겨지는 신적 대상을 지칭하는 속성으로 (부인夫人)이 확장된 예이다. "토지를 맡아 다스린다는 여신女神"을 뜻하는 (후토부인后土夫人), "중국 전설에서, 요임금의 딸로 상군湘君과 함께 상수湘水에 산다는 수신水神"을 뜻하는 (상부인湘夫人), "서울 무당이 섬기던 물귀신"을 뜻하는 (용궁부인龍宮夫人)이 있다.

나. [한자]의 속성을 가진 어휘소: {처妻}

{처妻}는 「표준국어대사전」에서 "아내02"로 그 의미를 정리했다. 이 내용만을 참고한다면 [한자]의 속성이 추가된 것을 제외하면 별다른 의미차가 존재하지 않는다.[30] 하지만 [한자]의 속성을 가진 어휘소의 특징은 앞서 여러 차례 언급한 바 있다. 문어체에서 활발히 사용되며 격식을 중요하게 여기는 공적인 자리에서 지칭어로 사용이 자연스럽고 호칭어로 사용이 어색한 사용상의 특징이 존재했다. {처妻}의 경우 이러한 특징을 중심으로 형식 확장된 어휘소가 다양하게 존재하는데 이를 다음과 같이 정리하여 의미 확장 양상을 확인하도록 한다.

속성	어휘소
(ㄱ) [재혼]	본처本妻, 계처繼妻, 다처多妻, 전처前妻, 외처外妻
(ㄴ) [아내의 특징]	노처老妻, 병처病妻, 망처亡妻, 상처喪妻, 빈처貧妻, 악처惡妻, 양처良妻
(ㄷ) [남편의 특징]	공처가恐妻家, 애처가愛妻家
(ㄹ) [낮춤]	우처愚妻, 형처荊妻
(ㅁ) [높임]	영처令妻
(ㅂ) [행동]	박처薄妻, 영처迎妻

〈표6〉 {처妻}의 확장 어휘소

〈표6〉은 {처妻}의 확장 어휘소를 정리한 것으로 다양한 속성을 가진 확장 어휘소가 존재하는 것을 확인할 수 있다.

---

30) {집사람}, {안주인}, {안양반}, {안사람}처럼 [대우]의 속성을 가진 어휘소는 그 사용 양상을 (8)을 논의하는 과정에서 언급했다. 또 이들 어휘소는 논의가 되고 있는 어휘소가 단일어인 것과 달리 복합어로서 이들 어휘소를 중심으로 확장된 다른 형태가 존재하지 않는다. 이런 이유로 이들 어휘소의 추가적인 형식·의미 확장 양상은 논의하지 않도록 한다.

(ㄱ)은 [재혼再婚]의 속성을 중심으로 확장된 예이다. "아내를 첩에 상대하여 이르는 말"인 [본처本妻], "죽은 아내나 이혼한 아내 뒤이어 새로 맞아들인 아내"를 뜻하는 [계처繼妻], "한 남자가 둘 이상의 아내를 가짐"을 뜻하는 [다처多妻], "이혼이나 재혼을 하였을 때 전에 혼인했던 여자를 이르는 말"인 [전처前妻], "첩妾"을 뜻하는 [외처外妻]등이 그 예이며 [혼인]이나 그와 유사한 행위를 두 번 이상 했을 때 처음 [혼인]한 여성과의 관계를 구분하기 위해 사용될 수 있는 어휘소다.[31]

(ㄴ)은 [아내의 특징]을 중심으로 확장된 예이다. "늙은 아내"를 뜻하는 [노처老妻], "병든 아내"를 뜻하는 [병처病妻], "죽은 아내"를 뜻하는 [망처亡妻]나 "아내의 죽음을 당함"을 뜻하는 [상처喪妻], "가난에 시달리며 고생하는 아내"를 뜻하는 [빈처貧妻]와 같은 어휘소는 [아내]가 경험하고 있는 '현재의 상황과 관련된 특징'을 나타내는 어휘소이며 "마음이 바르지 못하고 행실이나 성질이 악독한 아내"를 뜻하는 [악처惡妻], "어질고 착한 아내"를 뜻하는 [양처良妻]와 같은 어휘소는 '아내에게 인지할 수 있는 성격'과 관련된 특징을 바탕으로 확장된 어휘소다. 이들 어휘소는 지시 대상인 [아내]의 행동이나 현재의 상황으로 인지할 수 있는 특정 속성이 [처妻]의 형식·의미 확장에 관여하고 있음을 나타낸다.

(ㄷ)은 [남편의 특징]을 중심으로 확장된 예로서 "아내에게 눌러 지내는 남편"을 뜻하는 [공처가恐妻家], "아내를 아끼고 사랑하는 사람"을 뜻하는

---

31) [혼인]을 유지하고 있는 [본처本妻]나 [혼인]의 행위가 없었던 [외처外妻]의 경우 [재혼再婚]과 관계된 속성과 관계가 없다고 인지할 수 있다. 하지만 [혼인]이란 속성을 "결혼식장에서 결혼을 하는 행위"에서 시작하여 한 집에서 가족처럼 살아가는 과정까지로 그 개념을 넓게 본다면 다시 혼인을 한 경우에 해당한다고 볼 수 있으며 현재 [혼인]의 과정을 지속하고 있는 [여성]과 처음 [혼인]한 [여성]과의 관계를 구분하기 위해 사용되는 어휘소로 본 것이다.

[애처가愛妻家]가 그 예이다. 이들 어휘소의 행위를 담당하는 주체는 [남편]이며 지시 대상 또한 [남편]으로서 비친족어의 대상에게 지칭어로 사용할 수 있으며 현대 언어생활에서 활발히 사용되고 있다. 반면에 이와 유사한 행동을 하는 [여성]에게 사용할 수 있는 특별한 어휘소는 존재하지 않는다.[32] 이와 같은 예는 한국 언어문화에서 [공처가恐妻家]와 [애처가愛妻家]를 특별하게 인지하는 것을 보여주는 예로서 [남성]인 [남편]과 [여성]인 [아내]에게 원하는 행동의 기준에 차이가 있음을 보여주고 있다.

㈃은 [낮춤]의 속성을 바탕으로 [처妻]가 확장된 것으로 "말하는 이가 자기의 아내를 낮추어 이르는 말"을 뜻하는 [우처愚妻]와 "남에게 자기의 아내를 낮추어 이르는 말"을 뜻하는 [형처荊妻]가 그 예이다. 이들 어휘소 모두 설명의 차이가 조금은 존재하지만 "다른 사람에게 자신의 아내를 낮추어 이르는 말"이라는 공통점을 가진 어휘소이며 현대 언어생활에서 활발히 사용되는 편은 아니다. 이와 같은 확장 양상이 [남편]의 경우에는 존재하지 않는 다는 점에서 [낮춤]의 대상이 [여성]인 [아내]에게 제한적으로 사용되었음을 보여주고 있다.

㈄은 [높임]의 속성이 포함된 예로서 "어질고 착한 아내"의 뜻을 가진 [영처令妻]가 있다. 이 어휘소는 언어 사용자가 남의 [아내]를 지칭하는 비친족어로 사용되며 현대 언어생활에서 활발하게 사용되는 어휘소는 아니다.

㈅은 [행동]의 속성을 바탕으로 확장된 어휘소이다. "아내를 심하게 박

---

32) 한국 모국어 화자의 인지구조에서는 이와 관련된 행위를 하는 [아내]를 특별하다고 생각하지 않고 있으며 이와 같은 속성을 가진 [아내]를 당연하게 인지하는 것 같다. 이는 이와 같은 행위를 하는 [남편]을 특별하게 인지하여 그를 지칭할 수 있는 어휘소가 존재하는 반면 이런 행위를 하는 [아내]를 지칭할 수 있는 어휘소가 특별히 존재하지 않는 다는 점을 통해 확인할 수 있다.

대함"의 뜻을 가진 {박처薄妻}와 "아내를 맞이함"의 뜻을 가진 {영처迎妻}가 있다. 이때 행위의 주체는 {남편}이며 그 지시 대상 또한 {아내}가 아닌 행위의 주체인 {남편}이 된다.[33]

이상의 내용을 통해 {처妻}의 형식·의미 확장 양상을 살펴봤다. {처妻}는 [혼인], [여성], [한자]의 속성을 가진 어휘소로서 {아내}에게 지칭어로 사용될 수 있음을 기본으로 한다. 하지만 그 확장 양상은 {아내}뿐만 아니라 지시 대상인 {아내}의 행위나 특성에 초점을 둔 어휘소나 {공처가恐妻家}, {애처가愛妻家}처럼 {남편}을 지칭하는 어휘소, 그 밖에 [낮춤], [높임], {남편}의 특정 [행동] 등의 속성을 중심으로 다양하게 확장되는 어휘소가 있음을 확인했다.

다. [새로움新]의 속성을 가진 어휘소: {신부新婦}, {색시}, {각시}

{신부}, {색시}, {각시}는 {아내}가 가진 속성에서 [새로움新]을 추가로 가지는 어휘소로서 [혼인], [여성], [새로움新]을 이상적 인지모형으로 가진다. 또한 앞서 논의한 [중년中年]의 [여성]에게 사용이 자연스러운 {부인夫人}, {부인婦人}, {안사람}, {집사람}, {안주인}, {안양반} 같은 어휘소와 달리 [젊음]의 속성으로 인지되는 [여성]에게 사용이 자연스럽다.

(10) {신부}의 형식 확장 어휘소

(ㄱ) [혼인 전前]: {신붓감}, {신부화장}, {신부예물}, {신부예단}

(ㄴ) [혼인 후後]: {신부례新婦禮}, {신부례하다}, {신부상新婦床}

---

33) {박처薄妻}의 경우 (ㄷ)에 포함시킬 수도 있을 것이다. 하지만 {아내}를 박대한다는 뜻을 그의 행동으로 보았고 부정적인 행위에만 초점을 두고 (ㅂ)으로 분류한 것이다.

(10)은 (신부)의 확장 어휘소를 정리한 것이다. (신부)는 "갓 결혼하였거나 결혼하는 여자"의 뜻을 가진 어휘소다.[34]

[혼인 전前]의 속성을 가진 어휘소로는 "신부가 될 만한 인물 또는 앞으로 신부가 될 사람"의 뜻을 가진 (신붓감)이 있다. 또한 (신부화장), (신부예물), (신부예단)과 같은 어휘소는 「표준국어대사전」에 등재된 어휘소는 아니지만 현대 언어생활에서 결혼을 준비하는 여성들에게 활발히 사용되는 어휘소이다. 이들 어휘소 모두 [-혼인]의 속성을 가졌으나 혼인을 할 시기가 얼마 남지 않은 [여성]으로 인지되기 때문에 (신부)의 확장·사용이 자연스럽다.

[혼인 후後]의 속성은 [혼인]을 한 지 얼마 지나지 않은 특정 시기를 지칭하는 것으로 "신부가 시집에 와서 처음으로 올리는 예식"을 뜻하는 (신부례新婦禮), "신부가 시집에 와서 처음으로 예식을 올리다"를 뜻하는 (신부례하다), 신부례가 끝난 후 신부가 받는 큰 상"을 뜻하는 (신부상新婦床)과 같은 어휘소가 있다. 이들 어휘소는 「표준국어대사전」에 등재된 어휘소이나 실제 언어생활에서 활발히 사용되지 않는다. 반면 「표준국어대사전」에 등재되지 않은 (신부화장), (신부예물), (신부예단)의 경우 활발히 사용되고 있다는 점에서 등재 기준을 다시 고려할 필요가 있다고 여겨진다.[35]

---

34) (신랑)의 확장의미와 같이 [혼인 전前], [혼인 중中], [혼인 후後]의 속성으로도 사용될 수 있다. [혼인 중中]의 속성은 특별한 형식 확장 어휘소가 없기 때문에 제시하지 않는다.
35) '네이버'에서 큰 따옴표를 활용하여 검색 대상이 정확하게 일치한 결과 중 '블로그'에서 검색된 용례 빈도만을 정리한 결과 다음과 같았다.

신부례新婦禮 / 40건	신부화장 / 23,275건
신부상新婦床 / 73건	신부예물 / 6,819건
	신부예단 / 677건

이중 (신부상)의 경우 논의가 되는 (신부新婦)와 '성직자'를 뜻하는 (신부神父)와 그 형태

(11) {색시}의 형식 확장 어휘소

(ㄱ) [혼인 전前]: {색싯감}

(ㄴ) [-혼인]: {숫색시}, {뜬색시}

(ㄷ) [-사람]: {색시걸음}, {색시비}, {색시절}, {색시장가}, {색시꼴}

(11)은 {색시}의 형식 확장 어휘소를 정리한 것이다. {색시}는 {신부}와 같이 [새로움]의 속성을 가지기 때문에 (ㄱ)처럼 {신부}와 치환이 가능한 확장 어휘소가 존재하게 된다.

(ㄴ)은 [-혼인]의 속성을 중심으로 확장된 예로서 "숫처녀"의 뜻을 지닌 {숫색시}, "바람난 계집"을 뜻하는 {뜬색시}가 있다. 이때 [-혼인]은 '결혼할 계획이 아직 없는 것'을 포함하는 의미로서 같은 [-혼인]의 속성을 가진 [혼인 전前][36]의 속성과 차이를 보인다. 이는 {신부}와 치환이 자연스럽지 않은 {색시}의 고유한 의미 확장 영역이다.

(ㄷ)은 [-사람]의 속성을 중심으로 확장된 예이다. "새색시처럼 아주 얌전하고 조심스럽게 걷는 걸음을 비유적으로 이르는 말"을 뜻하는 {색시걸음}, "새색시처럼 수줍은 듯 소리 없이 내리는 비라는 뜻으로, '이슬비'를 이르는 말"을 뜻하는 {색시비}, "새색시처럼 얌전하게 하는 절을 비유적으로 이르는 말"을 뜻하는 {색시절}, "결혼한 일이 없는 젊은 여자에게 장가드는 일"을 뜻하는 {색시장가}, "새색시다운 용모나 태도"를 뜻하는 {색시꼴}

가 동일하여 실제 검색 결과는 936건이 나왔다. 이중에 논의의 대상이 되는 {신부상 新婦床}의 결과만 제시했다. 또한 검색을 하면서 새롭게 알게 된 사실은 {신부상과 관련된 풍습은 제주도 지방에서 활발히 지켜지고 있다는 것이다.

36) 이 속성은 결혼을 준비하고 있거나 곧 결혼을 하려는 [-혼인], [여성]의 속성을 지닌 대상에게 자연스럽게 확장·사용되었다.

과 같은 어휘소가 있다. 이들 어휘소는 한국 언어문화에서 {색시}라는 어휘소를 통해 인지할 수 있는 {수줍음}과 관련된 속성이 {걸음}, {비雨}, {절}과 결합된 것으로 볼 수 있으며 {신부}의 확장 양상에서 나타나지 않는 {색시}의 고유한 의미 확장 영역이다. 이처럼 {색시}는 {신부}의 확장 양상과 동일하게 [새로움]의 속성을 가지나 (ㄴ), (ㄷ)과 같이 {색시}만의 고유한 의미 확장 영역이 따로 존재하는 것을 알 수 있다.

(12) {각시}의 형식 확장 어휘소
(ㄱ) [-혼인]: {방각시}, {각시도령}
(ㄴ) [-사람]: {각시놀음}, {꼭두각시}, {각시광대}, {각시춤}, {각시방}
(ㄷ) [귀신]: {각시귀신}, {대부진각시}

(12)는 {각시}의 확장 어휘소를 정리한 것이다. 「표준국어대사전」에서 {각시}는 "아내를 달리 이르는 말"을 기본의미로 가진다. 그 확장 의미로 "새색시"와 "조그맣게 색시 모양으로 만든 여자 인형"을 가지는데 이를 통해 {신부}, {색시}와 같이 [새로움]의 속성을 가진 어휘소라는 점과 [-사람]의 대상인 [인형]에게 확장·사용될 수 있음을 알 수 있다.

(ㄱ)은 [-혼인]의 속성을 중심으로 {각시}가 확장된 예이다. "궁중에 갓 들어와 노성老成한 상궁과 함께 지내면서 가르침을 받는 어린 나인을 이르던 말"을 뜻하는 {방각시}, "남자의 옷차림을 한 처녀를 달리 이르는 말"을 뜻하는 {각시도령}이 있다. 이때 {방각시}는 [중년中年]의 속성을 가진 {부인夫人}이 "고려 초기에, 후비后妃 이하의 궁녀에게 내리던 봉작"을 뜻하는 {궁부인宮夫人}으로 확장되는 것과 달리 궁에서 사는 '어린 나인'에게 {각시}가

확장·사용된 예로서 (각시) 또한 [젊음]의 속성을 지닌 어휘소임을 보여주는 예이다.

㈄은 [-사람]과 관련된 속성으로 (각시)가 확장·사용된 예이다. "여자아이들이 각시 인형을 가지고 노는 놀음"을 뜻하는 (각시놀음), "꼭두각시 놀음에 나오는 여러 가지 인형"을 뜻하는 (꼭두각시),[37] "하회 별신굿에 등장하는 인물의 하나. 전형적인 한국 여인의 모습을 담은 가면을 쓰고 각시 차림을 하여 각시 역을 맡는다"를 뜻하는 (각시광대), "꼭두각시 인형의 모습으로 꾸며 익살스럽게 추는 춤"을 뜻하는 (각시춤), "새색시가 거처하는 방", "조그만 여자 인형을 둔 곳"을 뜻하는 (각시방)과 같은 어휘소가그 예이다. 이들 어휘소의 속성을 [놀이], [인형], [춤]과 같이 구체적으로 분류할 수 있으며 (각시)만의 고유한 의미 확장 영역이다.

㈆은 [귀신]의 속성을 가진 형식 확장 어휘소로서 "결혼하지 않은 여자가 죽어서 된 귀신"을 뜻하는 (각시귀신), "무당들이 모시는 여자 귀신의하나"를 뜻하는 (대부진각시)가 있다. 이때 (각시귀신)은 (처녀귀신)과 그의미가 유사하며 [-혼인]의 속성을 함께 가진다.

이상의 내용을 바탕으로 살펴본 (각시)는 [혼인], [여성], [새로움]의 속성을 기본으로 하여 [-혼인], [-사람], [귀신]의 대상에게 확장·사용되고 있음을 확인했다. 이때 [새로움]의 속성은 (신부), (색시)와 같이 [젊음]의 속성으로 확장되어 인지된다. 이로 인해 [-혼인], [젊음], [여성]의 속성을 지닌 대상에게서 인지할 수 있는 [연약함], [부드러움]과 같은 속성은 "처녀 고사릿과의 여러해살이 풀"을 뜻하는 (각시고사리), "애기고광나무, 범의귓과의 낙

---

37) (꼭두각시)는 확장 의미로 "남의 조종에 따라 움직이는 사람이나 조직을 비유적으로 이르는 말"을 뜻하기도 한다.

엽 활엽 관목"을 뜻하는 [각시고광나무], "애기수련, 수련과의 여러해살이
수초"를 뜻하는 [각시수련]처럼 [식물], "가자밋과의 바닷물고기"인 [각시가
자미], [각시고둥]과 같은 [해산물]에게도 확장·사용된다.38) 이 속성 또한
[각시]의 고유한 의미 확장 영역이다.

라. [낮춤]의 속성을 가진 어휘소: [마누라], [여편네]

[마누라]와 [여편네]는 앞에서 논의한 어휘소들의 확장·사용과 달리
[낮춤]에 초점이 맞춰진 어휘소로 잘못 사용했을 때 상대방에게 [불쾌감]을
줄 수 있기 때문에 어휘소의 사용에 엄격한 제한이 따른다.

[마누라]의 경우 「표준국어대사전」에서 그 사용 대상을 [중년中年]의 여
성으로 설정했다. 이는 [부인婦人], [부인夫人]과 그 사용 연령에서 공통점을
가지고 있음을 알 수 있다. 하지만 [낮춤]을 주된 속성으로 가지는 점에서
[높임]의 속성을 가진 두 어휘소와 대립관계에 있으며 치환이 자연스럽지
않은 차이를 가진다.

(13)

(ㄱ) [혼인]: [본마누라], [안마누라], [적마누라], [주인마누라], [쥔마누라],
[뒷방마누라], [큰마누라], [홀마누라]

(ㄴ) [첩妾]: [작은마누라], [곁마누라]

(ㄷ) [민속신앙]: [산마누라]39)

---

38) [식물]과 [해산물]에게 확장된 [각시]가 지금 논의하고 있는 [각시]를 의미하는 것인지
에 대한 추가적인 논의가 필요하다. 하지만 작은 동물이나 잎이 어린 식물에게 확장·
사용되고 있는 점은 [연약함], [젊대의 속성을 가진 [각시]의 일부 영역을 공유하고
있다는 관점에서 논의에 포함시켰다.

(13)은 [마누라]의 형식 확장 어휘소를 정리한 것이다. 「표준국어대사전」을 통해 알 수 있는 [마누라]의 주된 속성은 [중년中年], [낮춤]의 속성이며 [아내]와의 관계를 고려하여 정리할 수 있는 가장 이상적인 속성을 [혼인], [여성], [중년], [낮춤]으로 정리할 수 있다.

[마누라]는 [혼인]의 속성을 중심으로 가장 활발하게 확장되는데 [본마누라], [안마누라], [적마누라], [주인마누라]와 같은 어휘소가 그 예이다. 이들 어휘소는 모두 "처음 정식으로 혼인한 여성"인 [본처本妻]의 속성을 추가로 가진 어휘소다. 반면 [혼인]의 속성을 유지하고 있지만 "남편이 정식 아내 외에 데리고 사는 여자"인 [첩妾]과의 관계를 고려하여 사용되는 [뒷방마누라], [큰마누라]와 같은 어휘소와 "남편이 죽어 혼자된 여성"을 뜻하는 [홀마누라]와 같은 확장 어휘소가 있으며 이들 어휘소들도 [혼인]의 속성을 유지한다.

[첩妾]의 속성은 [부인夫人]의 확장 어휘소인 [여부인如夫人]에서도 확인할 수 있었던 속성이다. "첩을 듣기 좋게 이르는 말"을 뜻하는 [작은마누라] 같은 어휘소는 [첩妾]에 비해 상대방에게 [긍정]의 속성을 전달할 수 있게 하는 지칭어로 볼 수 있다. 이는 [마누라]가 [낮춤]과 같은 [부정]적인 속성만을 전달하는 어휘소가 아니라는 것을 보여주는 예이다.

「표준국어대사전」에서 [마누라]는 기본의미로 "중년이 넘은 아내를 허물없이 이르는 말"로 정의되며 확장의미로 "중년이 넘은 여자를 속되게 이르는 말"을 가진다. 이는 [마누라]의 기본적인 용법이 '허물없음' 즉 [친밀]의 속성을 전달하는데 있음을 보여준다. 하지만 현대 언어생활에서 [마누라]의

---

39) "산신령", "산마누라"를 뜻하는 어휘소.

사용이 일반적이며 보편적인 상황에서 [친밀]을 나타내는 것은 아니다.[40]

(14)

(ㄱ) 부끄러운 단어들이 나와 우리 마누라나 아들에게 오해를 받는다.

(ㄴ) 마누라한테 잘하는 남자가 식당사업에도 성공한다.

(ㄷ) 내 마누라 내가 데려 갈 테니 당신 마누라나 잘 챙기라.

(14)는 네이버를 통해 확인할 수 있는 [마누라]의 용례를 일부 정리한 것이다. 일상생활에서 [마누라]를 사용하여 자신의 [아내]를 지칭할 때 [친밀]의 속성을 전달하는 것으로 인지하기에는 어려움이 있다. 하지만 (14)의 (ㄱ)과 (ㄴ)의 경우 [친밀]의 속성을 전달할 수 있는 [마누라]의 용례다.

(ㄱ)은 인터뷰를 하는 과정에서 언어 사용자가 자신의 [아내]를 지칭하는 말로 [마누라]를 선택·사용한 예이다. 이 사용에서 [마누라]는 확장의미인 "결혼한 중년의 아내를 허물없이 이르는 말"의 의미를 전달하기 위해 의도적으로 사용된 것으로 볼 수 있다. 만약 언어 사용자가 [낮춤]의 속성을 전달하기 위한 의도로 [마누라]를 사용했다면 인터뷰라는 특성상 비난을 받을 것이다. 하지만 이 용례에서 [낮춤]을 인지하여 비난하는 한국어 모어화자는 없을 것이다.

(ㄴ)은 비친족의 불특정한 "결혼한 여성"을 지칭할 때 사용할 수 있음을 보여주는 예이다. 이 또한 [낮춤]의 속성을 가진 것으로 볼 수 없으며 [친밀]

---

40) 일상생활에서 [마누라]를 호칭어로 사용하면 지시 대상의 체면을 유지할 수 없다. 또한 대화 참여자에게 [부정]의 속성을 전달할 수 있다. 이는 [마누라]가 현대 언어생활에서 사용되고 있는 용법이 사전에서 제시된 것과 차이가 있음을 보여주는 예이다.

의 속성을 포함한 |마누라|로 보는 것이 타당하다. 이처럼 두 예문은 모두 공식적인 자리에서 언어 사용자가 사용한 것이기에 [낮춤]의 속성을 전달하려는 의도로 선택·사용된 것으로 더욱 볼 수 없다.

앞서 |마누라|가 [중년中年]의 여성에게 사용이 자연스러운 것을 언급했다. 이는 언어 사용자와 지시 대상이 오랜 시간 함께 살아온 것으로 이해할 수 있으며 그로 인해 자연스럽게 [친밀]을 공유한 사이로 그 관계가 인지된다. 이러한 배경이 한국어 모국어 화자의 인지구조에 존재하기 때문에 [중년中年]의 [남성]이 |마누라|를 사용할 때 [친밀]의 속성을 전달하는 것으로 이해하게 된다. 반면 결혼 생활을 오래 지속하지 않은 젊은 [남성]이 |마누라|를 사용할 경우에 [친밀]의 속성으로 인지하기에는 어려움이 있을 것이다.

㈐은 |마누라|가 [낮춤]의 속성을 전달하는데 사용된 예로서 [중년中年]의 언어 사용자라고 해도 항상 [친밀]을 전달하는 것이 아님을 보여주는 예이다. 이때 |마누라|라고 지칭되는 [여성]은 언어 사용자와 [친밀]을 공유하지 않은 비친족의 [여성]이다. 이러한 경우에는 [친밀]을 전달할 수 없는 점에서 |마누라|의 용법에서 [친밀]의 전달은 친족어로 제한되어 있음을 알 수 있다.[41]

지금까지 살펴본 대부분의 어휘소는 형식 확장된 어휘소를 가졌다. 하지만 |여편네|의 경우 특별한 형식 확장 어휘소가 없다. 이는 |여편네|가

---

41) 비친족어로 |마누라|가 사용될 경우 항상 [친밀]을 전달 할 수 없는 것은 아니다. 가령 언어 사용자와 대화 참여자 사이에 [친밀]을 공유하고 있다면 "니 마누라 왜 그렇게 살쪘냐?", "니 마누라도 그런 것쯤은 이해해 줄거다"와 같은 표현이 가능하다. 이때 [친밀]은 언어 사용자와 지시 대상인 |마누라|의 |남편|과의 관계에서 공유된 것으로 이러한 상황에서 제한적으로 비친족어 |마누라|가 [친밀]을 나타낼 수도 있다.

가지는 부정적인 속성이 그 확장을 제한한 것으로 볼 수 있다.

(15)

㈀ 동네 여편네들이 한집에 모여 수다스럽게 잡담을 하고 있었다.

㈁ 이 여편네가 끝까지 말대답이야.

(15)는 「표준국어대사전」에서 확인할 수 있는 (여편네)의 예문이다. (여편네)는 "결혼한 여자를 낮잡아 이르는 말"과 "자기 아내를 낮잡아 이르는 말"로 정의된다. 이를 통해 [낮춤]의 속성을 가지고 있음을 알 수 있다.

㈀은 비친족의 불특정 다수인 [여성]을 모두 가리킬 때 (여편네)를 사용한 예다. 이때 언어 사용자는 지시 대상들의 행동을 "쓸데없이 지껄이는 말"을 뜻하는 (잡담雜談)으로 표현했다.

㈁에서 언어 사용자는 지시 대상의 (남편)일 수 있으며 (남편)이 아닌 다른 [남성]이나 [여성]일 수도 있다. 이 또한 [낮춤] 혹은 [부정]의 속성을 나타낸다. 하지만 이러한 용법이 실제 언어생활에서 사용이 자연스러운 것은 아니다. 만약 실제로 사용될 경우 지시 대상에게 [불쾌감]이나 [분노]를 전달할 수 있기 때문에 언어 사용자의 의도적인 태도만이 (여편네)를 선택·사용할 수 있게 한다.

이상의 내용을 통해 (아내)와 그 확장 어휘소인 (부인婦人), (부인夫人), (신부新婦), (각시), (색시), (처妻), (마누라), (여편네)의 형식 확장과 그 의미 확장 양상을 살펴보았다. 이들 어휘소는 (아내)를 중심으로 확장된 어휘소로서 [연령年齡], [높임], [낮춤]을 고려하여 사용 영역을 구분할 수 있었다.

(부인夫人)은 [중년中年]과 [높임]의 속성을 중심으로 확장되는 어휘소임

을 확인했다. 또한 [-혼인]의 대상에게도 [중년中年]의 속성이 인지되었을 때 사용할 수 있으며 [부정]의 의미를 가진 지칭어로도 사용될 수 있음을 확인했다. 또한 [-사람]의 속성을 가진 [사물]과 [민간신앙]에서 전해져 온 특정 [신神]의 속성을 가진 대상으로 확장되기도 했다.

[부인婦人]은 [아내]에서 [높임]의 속성이 포함된 형식 확장 어휘소를 기본의미로 가지나 [-혼인]의 속성을 가진 [중년中年]의 여성에게 확장·사용될 수 있으며 [부정]의 속성으로 인지되는 [여성]을 나타내는 어휘소로 확장될 수 있음을 살펴봤다.

[처妻]는 [아내]에서 [한자]의 속성을 지닌 어휘소로서 [재혼], [아내의 특징], [남편의 행동], [남편의 특징]등의 속성이 다양한 어휘소로 형식 확장을 가능하게 했으며 비교적 형식 확장이 활발하여 다양한 어휘소를 가졌다. 하지만 이들 어휘소 대부분 현대 언어생활에서 활발하게 사용되는 편은 아니다.

[신부], [색시], [각시]는 [새로움]을 공통된 속성으로 가지고 있으며 현대 언어생활에서도 사용이 자연스러운 어휘소다. 하지만 형식 확장된 어휘소를 살펴보면 각각의 어휘소가 가지는 고유한 의미 확장 영역이 존재하는 것을 확인할 수 있었다.

[신부]는 [혼인]을 가장 중요한 의미 속성으로 인지하여 [혼인 전前의 여성], [혼인 중中의 여성], [혼인 후後의 여성]을 어휘소의 확장 대상으로 삼았다.

[색시]는 [-혼인], [-사람]의 속성을 지닌 어휘소로도 확장·사용될 수 있는 점에서 [신부]와 차이를 보였으며 [각시]는 [-혼인], [-사람], [놀이], [귀신]의 속성을 가지는 어휘소로 활발히 확장되는 양상을 보였다. 또한 이들 어휘소는 [중년中年]의 속성을 지닌 [부인婦人], [부인夫人]과 달리 [젊음]의

속성을 지닌 여성에게 사용이 자연스러웠다.

〔마누라〕와 〔여편네〕의 경우 〔부정〕의 속성을 가지는 것을 확인했다. 특히 〔여편네〕의 경우 〔불쾌감〕을 전달할 수 있기 때문에 사용상에 제약이 따른 다. 하지만 〔마누라〕는 오랜 시간 〔혼인〕을 지속한 것이 인지되는 경우 〔친 밀〕의 속성을 전달할 수도 있었다. 이들 어휘소는 모두 〔아내〕의 이상적 인지모형인 〔혼인〕, 〔여성〕을 중심으로 각기 새롭게 추가된 속성을 가졌다.

이상의 내용을 통해 살펴본 〔아내〕, 〔부인婦시〕, 〔부인夫시〕, 〔신부新婦〕, 〔각 시〕, 〔색시〕, 〔처妻〕, 〔마누라〕, 〔여편네〕과 같은 어휘소가 사용되는 양상을 다음 그림과 같이 정리하도록 한다.

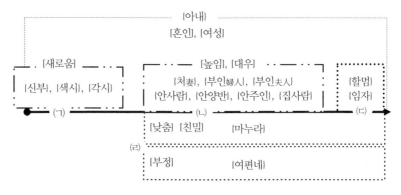

〈그림4〉 〔아내〕를 지칭하는 어휘소들의 관계

〈그림4〉는 〔아내〕를 중심으로 〔신부〕, 〔색시〕, 〔각시〕, 〔부인婦시〕, 〔부인 夫시〕, 〔처妻〕, 〔마누라〕, 〔여편네〕의 사용 양상을 정리한 것이다. 〔아내〕의 사용 영역을 살펴보면 대부분의 어휘소가 사용될 수 있는 영역에서 자연스럽게 사용할 수 있음을 보여준다.

(ㄱ)은 〔새로움〕의 속성을 나타내는 영역으로 "갓 결혼 생활을 시작한 시

점"을 나타내며 {신부}, {색시}, {각시}가 사용되는 영역이다. 이때 [-혼인]으로 인지되더라도 혼인을 약속한 시점이 얼마 되지 않았을 경우에 한하여 {신부}, {색시}가 일부 사용될 수 있다.

㉡은 {아내}가 [중년中年]의 속성을 가지는 영역이다. 이때부터 {처妻},[42] {부인婦人}, {부인夫人}, {안사람}, {안양반}, {안주인}, {집사람}의 사용이 자연스럽다. 또한 [젊음]의 속성을 가진 {색시}, {신부}, {각시}의 사용은 어색하기 때문에 두 집단에 포함된 어휘소의 사용 영역이 구분되기 시작하는 시기라고 할 수 있다. 또한 이들 어휘소는 [높임]이나 [대우]의 의미를 가진다. 이는 지시 대상의 체면을 보호하기 위한 언어 사용자의 의도가 포함되었기 때문이다.

㉢은 [노년老年]의 속성을 지닌 시기에 사용이 자연스러운 영역이다. 논의하지는 않지만 1장을 통해 살펴본 {할멈}, {임자}와 같은 어휘소가 이 자리에 올 수 있다.

㉣은 [중년中年]의 속성으로 인지되는 [여성]에게 사용이 자연스럽다는 점에서 ㉡과 동일하다. 하지만 [낮춤]의 속성을 가진 영역이라는 점에서 차이를 보이며 {마누라}가 사용될 수 있다. 또한 어휘소가 선택되는 상황에 따라 [낮춤]이 아닌 [친밀]의 속성을 나타내기도 한다. {여편네} 또한 이 영역에 포함되나 [부정]의 속성을 가졌다는 점과 보편적인 상황에서 사용상 제약이 따른다는 점에서 차이를 보인다.

이상의 내용과 같이 {아내}를 지칭하는 어휘소는 지시 대상의 [연령年齡]을 중심으로 사용되는 영역이 구분된다. 또한 각각의 영역에 포함되는 어

---

42) {처妻}의 경우 '가족관계증명서'와 같은 서류에 나이와 관계없이 사용되기도 한다.

휘소들은 [새로움], [높임], [낮춤]과 같은 공통의 속성을 중심으로 확장된 어휘소들이다. 이들 어휘소는 형식·의미 확장 양상 또한 활발하여 공통의 의미 영역뿐만 아니라 개별적인 의미 영역 또한 매우 다양한 속성으로 가지는 것을 이번 논의를 통해 확인할 수 있었다.

3. {아버지}

{아버지}는 [혼인]을 한 [남성]인 {남편}이 {아내}와 함께 [출산]을 경험한 뒤 {자식}과의 관계에서 사용되는 어휘소다. 앞서 {아버지}는 친족어로 사용되며 호칭어, 지칭어의 기능을 모두 하는 것을 확인했다. 또한 비친족에게도 확장·사용되는 특징을 가진다.

김광순(2014)에서 {아버지}의 원형의미를 [부양]으로 설정하고 이를 바탕으로 {아빠}, {아버님}, {아비}, {부父}의 관계를 논의한 바 있다. 이 장에서는 이와 관련된 내용을 논의에 참고하려고 한다. 먼저 {아버지}의 의미를 「표준국어대사전」을 통해 확인하도록 한다.

(16) {아버지}

㈀ 자기를 낳아 준 남자를 이르거나 부르는 말.

㈁ 자녀를 둔 남자를 자식에 대한 관계로 이르거나 부르는 말.

㈂ 자녀의 이름 뒤에 붙여, 자기 남편을 이르거나 부르는 말.

㈃ 자기를 낳아 준 남자처럼 삼은 이를 이르거나 부르는 말.

㈄ 자기의 아버지와 나이가 비슷한 남자를 친근하게 이르거나 부르는 말.

㈅ 시조부모 앞에서 시아버지를 이르거나 부르는 말.

㈆ 어떤 일을 처음 이루거나 완성한 사람을 비유적으로 이르는 말.

(ㅇ)『기독교』기독교에서, '하나님'을 친근하게 이르거나 부르는 말.

(16)을 통해 {아버지}는 한 개의 기본의미와 일곱 개의 확장의미를 가지는 것을 알 수 있다. 이때 {아버지}가 [혈연]의 속성을 가진 대상으로 인지되고 사용되는 것은 (ㄱ)이며 {아버지}의 기본의미에 해당한다.

(ㄴ)은 [-혈연], [-친족]의 속성을 가진 [남성]에게 {아버지}가 확장 사용되는 영역이다. 이때 언어 사용자와 지시 대상이 [친밀]을 공유했을 때 지시 대상의 {자녀}의 이름을 사용하여 {N+아버지}의 형태를 지칭어, 호칭어로 사용할 수 있다. 또한 [-친밀]의 속성을 공유한 관계일 경우 {아이아버지}처럼 {아버지}가 확장된 어휘소를 지칭어, 호칭어로 사용할 수 있다.

(ㄷ)은 {아내}가 {남편}에게 사용하는 친족어의 용법을 타나낸다.

(ㄹ)은 언어 사용자가 지시 대상을 {아버지}와 같은 존재로 인지하고 [친밀]의 관계가 지속된 상황에서 사용할 수 있는 {아버지}의 확장·사용 영역이다.

(ㅁ)은 '아버지 또래의 남성'에게 {아버지}가 확장·사용되는 것으로 [-친밀]의 속성을 가진 대상에게도 사용이 가능하다. 이때 언어 사용자는 지시 대상의 외형적 특징에서 {아버지}로 지칭이 자연스러운 [연령年齡]으로 인지했을 때 사용이 자연스럽다.

(ㅂ)은 친족어의 용법중 하나로 {시아버지}를 부를 때 사용되는 것을 뜻한다. 하지만 현대 언어생활에서 사용이 자연스러운 편은 아니다.

(ㅅ)은 특정한 행위의 결과나 특정한 성과를 만들어 낸 [남성]에게 확장·사용되는 예이며 (ㅇ)은 '창조자'로 여겨지는 신적 대상에게 {아버지}가 확장·사용되는 예이다.[43]

이상의 내용을 통해 {아버지}의 기본의미와 확장의미가 사용되는 양상을 간단하게 살펴봤다. 이를 통해 확인할 수 있는 사실은 기본의미로 사용되는 (ㄱ)을 제외한 다른 확장 의미에서 {아버지}가 [-혈연]의 속성을 지녔으며 [출산]의 속성과 관계가 없다는 것이다. 이와 같은 내용을 바탕으로 김광순(2014:39)은 {아버지}의 원형의미를 [출산]이 아닌 [부양]으로 설정한 바 있다. 이를 바탕으로 이번 논의에서 {아버지}가 가지는 이상적 인지모형을 [혼인], [남성], [출산], [부양]으로 설정하고 동일한 대상을 지칭할 수 있는 어휘목록에 있는 다른 어휘소와의 관계를 다음과 같이 정리한다.

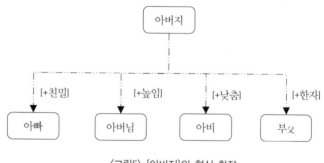

〈그림5〉 {아버지}의 형식 확장

김광순(2014:33)은 {아버지}, {아빠}, {아버님}, {아비}, {부父}를 유의관계가 아닌 {아버지}를 중심으로 형식 확장된 어휘소로 설명했는데 이때 각각의 어휘소는 〈그림5〉처럼 {아버지}을 중심으로 [친밀], [높임], [낮춤], [한자]의 속성이 포함되어 각각의 어휘소로 형식 확장 되었으며 이를 각각의 어휘소가 가지는 의미 속성을 전달하려는 언어 사용자의 욕구가 반영된 결과로 설명했다. 그 내용을 바탕으로 각각의 어휘소가 가지는 사용 양상

---

43) 이 두 의미 확장 영역은 논의의 대상에서 제외한다.

과 특징을 다음과 같이 정리한다.

가. 아빠	(ㄱ) 현대 언어생활에서 호칭어로 가장 활발하게 사용된다. (ㄴ) [-께서], [-으시/-시]와의 결합이 어색하다. (ㄷ) 공적인 상황에서 사용이 제한된다. (ㄹ) 비친족으로 확장·사용이 자연스럽지 않다.
나. 아버님	(ㄱ) [장인], [시아버님]을 뜻하기도 한다. (ㄴ) [-께서], [-으시/-시]와 결합이 자연스럽다. (ㄷ) 공적인 상황에서 지칭어로 사용된다. (ㄹ) 비친족의 [남성]에게 [대우]를 전달하는 지칭어로 사용된다.
다. 아비	(ㄱ) 자녀가 호칭이나 지칭어로 사용할 수 없다. (ㄴ) 공적인 상황에서 사용할 수 없다. (ㄷ) [친밀]이 공유된 친구가 서로에게 사용할 수 있다. (ㄹ) [부모]가 [자녀]가 있는 [아들]에게 사용할 수 있다. (ㅁ) [아버지]가 [자녀] 앞에서 자신을 가리킬 때 사용할 수 있다.
라. 부父	(ㄱ) [부친父親], [친부親父]로 확장되어 공적인 자리에서 지칭어로 사용될 수 있다. (ㄴ) 문어적 상황에서 자주 사용된다. (ㄷ) 다양한 확장 어휘소를 가지나 사용빈도가 높은 편은 아니다.

〈표7〉 [아버지]의 확장 어휘소의 사용 양상

위 표는 김광순(2014)에서 논의한 [아빠], [아버님], [아비], [부父]의 확장 양상의 특징을 정리한 것이다. 이들 어휘소는 모두 [아버지]를 원형으로 확장된 어휘소인데 이 내용을 좀 더 구체적으로 살펴보도록 한다.

[아빠]는 [친밀]의 속성을 가졌기 때문에 가-(ㄱ)에서 설명한 것과 같이 현대 언어생활에서 다른 어휘소들에 비해 호칭어로 가장 활발하게 선택·사용되고 있다. 또한 반말을 자연스럽게 사용할 수 있게 하는 [친밀]의 속성 때문에 가-(ㄴ)과 같이 [높임]의 속성을 가진 [-께서], [-으시/-시]와의 결합을 자연스럽지 않게 한다. 이러한 특징이 가-(ㄷ)처럼 공적인 상황에서 지칭

어로 사용되는 것을 자연스럽지 않게 하는 것이다. 또한 가-(ㄹ)처럼 비친족의 [남성]에게 확장 사용이 자연스럽지 않다. 하지만 [친밀]을 공유한 비친족의 [남성]에게 자녀와의 관계를 고려하여 [N+아빠]와 같은 형태로 사용될 수는 있다. 그렇지만 다른 어휘소와 달리 비친족의 [남성]에게 [아빠]가 홀로 사용되지는 않는다.

[아버님]은 [높임]에 초점이 맞춰진 어휘소로서 [아빠]와 그 성격에서 대립되는 특징을 보인다. 현대 언어생활에서 [아버지]를 가리키는 어휘소로 [아빠]가 가장 높은 빈도로 사용되며 [아버님]의 사용 빈도는 매우 낮은 편이다. 이런 탓에 그 사용 영역이 변화하여 현대 언어생활에서 나-(ㄱ)처럼 '아내의 아버지'를 뜻하는 [장인丈人]대신 사용될 수 있으며 '남편의 아버지'를 뜻하는 [시아버지]에게 호칭어로 사용될 수 도 있다. 하지만 이 어휘소가 가지는 [높임]의 속성은 나-(ㄷ)처럼 공적인 상황에서 [아버지]를 가리키는 지칭어로 사용을 자연스럽게 한다. 또한 나-(ㄹ)처럼 비친족의 [남성]에게 지칭어로 사용할 수 있다.

[아비]는 [낮춤]의 속성을 가진 어휘소이다. 이 속성으로 다-(ㄱ)처럼 현대 언어생활에서 [아버지]에게 [자녀]가 직접 사용할 수 없다. 이런 특징은 다-(ㄴ)처럼 공적인 상황에서 지칭어로 사용될 수 없게 한다. 하지만 다-(ㄷ)처럼 [친밀]의 속성을 공유한 자녀를 가진 '중년의 남성'들 사이에서 지시 대상의 [자식]의 이름을 사용하여 [N+아비]와 같이 서로를 지칭하는 어휘소로 사용할 수 있다. 또한 다-(ㄹ)처럼 [할아버지], [할머니]의 속성을 가진 [부모]가 자신의 [아들]에게 [손주]와의 관계를 고려하여 [이름]을 직접 부르는 방법과 비교하여 지시 대상의 체면을 유지하려는 의도로 [아비]를 호칭어나 지칭어로 사용할 수 있다.[44] 마지막으로 다-(ㅁ)처럼 [아버지]가

자신의 {자녀} 앞에서 자신을 지칭할 때 사용할 수 있다.

{부父}는 {아버지}에서 [한자]의 속성이 포함된 어휘소로 라-(ㄴ)처럼 가족 관계 증명서, 주민등록등본과 같은 문어적 상황에서 사용이 활발한 어휘소다. 또한 이 어휘소는 {부친父親}으로 형식 확장되어 라-(ㄱ)처럼 공적인 자리에서 지칭어로 사용이 가능하다. 마지막으로 라-(ㄷ)처럼 {부父}는 한자어로서 다양한 확장 어휘소를 가지나 대부분의 어휘소가 현대 언어생활에서 활발히 사용되는 편은 아니다.

이상의 내용을 통해 {아빠}, {아버님}, {아비}, {부父}가 가지는 사용 양상의 특징을 살펴보았다. 이들 어휘소는 모두 [부양]의 속성을 공통적으로 가진 어휘소로 그 기본의미에서 큰 차이가 없다고 느껴지는 어휘소들이다. 하지만 각각의 어휘소가 가지는 개별적인 확장 의미 영역의 차이가 존재하는 것을 〈표7〉을 통해 확인했다. 지금부터는 이와 관련된 구체적인 내용을 각각의 어휘소가 가지는 형식 확장 어휘소와 형식·의미 확장 영역을 정리하여 보다 자세히 확인하려고 한다. 이를 위해 먼저 이들 어휘소들 대부분이 공통적으로 가지고 있는 의미 영역을 확인하고 그 외의 추가적인 확장 의미 영역을 논의하도록 한다.

---

44) 이 사용은 {아범}과 치환될 수 있다. 「표준국어대사전」에서 {아범}은 {아비}의 사용에 비해 "조금 대접하여 이르는 말"의 뜻을 가지는데 {N+아범}과 같은 {아비}의 사용과 동일한 형식으로 사용할 수 있다.

(17)

㉠ [친親아버지]를 뜻하는 말.

㉡ [친족 남자를 뜻하는 말.

㉢ [-혈연]의 {아버지}를 뜻하는 말.

㉣ [아버지 또래의 남성]을 뜻하는 말.

(17)은 「표준국어대사전」에서 정리한 각각의 어휘소들의 사전 정보와 {아버지}, {아빠}, {아버님}, {아비}, {부父}의 확장 어휘소를 통해 확인할 수 있는 이들 어휘소의 공통된 의미 영역을 정리한 것이다.

㉠은 [출산]에 초점이 맞춰진 사용이며 특별한 경우를 제외하고 {아버지}, {아빠}, {아버님}, {아비}, {부父}가 모두 이 의미를 지니기 때문에 별도의 확장 어휘소가 없더라도 이 의미를 인지하는데 큰 어려움이 없다.

㉡은 [혈연]이나 [혼인]으로 맺어진 친족 [남성]에게 이들 어휘소가 확장·사용되는 것을 뜻하며 {큰아버지}, {큰아빠}, {큰아비}, {큰아버님}, {백부伯父}와 같은 어휘소가 그 예이다.

㉢은 [-혈연]의 속성을 가진 [남성]에게 법률적인 관계 혹은 '아버지처럼 느끼는 특정 남성'에게 이들 어휘소가 사용될 수 있음을 나타낸다. {의붓아버지}, {의붓아비}와 같은 어휘소가 이에 포함되며 {아버님}의 경우 사용이 가장 자연스럽다. {아빠}는 이와 같은 사용이 자연스러운 편은 아니지만 현대 언어생활에서 [-혈연]의 [아버지]에게 {아빠}를 호칭어로 사용하는 언어 사용자가 있다는 점에서 이들 어휘소의 공통된 특징으로 정리한다.

㉣은 {아버지} 또래의 비친족의 [남성]에게 이들 어휘소가 사용될 수 있는 것을 뜻한다.

이상의 내용으로 [아버지], [아빠], [아버님], [아비], [부父]의 의미 확장의 공통 영역을 살펴봤다. 그 사용 빈도나 자연스러운 정도에 약간의 차이는 있지만 현대 언어생활에서 이 특징을 공통된 영역으로 삼고 있는 것에 큰 이견은 없을 것이다. 지금부터 공통 의미 영역을 나타내는 확장 어휘소와 개별 의미 영역을 나타내는 확장 이휘소를 살펴보면서 [아버지]와 그 확장 어휘소들의 개별적인 형식·의미 확장 양상과 그 특징을 자세히 논의하도록 한다.

3.1 [친親아버지]

[아버지]는 [혼인], [남성], [출산], [부양]의 속성을 이상적 인지모형으로 가진다. 이때 [출산]은 [혈연]을 공유한 [친親아버지]를 인지하는데 가장 중요한 속성이 된다. 하지만 [아버지]가 [친親아버지]의 속성을 내포하고 있기 때문에 특별한 구분이 필요한 경우에만 그 속성을 인지하게 되며 보통의 [아버지]에게는 그 속성을 인지하거나 특별히 구분할 필요가 없다. 그 특별한 경우란 '[어머니]의 재혼으로 새로운 [아버지]가 생겼을 때'나 '[출산] 이후 [부양]과 관련된 의무를 담당하지 않아 [-부양]으로 인지되는 [남성]에게 언어 사용자가 [아버지]라는 대상 자체를 나쁘게 인지하여 그 관계를 부정할 때'나 '결혼한 여성이 자신의 [아버지]와 [남편]의 [아버지]를 구분을 할 때' 와 같은 특별한 경우를 뜻한다.

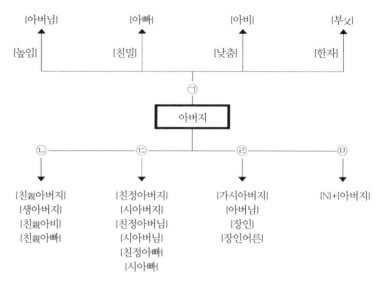

〈그림6〉 [親아버지]를 뜻하는 어휘소

〈그림6〉은 [親아버지]의 속성을 전달할 수 있는 어휘소를 [아버지]와
의 관계를 중심으로 정리한 것이다. 한국 언어문화에서 특별한 경우를 제
외한 보통의 [아버지]는 [출산]과 함께 [부양]의 속성으로 인지된다. 이런
보통의 경우에는 [親아버지]의 의미를 포함하고 있으며 별도의 구분이
필요없다.

㉠은 [친밀], [높임], [낮춤], [한자]의 속성이 추가된 [아빠], [아버님], [아
비], [부父]의 어휘소들이며 이들 어휘소도 [親아버지]의 속성을 포함하고
있기 때문에 별도의 구분이 필요없다.

㉡은 [부모]의 [재혼]이나 [이혼]으로 [아버지]가 [출산], [-부양]의 속성으
로 인지될 때 [親아버지]의 뜻을 나타내는 확장 어휘소로서 [親아버지],
[生生아버지], [親아비]와 같은 어휘소가 있다. 이때 [-부양]은 [아버지]를

[부정]의 속성으로 인식하게 하여 [높임]의 속성을 가진 {아버님}의 경우 확장된 어휘소를 가지지 않으며 [부정]의 속성을 가진 {아비}는 확장된 어휘소를 가진다.

㈃은 [혼인]의 속성을 가진 [여성]이 자신의 [친親아버지]와 {남편}의 [친親아버지]를 구분하기 위해 확장·사용되는 어휘소다. 이 영역에 포함된 [남성]은 [출산]과 [부양]을 모두 지니고 있으며 [-부양]으로 인지되는 ㈁과 달리 [높임]을 지닌 {아버님}이 확장된 어휘소가 존재한다. 또한 현대 언어 생활에서 {아빠}가 확장된 {친정아빠}가 있으나 그 사용이 지칭어로 제한 되며 {시아빠}는 [젊음]의 속성을 지닌 현대 여성들 사이에서 지칭어로 매우 제한적으로 사용되고 있다.

㈄은 [혼인]의 속성을 가진 [남성]이 {아내}의 [친親아버지]와 자신의 [친親아버지]와의 구분을 위해 확장된 어휘소다. 이때 {가시아버지}는 현대 언어생활에서 {시아버지}처럼 활발하게 사용되지 않으며 {장인}, {장인어른} 과 같은 어휘소가 더욱 활발하게 사용된다. 또한 [높임]의 속성이 포함된 {아버님}은 별도의 형식 확장없이 이 영역에 포함될 수 있다. 하지만 [친밀] 의 속성을 지닌 {아빠}의 경우 ㈃과 달리 이 영역에 포함되지 않는다.

㈅에서 {N}은 {아버지}로 불리는 [남성]의 [자녀] 이름이 오며 그 와의 관계에서 [출산]과 [부양]을 가진 [친親아버지]를 의미한다. 이때 언어 사용 자는 지시 대상과 [친밀]의 속성을 공유하고 있기 때문에 {N}으로 사용할 수 있는 이름을 알고 있을 때 이 사용이 자연스럽다. 박영순(1995:562) 에서는 이 사용을 "Teknonymy"로 소개하며 한국과 일본에서 사용하는 호 칭어의 한 방법으로 설명했다.

이상의 내용을 통해 [친親아버지]의 의미를 가지고 있는 {아버지}의 형식 확장 어휘소를 살펴보았다. [친親아버지]의 속성은 [아버지]의 이상적 인지 모형인 [혼인], [출산], [부양], [남성]의 속성에 그 의미가 내포되어 있다. 그래서 보통의 상황에서 그 의미를 특별히 구분할 필요가 없으며 [아빠], [아버님], [아비], [부父]의 경우에도 동일하다. 하지만 [이혼], [재혼], [-부양]과 관련된 속성으로 [아버지]가 인지될 경우 언어 사용자는 [출산]만의 속성을 인지하여 [친親아버지]의 속성을 전달할 필요가 있다고 느낄 때 이 의미를 지닌 별도의 어휘소를 지칭어로 확장·사용하게 된다. 또한 '결혼한 남성'과 '결혼한 여성'의 경우 자신의 [아버지]와 [배우자의 아버지]의 구분을 위해 [친親아버지]의 속성을 가진 별도의 어휘소를 형식·확장하여 사용하게 된다. 이때 현대 언어생활에서 '결혼한 여성'이 자신의 [아버지]와 [남편]의 [아버지]를 구분하기 위해 [친정아버지], [시아버지]의 구분이 존재한다. 반면 '결혼한 남성'이 자신의 [아버지]와 [아내]의 [아버지]와의 구분을 위한 어휘소로 [아버지]가 활발하게 사용되지 않는 다는 점에서 [아버지]의 구분에 대한 기준이 [여성]에게 엄격하게 적용되고 있는 것을 확인할 수 있다. 이는 [남성]에게 [아버지]의 원형이 잘 지켜지고 있는 것과 달리 [여성]에게는 [남편]의 [아버지]에게도 [아버지]가 확장된다는 점에서 [남성]과 [여성]의 차별이 친족어에 나타나고 있음을 확인할 수 있다.

3.2 [친족 남성]

[친족 남성]은 [남성]의 속성을 가진 [아버지]의 형제와 사촌四寸 이상의 형제를 구분하기 위해 형식 확장된 어휘소가 가지는 속성을 뜻한다. 이때 지시 대상이 되는 [친족 남성]은 언어 사용자와 [혈연]의 속성을 공유하고 있으며 [아버지]와 같은 항렬에 위치한다.

(ㄱ)	(ㄴ)	(ㄷ)	(ㄹ)	(ㅁ)
큰아버지	큰아버님	큰아빠	큰아비	백부伯父
작은아버지	작은아버님	작은아빠	작은아비	숙부叔父
가운데아버지	가운데아버님			중부仲父
둘째 아버지				계부季父

<표8> [친족 남성]을 뜻하는 어휘소

[친족 남성]을 뜻하는 어휘소는 <표8>로 정리할 수 있으며 {아버지}를 기준으로 나이가 많은 {형}과 나이가 어린 {동생}을 지시 대상으로 삼는다. 논의의 대상이 되는 {아버지}, {아버님}, {아빠}, {아비}, {부父}는 홀로 [친족 남성]의 속성을 전달할 수 없지만 형식 확장된 어휘소를 통해 이 속성을 전달할 수 있는 것을 확인할 수 있다.

(ㄱ)은 {아버지}가 [친족 남성]의 속성을 전달하기 위해 형식 확장된 예이다. "둘 이상의 아버지의 형 가운데 맏이가 되는 형을 이르는 말"을 뜻하는 {큰아버지}는 {아버지}의 {형}에게 사용이 가능한 어휘소다. 반면 "아버지의 남동생을 이르는 말. 주로 기혼자를 가리킨다. 여럿이 있을 때는 그 순서에 따라 첫째 작은아버지, 둘째 작은아버지, 셋째 작은아버지 등과 같이 이른다"를 뜻하는 {작은아버지}는 {아버지}의 {동생}에게 사용이 가능한 어휘소다. 그 밖에 "아버지의 삼 형제 가운데 둘째 되는 사람"을 뜻하는 {가운데 아버지}, "결혼을 한, 아버지의 형제 가운데 둘째 되는 이. 아버지의 형제가 여럿인 경우에 아버지가 셋째나 그 아래이면 둘째 큰아버지를, 아버지가 맏이거나 둘째이면 첫째 작은아버지를 이른다"를 뜻하는 {둘째 아버지}와 같은 어휘소가 있다. 이 두 어휘소의 경우 현대 언어생활에서 활발히 사용되는 어휘소는 아니다. 또한 [친족남성]에게 이들 어휘소를 적

절하게 사용하기 위해서는 (아버지)를 중심으로 [태어난 순서]를 고려해야 하는 것을 알 수 있다. 하지만 형제의 수가 많지 않은 현대 언어생활에서는 이러한 구체적인 용법을 고려할 필요가 점점 없어지고 있다.

(ㄴ)은 (아버님)이 확장된 예이다. [높임]의 속성이 추가된 것을 제외하면 (아버지)의 확장 어휘소와 용법이 동일하다.

(ㄷ)은 (아빠)가 확장된 예이다. [친밀]의 속성이 추가되었으며 「표준국어대사전」에서 (큰아빠)와 (작은아빠)만 등재되어 있다.

(ㄹ)은 (아비)가 확장된 예로 [낮춤]의 속성을 가지고 있으며 (큰아비), (작은아비)를 가진다. (아비)가 [낮춤]의 속성을 가진 탓에 현대 언어생활에서 사용이 자연스러운 어휘소는 아니다.

(ㅁ)은 (부父)가 확장된 예이다. "큰아버지"를 뜻하는 (백부伯父), "작은아버지"를 뜻하는 (숙부叔父), "둘째아버지"를 뜻하는 (중부仲父), "아버지의 막내아우"를 뜻하는 (계부繼父)가 있다. 이 중에서 (백부伯父)와 (숙부叔父)의 경우 현대 언어생활에서 사용되고 있는 어휘소로 (큰아버지), (작은아버지)에 비해 [높임]의 속성을 전달할 수 있으며 공적인 자리에서 지칭어로 사용이 자연스럽다. 반면 (중부仲父)와 (계부繼父)는 활발히 사용되는 어휘소가 아니다.

이상의 내용을 통해 [친족 남성]에게 사용할 수 있는 (아버지)의 확장 어휘소를 살펴봤다. 한국 사회에서 (친족親族)을 (친가親家)와 (외가外家)로 구분할 수 있다. 하지만 [친족 남성]에게 확장된 어휘소는 (친가親家)의 [남성]에게만 제한된다. 이는 한국 전통사회에서 (아버지)의 부재 시 [친가親家의 남성]에게만 [부양]의 의무가 부여되어 왔던 것을 보여주는 것으로 여겨진다.[45)]

3.3 [-혈연의 아버지]

[-혈연의 아버지]는 언어 사용자의 (어머니)가 [재혼]을 한 대상이 되는 [남성]과의 관계에서 선택·사용할 수 있는 어휘소를 뜻한다. 이 어휘소들은 현대 언어생활에서 자연스러운 관계로 인지되지는 않는다. 논의의 대상이 되는 어휘소들은 대부분 [친親아버지]와의 관계를 구분할 때 지칭어로 사용될 수 있지만 호칭어로 사용되는 것은 자연스럽지 않다.

(ㄱ)	(ㄴ)	(ㄷ)	(ㄹ)	(ㅁ)
새아버지	새아빠46)			
양아버지			양아비	양부養父
				소후부所後父
의붓아버지			의붓아비	계부繼父
				의부義父
				가부假父
수양아버지			수양아비	의부義父
				수양부收養父

⟨표9⟩ [-혈연의 아버지]를 뜻하는 어휘소

⟨표9⟩는 [-혈연]의 속성을 가진 (아버지)의 형식 확장 어휘소를 정리한 것이다. 이처럼 [-출산]의 속성을 가진 [-혈연]의 [남성]에게 (아버지)의 확장

---

45) 한자어 (부父)는 (외삼촌)의 뜻을 가진 (구부舅父)나 "아내의 숙부"인 (처숙부妻叔父)처럼 (외가外家)를 대상으로 삼는 확장 어휘소를 가진다. 이는 친족어의 확장 어휘소에서 나타나는 전반적인 특징으로 [한자]의 속성을 가진 어휘소는 그 지시 대상을 보다 구체적으로 구분할 수 있는 특징을 보여준다.

46) 「표준국어대사전」에서 (새아빠)는 검색되지 않는다. 하지만 (어머니)의 [친밀]의 어휘소인 (새엄마)가 존재한다는 점과 「고려대사전」에서 (새아빠)를 "어린아이의 말로, '새아버지'를 가리키거나 부르는 말"로 정의 했다는 점, 그리고 일상 언어생활에서 그 사용이 가능한 점을 바탕으로 논의의 대상에 포함시켰다.

어휘소가 존재하는 것은 (어머니)와 [재혼]을 한 지시 대상인 [남성]이 언어 사용자를 [부양해야 할 의무를 가진 존재로 인지되기 때문이다.

(ㄱ)은 (아버지)를 중심으로 형식 확장된 어휘소다. 논의의 대상이 되는 이들 어휘소는 현대 언어생활에서 사용이 활발하지 않기 때문에 논의를 위해 의미 구분을 할 필요가 있다. 이에 이들 어휘소의 사정정보를 다음과 같이 정리하도록 한다.

(18)

(ㄱ) (새아버지): 어머니가 새로이 남편을 맞이하였을 때, 그 사람을 이르거나 부르는 말.

(ㄴ) (의붓아버지): 어머니가 개가함으로써 생긴 아버지.

(ㄷ) (양아버지): 양자가 됨으로써 생긴 아버지.

(ㄹ) (수양아버지): 자기를 낳지는 않았으나 길러 준 아버지.

(새아버지)는 [새롭다]의 속성을 가진 (새新)와 (아버지)가 결합한 어휘소다. 언어 사용자의 (어머니)의 [재혼]이 어휘소의 확장을 가능하게 하며 (의붓아버지)와 그 의미가 유사하다.

(양아버지)는 "양자가 되어 생긴 아버지"를 뜻하는 것을 확인할 수 있다. 현대 언어생활에서 (양자養子)를 정리하는 관점은 국어학적 정의와 법률적 정의에서 약간의 차이를 가진다.

(19) 양자養子

(ㄱ) 아들이 없는 집에서 대를 잇기 위하여 동성동본 중에서 데려다 기르

는 조카뻘 되는 남자아이.

(ㄴ)『법률』입양에 의하여 자식의 자격을 얻은 사람.

(ㄱ)에서 (양자養子)를 '동성동본에서 데려다 기르는 아이'로 정리했다. 이를 기준으로 (양자養子)의 의미를 정리한다면 [혈연]의 속성을 공유하고 있다. 하지만 '집안의 대를 잇기 위한 목적'은 한국 전통사회에서 행해졌던 관례로 현대 언어생활에서 이러한 목적으로 (양자養子)를 가지는 경우는 매우 드물다.

(ㄴ)은 법률적 정의다. 「두산백과 법률사전」의 경우 (양자養子)를 "입양入養에 의하여 혼인 중의 출생자와 같은 신분을 취득한 자"로 정리했다. 이때 (입양入養)은 "혈연관계가 없는 사람들이 법률적으로 친부모와 친자와 같은 관계를 형성하는 행위를 입양"이라고 말하고 있다. 이때 (입양入養)은 [-혈연]의 관계를 가지는데 「사회복지학사전」, 「법률용어사전」, 「백과사전」도 모두 동일하게 그 관계를 정리하고 있다. 이처럼 (양자養子)를 바라보는 관점에 대한 차이가 국어학적 관점과 법률적 관점에 따라 존재하지만 현대 언어생활에서 (ㄱ)과 같은 (양자養子)가 일반적이지 않고 (ㄴ)과 같은 상황이 보편적이기 때문에 (아버지)와의 관계에서 [-혈연]의 속성을 지닌 것으로 정리한다.

〈표9-(ㄴ)〉은 (아빠)가 [-혈연]의 속성을 지닌 남성에게 확장된 것이다. 앞서 (아빠)는 (아버지)의 원형을 가장 잘 지키고 있는 어휘소임을 언급했다. 이는 (아버지), (아버님), (아비), (부父)과 같은 어휘소가 (아버지)의 원형에서 멀어진 대상에게도 활발히 확장·사용되는 것과 달리 (아빠)는 그 외의 대상에게 형식 확장이 활발하지 않은 것을 뜻한다. 이는 [-혈연의 남성]뿐

만 아니라 [비친족의 남성], [아버지 또래의 남성] 모두에게 [아빠]의 사용이
활발하지 않은 것을 통해 확인 할 수 있다.

〈표9-ⓒ〉은 [아버님]의 확장 영역이다. 하지만 [-혈연의 남성]에게 확장
된 어휘소가 없음을 알 수 있다. 이는 [아버님]이 [높임]의 속성을 가진
대상이기 때문이다. 즉 전통적인 한국어 모어화자의 인지구조에서 [-혈연
의 남성]은 [높임]의 대상이 아니라고 여기고 있기 때문이며 이를 〈표9-ⓒ〉
를 통해 확인할 수 있다.

〈표9-ⓔ〉은 [낮춤]의 속성을 가진 [아비]의 확장 어휘소를 정리한 것이며
호칭어로 사용은 자연스럽지 않다. [아버님]의 경우 확장 어휘소가 존재하
지 않는 것과 달리 [낮춤]의 [아비]는 활발한 형식 확장 양상을 보인다.
이는 [-혈연의 남성]에게 [낮춤]을 자연스럽게 인지해 왔음을 보여준다. 이
때 [낮춤]은 그 대상을 직접 [낮춤]의 대상으로 여기는 것이 아니라 [친親아
버지]와 비교하여 [낮춤]의 대상으로 여기고 있는 것을 뜻하며 지시 대상에
게 [부정]의 속성을 인지할 때도 사용이 가능하다.47)

〈표9-ⓜ〉은 [부父]의 확장 어휘소를 정리한 것이다. "양아버지"를 뜻하
는 [양부養父], [소후부所後父], "의붓아버지"를 뜻하는 [계부繼父], [의부義父],48)
[가부假父], "수양아버지"를 뜻하는 [의부義父], [수양부收養父]가 있다.

이상의 내용을 통해 [-혈연의 아버지]에게 사용할 수 있는 [아버지], [아

---

47) 이처럼 [높임]의 속성을 가진 [아버님]의 형식 확장 어휘소가 없다는 것은 [-혈연]의
    속성을 지닌 [아버지]를 [높임]의 대상으로 여기지 않는 것을 뜻하며 [친밀]의 속성을
    가진 [아빠]의 형식 확장이 활발하지 않은 것 또한 그 대상을 [친밀]의 속성과 자연스
    럽지 않은 관계로 인지하는 것을 뜻한다. 반면 [낮춤]의 속성을 지닌 [아비]의 경우
    다른 어휘소와 달리 확장 어휘소가 많이 존재한다는 점에서 한국 전통사회에서
    [-혈연]의 속성을 가진 [아버지]를 [부정]의 존재로 인지해왔음을 확인할 수 있다.
48) [의부義父]는 "양아버지"와 "수양아버지"의 의미를 모두 가지는 어휘소다.

버님), (아빠), (아비), (부父)의 형식 확장 어휘소를 살펴봤다. 논의를 통해 확인한 이들 어휘소는 언어 사용자의 (어머니)가 [재혼再婚]한 [남성]과의 관계에서 사용할 수 있는 것이나 현대 언어생활에서 이러한 관계가 자연스럽지 않게 여겨지고 있기 때문에 호칭어로 사용은 어색하다. 반면 [친親아버지]와의 구분을 위해 지칭어로 사용될 수 있다. 또한 [낮춤]의 속성을 가진 (아비)의 경우 형식 확장 어휘소가 활발한 반면 [친밀]의 (아빠), [높임]의 (아버님)은 형식 확장 양상이 활발하지 않음을 확인했다.

3.4 [아버지 또래의 남성]

지금까지 살펴본 (아버지)의 확장 어휘소는 언어 사용자와 지시 대상이 특정한 관계를 형성하고 있었으며 속성의 차이는 존재하지만 '친족어'로 사용되는 어휘소들이다. 하지만 이 장에서 논의하는 [아버지 또래의 남성]의 속성을 가진 어휘소는 언어 사용자와 지시 대상과의 직접적인 관계가 없으며 지시 대상을 "누군가의 아버지"라는 전제로 [대우]의 속성을 전달하려는 의도로 (아버지)가 확장된 어휘소를 뜻한다. 이때 언어 사용자와 지시 대상과의 관계는 [-친밀]을 공유한다.

(20)

(ㄱ) (아버님)

(ㄴ) (아이아버지), (아이아빠), (아이아버님)

(20)은 한국어 모어화자가 [아버지 또래의 남성]에게 사용할 수 있는 예를 정리한 것이다. 이때 (아버님)의 경우 다른 어휘소들과 달리 홀로

이 속성을 전달하며 사용될 수 있다. 이때 언어 사용자는 (아버님)을 선택·사용하여 지시 대상에게 [대위]의 속성을 전달할 수 있다.49)

 (ㄴ)이 자연스럽게 사용되려면 상황의 설정이 필요하다. 즉 언어 사용자는 특정 아이와 함께 있는 [-친밀]의 [남성]을 '아이의 아버지'로 인지하고 그를 지칭해야할 필요가 있을 때 (아이아버지), (아이아빠), (아이아버님)과 같은 어휘소를 사용한다. 이때 [-친밀]은 언어 사용자와 지시 대상의 관계에서 공유된 정보가 없을 때 지시 대상의 (자녀)로 추측되는 아이의 이름을 모를 때 (이름)대신 (아이)를 사용하는 것이다.50) 이 사용은 언어 사용자의 주관적 판단이 중심이 되는데 언어 사용자가 지시 대상에게 [젊음]을 인지했을 때 (아이아빠)를 사용하며 [중년中年]의 속성을 인지했거나 [높임], [대위]의 속성을 표현해야 할 때 (아이아버지), (아이아버님)과 같은 어휘소를 선택·사용할 수 있다.

 이상의 내용을 통해 (아버지)의 형식·의미 확장에 대해 살펴보았다. (아버지)는 [혼인], [출산], [남성], [부양]을 가장 이상적인 인지모형으로 가지며 (아빠), (아버님), (아비), (부父)와 같이 [친밀], [높임], [낮춤], [한자]의 속성이 포함된 어휘소를 추가로 가지는 것을 이번 논의를 통해 확인했다.

 (아버지), (아빠), (아버님), (아비), (부父)는 [부양]을 공통의 의미 속성으

---

49) (아버님)은 [높임]의 속성을 가진 어휘소다. 하지만 이 사용에서는 [높임]을 전달하지 않는다. 한국어에서 [중년의 남성]에게 사용할 수 있는 어휘소로 (아저씨)가 있다. 즉 언어 사용자는 '아버지 또래의 남성'에게 (아저씨)를 사용할 수 있다. 하지만 이 대신 (아버님)을 사용하여 지시 대상의 체면을 유지해 주려는 의도가 [대위]의 속성인 것이다. 즉 연령이 많은 남성이기에 [대위]를 하는 것일 뿐이며 [높임]의 대상으로 여기는 것은 아니다.

50) 이 사용에서 (아이)와 지시 대상과의 실제 관계는 확인하지 않고 언어 사용자의 주관적인 생각으로 추측하여 사용한다.

로 가지며 이를 중심으로 각각의 어휘소가 가지는 개별 의미 영역까지 다양한 형식·의미 확장 양상을 가지는 것을 확인했다. 또한 이들 어휘소는 [-부양]의 대상으로 [혈연]의 {아버지}를 인지할 때 [친親아버지]를 나타내기 위한 특별한 확장 어휘소가 존재했으며 [혈연의 남성]에게도 다양한 양상으로 확장된 어휘소를 가졌다. 이때 {친가親家}의 [남성]에게만 어휘소가 확장되었으며 {외가外家}의 [남성]에게는 {부父}를 제외하고 특별히 확장되는 어휘소가 없다는 점으로 이들 어휘소가 {친가親家}를 중심으로 확장되어 왔음을 확인할 수 있었다. 또한 {아버지}는 [-혈연의 남성]에게도 {어머니}의 [재혼再婚] 여부에 따라 형식 확장된 어휘소가 있음을 확인했다. 또한 비친족의 [-친밀의 남성]을 지칭할 수 있는 형식 확장 어휘소가 존재하는 것을 살펴봤다. 이처럼 다양한 양상으로 확장·사용되는 {아버지}는 그 원형에서 멀어진 경우도 있었으나 모두 친족어로 사용될 수 있다는 점에서 공통점을 보였다.51)

4. {어머니}

김광순은 {어머니}의 형식·의미 확장 양상을 김광순(2012)를 통해 자세히 논의했다. 이 논의에서 {어머니}의 다양한 형식·의미 확장 어휘소를 살펴보았고 그를 통해 {어머니}의 원형의미를 [양육]으로 설정했다. 지금부터 논의하는 {어머니}의 형식·의미 확장 양상은 김광순(2012)의 내용을 참고로 하여 당시에 논의하지 못 했던 추가적인 내용을 정리하려고 한다.

---

51) [-친족의 남성]에게 확장될 때 언어 사용자와 지시 대상과의 관계는 [-친족]이지만 지시 대상 주변에 있는 아이와의 관계를 [친족]으로 자연스럽게 인지될 수 있어야 이 사용이 자연스럽다는 점에서 이 또한 [친족]에게 확장이 자연스러운 어휘소로 본다.

먼저 「표준국어대사전」의 [어머니]에 대한 정의를 살펴보면 다음과 같다.

(21) [어머니]

㉠ 자기를 낳아 준 여자를 이르거나 부르는 말.

㉡ 자녀를 둔 여자를 자식에 대한 관계로 이르거나 부르는 말.

㉢ 자기를 낳아 준 여성처럼 삼은 이를 이르거나 부르는 말.

㉣ 자기의 어머니와 나이가 비슷한 여자를 친근하게 이르거나 부르는 말.

㉤ 사랑으로써 뒷바라지하여 주고 걱정하여 주는 존재를 비유적으로
이르는 말.

㉥ '시어머니'를 친근하게 이르거나 부르는 말.

㉦ 무엇이 배태되어 생겨나게 된 근본을 비유적으로 이르는 말.

[어머니]는 (21)처럼 한 개의 기본의미와 여섯 개의 확장의미를 가진다. ㉠은 사전을 통해 확인할 수 있는 [어머니]의 기본의미를 뜻하며 그 속성을 [출산]으로 정리할 수 있다. 하지만 김광순(2012)은 ㉡, ㉢, ㉣, ㉤, ㉥과 같은 확장의미의 경우 [출산]의 속성과 관계없이 [어머니]가 확장·사용되는 점과 친족어에서 [±출산]의 속성과 관계없는 지시 대상에게 [큰어머니], [작은어머니]와 같은 어휘소로 [어머니]가 형식·확장되는 점을 바탕으로 [출산]을 원형으로 설정할 수 없음을 설명했고 말뭉치 용례를 분석한 결과를 바탕으로 [어머니]의 원형의미를 [양육]으로 설정한 바 있다. 이를 바탕으로 [어머니]의 이상적 인지모형을 [혼인], [여성], [출산], [양육]으로 설정할 수 있다. 여기에 [친밀], [높임], [낮춤], [한자]의 속성이 추가로 포함되어 [엄마], [어머님], [어미], [모母]의 확장 어휘소를 가지는데 이러한

확장 어휘소의 양상은 {아버지}의 확장과 동일하다.

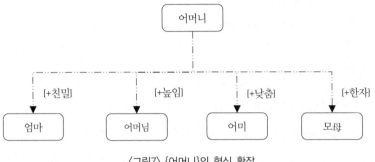

〈그림7〉 {어머니}의 형식 확장

〈그림7〉은 {어머니}와 {엄마}, {어머님}, {어미}, {모母}의 관계를 김광순 (2012:85)의 내용을 참고하여 정리한 것이다. 이러한 양상은 {아버지}와 {아버님}, {아빠}, {아비}, {부父}의 관계와 동일하다. 앞서 이들 어휘소의 관계를 기존의 유의관계가 아닌 {아버지}를 중심으로 한 형식·의미 확장 관계로 정리했는데 {어머니}도 이와 같은 관계로 볼 수 있다.

{엄마}는 [친밀]이 포함된 형식 확장 어휘소로서 한국인의 언어습득 과 정에서 가장 먼저 습득되는 대표적인 어휘소이다. 특히 "놀람을 나타내는 감탄사"인 {엄마야}의 경우 놀라는 순간에 본능적으로 발화된다는 점에서 그 사용빈도가 높고 한국어 모국어 화자에게 매우 밀착된 어휘소라고 볼 수 있다. 이 어휘소는 {어머니}의 원형에 가장 가까운 성격을 유지하고 있다. 그 탓에 {엄마}는 다른 어휘소와 달리 다른 대상에게 확장이 자연스 럽지 않다. 하지만 현대 언어생활에서 일부 여성 화자들이 {시어머니} 대 신 {엄마}를 사용하기도 한다.

(22)

(ㄱ) 기름내 엄마, 불꺼도 되겠어 엄마.

(ㄴ) 마지막에 어머님 끝내는 걸 바라보면서…

(22)는 한 TV 프로그램에서 동일한 출연자가 자신의 {시어머니}를 가리키는 어휘소로 {엄마}, {어머님}을 사용한 실제 용례다.

(ㄱ)은 두 사람이 요리를 하는 비공식적인 상황에서 [며느리]가 {시어머니}를 {엄마}로 부르며 반말을 사용하고 있다. 전통적인 한국 언어문화에서 이러한 언어 사용습관은 금기시 될 것이나 지시 대상인 {시어머니}는 이를 자연스럽게 여기고 있다.

반면에 (ㄴ)의 경우 동일한 대상이 공적인 상황인 인터뷰를 하는 과정에서 {어머님}을 지칭어로 사용하고 있다. 이는 두 사람 사이에 [친밀]의 속성이 공유되었기 때문에 사적인 자리에서 {엄마}를 호칭어로 자연스럽게 사용할 수 있게 된 것인 반면에 공적인 상황의 경우 지시 대상의 체면을 유지하기 위한 의도로 {어머님}이 사용되는 것이다. 이러한 사용은 「표준국어대사전」에서 정리한 {엄마}의 사전의미에서 벗어난 사용이다. 하지만 현대 언어생활에서 '결혼한 젊은 여성'들 사이에 이러한 용법의 사용 빈도가 제법 높다. 또한 '딸과 같은 며느리'로 인식하기 위한 바람을 담아 지시 대상인 {시어머니}가 {엄마}를 호칭어로 사용하기를 요청하기도 한다.[52]

---

52) 이 사용은 20대~30대의 [며느리]가 {시어머니}에게 자연스럽게 사용할 수 있다. 현대에 와서 이들 사이에 [친밀]의 속성이 강조되었고 그로 인해 이런 표현이 자연스러워지는 것 같다. 반면에 [중년中年] 이상의 속성을 지닌 [며느리]는 이런 표현을 자연스럽게 사용하지 않으며 [높임]이나 [대우]의 속성을 강조할 것이다. 이는 {엄마}가 {시어머니}의 속성으로 확장된 시기가 오래되지 않았음을 보여주는 예로 이해할 수 있다.

[어머님]은 [높임]의 속성이 포함된 어휘소다.53) 공적인 자리에서 지칭어로 사용이 자연스러우며 [시어머니]에게 호칭어나 지칭어로 사용할 수 있다. 또한 [장모]에 비해 [친밀]의 속성을 전달하는 호칭어로 선택·사용될 수 있다.

[어미]는 [낮춤]의 속성이 포함된 어휘소로 [높임]의 속성을 가진 [어머님]과 대립의 관계에 있다. 이 어휘소는 [자녀]가 호칭어나 지칭어로 사용할 수 없다. 또한 다른 어휘소와 비교하여 고유한 의미 영역을 가진 어휘소로 형식·의미 확장이 활발한 편이다.

[모母]는 [한자]의 속성이 포함된 어휘소다. [한자]의 속성은 공적인 상황에서 지칭어로 사용을 자연스럽게 하며 문어체에서 활발하게 사용된다. 또한 매우 구체적인 대상을 구분할 수 있는 다양한 확장 어휘소를 가지게 한다.

---

53) 「표준국어대사전」에서 기본의미로 "주로 돌아가신 어머니를 이르거나 편지글 따위에서 쓴다"로 정리했다. 이는 [아버님]의 경우에도 동일하게 정리하고 있다. 하지만 실제 언어생활에서 [아버님]이나 [어머님]의 주된 사용이 [죽음]의 속성을 전달하거나 문어체의 사용인지에 대해 고려할 필요가 있다. 이 두 어휘소가 가지고 있는 [높임]의 속성은 공적인 상황에서 지칭어로 사용을 자연스럽게 한다. 저자는 이 사용이 「표준국어대사전」에서 정리한 것보다 더욱 주된 것으로 여겨지나 구체적인 자료를 통해 설명할 수 없기에 이에 대한 구체적인 논의는 추후 다시 진행하도록 하겠다.

가. 엄마	(ㄱ) {어머니}의 확장 어휘소들 중에서 사용빈도가 가장 높다. (ㄴ) 높임말과 결합이 자연스럽지 않다. (ㄷ) 공적인 상황에서 사용이 제한된다. (ㄹ) 비친족어로 확장·사용이 자연스럽지 않다.
나. 어머님	(ㄱ) {시어머니}, {장모}대신 사용된다. (ㄴ) 공적인 상황에서 지칭어로 사용된다. (ㄷ) 비친족의 여성에게 [대우]의 의미를 전달 할 수 있다.
다. 어미	(ㄱ) 자녀가 사용할 수 없다. (ㄴ) [친밀]이 공유된 친구 사이에서 사용할 수 있다. (ㄷ) 자식을 둔 {딸}이나 {며느리}에게 {부모}가 사용할 수 있다. (ㄹ) {어머니}가 {자녀}에게 자신을 가리킬 때 사용할 수 있다.
라. 모母	(ㄱ) {모친母親}, {친모親母}로 확장되어 공적인 상황에서 지칭어로 사용할 수 있다. (ㄴ) 문어적 상황에서 사용이 자연스럽다. (ㄷ) 다양한 확장 어휘소를 가지나 사용빈도가 낮다.

〈표10〉 {어머니}의 확장 어휘소 사용 양상

〈표10〉은 앞서 논의한 {어머니}, {엄마}, {어머님}, {어미}, {모母}의 특징과 사용 양상을 정리한 것이다. 이들 어휘소 모두 {어머니}의 원형의미인 [양육]을 중심으로 확장된 어휘소인데 이 내용을 좀 더 구체적으로 설명하도록 한다.

{엄마}는 [친밀]의 속성이 포함된 어휘소다. 이 속성으로 높임말과 결합이 어색하며 공적인 상황에서 사용이 제한되는 어휘소나 일상생활에서 사용빈도가 다른 확장 어휘소에 비해 매우 높다. 또한 가-(ㄹ)처럼 비친족의 [여성]에게 확장·사용이 활발하지 않다. 하지만 [친밀]을 공유한 비친족의 [여성]에게 {자녀}와의 관계를 고려하여 {N+엄마}와 같은 형태로 사용될 수는 있다. 그렇지만 다른 어휘소와 달리 비친족의 [여성]에게 홀로 사용되지는 않는다.

{어머님}은 [높임]의 속성을 가진 어휘소다. 하지만 {어머니}를 뜻하는

것보다 나-㉠처럼 "남편의 어머니"인 {시어머님}이나 "아내의 어머니"를 뜻하는 {장모}대신 호칭어나 지칭어로 사용이 더 자연스럽다. 또한 공적인 상황에서 {어머니} 대신 지칭어로 사용될 수 있으며 비친족의 {여성}에게 {아주머니}대신 [대위의 속성을 전달하며 사용할 수 있다. 이는 {아버님}이 비친족어로 확장·사용되는 양상과 유사하다. 또한 {엄마}가 비친족의 대상에게 사용되지 않는 것과 구분되는 의미 확장 영역이다.

{어미}는 [낮춤]의 속성을 가진 탓에 {자녀}가 언어 사용자가 될 수 없다. 하지만 다-㉡처럼 [친밀]의 속성을 공유한 {자녀}를 가진 {중년의 여성}들 사이에서 지시 대상의 {자녀}의 이름을 사용하여 {N+어미}와 같은 형태로 서로를 지칭하는 어휘소로 사용할 수 있다. 또한 다-㉢처럼 {부모}가 자녀를 가진 {딸}에게 또는 {시부모}가 자녀를 가진 {며느리}에게 {손주}와의 관계를 고려하여 호칭어나 지칭어로 사용이 가능하다. 이는 지시 대상의 체면을 유지하려는 의도가 포함된 사용이다. 앞서 {아비}가 {친부모親父母}에 의해서 이와 같은 의도로 사용될 수 있는 특징을 언급했다. 하지만 {장인}, {장모}가 {아비}를 사용하는 것은 자연스럽지 않다. 하지만 {어미}의 경우에는 {시부모}가 사용할 수 있다. 이런 차이는 '결혼한 남성'의 경우 [낮춤]의 {아비}를 사용하여 지시 대상의 체면을 유지할 수 있는 언어 사용자는 {부모}로 제한되는 것을 보여준다. 다시 말해 '결혼한 남성'에게 [낮춤]의 {아비}를 {장인}이나 {장모}가 사용하는 것은 지시 대상의 체면의 유지를 위한 용법이 아니라고 인지되기에 제한되는 것이다.

마지막으로 {어미}는 다-㉣처럼 {어머니}가 자신의 {자녀} 앞에서 자신을 지칭할 때 사용할 수 있는 특징을 가진다.

{모母}는 {어머니}에서 [한자]의 속성이 포함된 어휘소다. 이 속성은 공적

인 상황에서 (모친母親), (친모親母)처럼 형식 확장되어 (어머니) 대신 지칭어로 사용될 수 있다. 또한 라-(ㄴ)처럼 가족관계 증명서, 주민등록등본과 같은 문어적 상황에서 사용이 활발하다. 마지막으로 라-(ㄷ)처럼 활발한 형식 확장 어휘소를 가지나 대부분의 어휘소가 현대 언어생활에서 활발히 사용되는 것은 아니다.

이상의 내용을 바탕으로 (엄마), (어머님), (어미), (모母)가 가지는 사용 양상의 특징을 살펴봤다. 이들 어휘소는 (어머니)의 원형의미 [부양]을 중심으로 확장된 어휘소이며 (아버지)와 그 확장 어휘소 관계에 있는 (아버님), (아빠), (아비), (부父)와 [여성]과 [남성]의 [성별性別]에 의한 차이를 가질 뿐 그 외의 속성은 동일한 관계로 볼 수 있다. 그런 이유로 (어머니), (엄마), (어머님), (어미), (모母)의 사용 양상이 (아버지), (아빠), (아버님), (아비), (부父)의 사용 양상과 유사하다.

(23)

(ㄱ) [친어머니]를 뜻하는 말.

(ㄴ) [친족 여성]을 뜻하는 말.

(ㄷ) [-혈연의 어머니]를 뜻하는 말.

(ㄹ) [어머니 또래의 여성]을 뜻하는 말.

(23)은 「표준국어대사전」에서 정리한 각각의 어휘소들의 사전 정보와 (어머니), (엄마), (어머님), (어미), (모母)의 확장 어휘소를 통해 확인할 수 있는 이들 어휘소의 공통된 의미 영역을 정리한 것이다.[54]

(ㄱ)은 [출산]의 속성에 초점이 맞춰진 사용영역이다. 특별한 경우를 제외

하고 이들 어휘소는 모두 이 속성을 가지고 있기 때문에 별도의 확장 어휘소가 없더라도 이 속성을 인지하는데 어려움이 없다.

㉡은 [어머니]가 [친족 여성]에게 친족어로 사용되는 것을 뜻하며 [큰어머니], [큰엄마], [큰어머님], [백모伯母], [숙모叔母]와 같은 어휘소가 이에 속한다.

㉢은 [-혈연]의 속성을 가졌으나 [아버지]의 [재혼再婚]이나 특별한 상황, 법률적인 관계로 형성된 [여성]에게 확장·사용되는 것을 뜻한다. [새어머니], [새엄마], [새어머님], [양어미], [계모繼母]와 같은 어휘소가 그 예이다.

㉣은 [어머니] 또래의 비친족 [여성]에게 이들 어휘소가 확장 사용될 수 있음을 뜻한다. 비친족어로 사용되는 예이며 이때 [대우]의 속성을 전달하기 위한 의도가 포함된 사용이다.

이상의 내용에서 살펴본 [어머니]의 확장 사용 양상의 유형을 각각의 어휘소가 가지는 형식·의미 확장 양상을 바탕으로 그 특징을 자세히 논의하도록 한다.

4.1 [親親어머니]

[어머니]는 [혼인], [여성], [출산], [양육]의 속성을 이상적 인지모형으로 가진다. 이때 [출산]은 [親親어머니]의 속성을 포함하고 있다. 그렇기 때문에 특별한 구분이 필요한 경우가 아니면 그 속성의 사실 관계를 중요하게 인지하지 않는다. 하지만 '[아버지]의 재혼으로 새로운 [어머니]가 생겼을 때'나 '[양육]과 관련된 의무를 담당하지 않아 [-양육]의 [여성]에게 [어머니]

---

54) [아버지], [아빠], [아버님], [아비], [부父]의 공통된 의미 영역과 유사하다.

라는 관계를 부정할 때'와 '결혼한 여성이 자신의 어머니와 남편의 어머니
를 구분할 때'와 같은 경우에 [친親어머니]의 속성을 전달할 수 있는 형식
확장 어휘소가 필요하게 된다.

어머니	엄마	어머님	어미	모母
친親어머니 생生어머니 홀어머니	친엄마		친어미 홀어미	친모親母, 생모生母 실모實母, 모친母親 아모阿母, 가모家母 가모嫁母, 모주母主
친정어머니	친정엄마	친정어머님		
시어머니 홀시어머니	시엄마	시어머님	시어미	시모媤母
가시어머니			가시어미	장모丈母, 처모妻母
{N+어머니}	{N+엄마}	{N+어머님}	{N+어미}	{N+모친母親}

〈표11〉 [친親어머니]를 뜻하는 {어머니}의 확장 어휘소

〈표11〉은 [친親어머니]를 나타낼 수 있는 확장 어휘소를 정리한 것이다.
{아버지}에 비해 각각의 어휘소가 활발하게 형식 확장되는 것을 확인할
수 있다.

{어머니}는 "자기를 낳은 어머니"를 뜻하는 {친親어머니}, {생生어머니},
"남편을 잃고 혼자 자식을 키우며 사는 여자"를 뜻하는 {홀어미}에 [높임]이
추가된 {홀어머니}와 같은 확장 어휘소를 가지는데 이는 모두 [출산]의 속
성을 중심으로 확장된 어휘소다. {친엄마}, {친어미}, {홀어미}와 같은 형식
확장 어휘소도 있으나 {어머님}의 경우 이들 어휘소와 유사한 의미를 전달
하기 위한 형식 확장 어휘소가 존재하지 않는다. 이들 어휘소는 보통의
상황에서 지칭어나 호칭어로 사용하지 않는다.

{친정어머니}와 {시어머니}, {홀시어머니}[55]는 '자신의 어머니와 남편의

어머니'를 구분하기 위해 형식 확장된 어휘소다. [친밀]의 속성이 포함된 {엄마}의 확장 어휘소 {친정엄마}, {시엄마}⁵⁶⁾가 있으며 [높임]의 속성이 포함된 {친정어머님}, {시어머님}이 존재한다. [낮춤]의 속성이 포함된 {어미}의 경우 {시어미}는 존재하나 {친정어미}는 없다.

{남편}이 '아내의 어머니'를 지칭하기 위해 {어머니}가 확장된 {가시어머니}가 있다. 반면 {엄마}, {어머님}이 확장된 어휘소는 없으나 {어미}가 확장된 {가시어미}는 있다. 이들 어휘소는 모두 현대 언어생활에서 활발히 사용되지 않는다.

{N+어머니}, {N+엄마}, {N+어머님}과 같은 확장 어휘소는 비친족의 [여성]에게 그녀의 {자녀}와의 관계를 고려한 사용으로 [친親어머니]의 속성은 {N}과 지시 대상인 [여성]의 관계에서 인지되는 속성이며 언어 사용자와는 관계가 없다. 이 사용은 언어 사용자와 지시 대상이 [친밀]을 공유하여 지시 대상의 {자녀}의 이름을 언어 사용자가 알고 있을 때 사용이 가능하다. {N+어미}의 경우 {어미}가 [낮춤]의 속성을 가진 탓에 일반적인 상황에서 사용이 자연스럽진 않다. 하지만 언어 사용자가 지시 대상에 비해 [윗사람]의 속성을 가졌고 [친밀]의 속성을 매우 공유했을 때 이를 사용할 수는 있다. 또한 지시 대상인 [여성]과 언어 사용자가 [친밀]의 관계를 가졌을 때나 지시 대상이 [젊음]의 속성을 가졌을 때 {N+엄마}를 가장 자연스럽게 사용할 수 있으며 [친밀]의 공유정도가 낮을 경우에 {N+어머니}나 {{N+어머님}을 사용할 수 있다. 또한 지시 대상이 [윗사람]일 경우 {N+어머님}의

---

55) "혼자된 시어머니"를 뜻하며 "혼자된 시아버지"를 뜻하는 {홀시아버지}도 존재한다.
56) 「표준국어대사전」에 등재된 어휘소는 아니나 앞서 언급한 것처럼 현대 언어생활에서 사용 빈도가 증가하고 있다는 점에서 논의의 대상에 포함시켰다.

사용이 자연스럽다. 또한 {모母}의 경우에도 이런 방법을 {N+모친母親}의 형태로 확장하여 공적인 상황에서 지칭어로 사용할 수 있으나 다른 어휘소들에 비해 활발히 사용된다고 볼 수 없다.

{모母}는 [한자]의 속성을 가진 탓에 다른 어휘소들에 비해 다양한 형식 확장 어휘소를 가진다. "친어머니"를 뜻하는 {생모生母}, {실모實母}, {친모親母}, "어머니를 정중히 이르는 말"을 뜻하는 {모친母親}, "예전에, '어머니'를 정답게 이르던 말"을 뜻하는 {아모阿母}, "남에게 자기 어머니를 이르는 말"을 뜻하는 {가모家母}, "개가改嫁한 어머니"를 뜻하는 {가모嫁母}, "한문 투의 편지에서, '어머님'의 뜻으로 쓰는 말"을 뜻하는 {모주母主}와 같은 어휘소는 모두 언어 사용자의 [출산을 담당한 [친親어머니]의 속성을 가진 어휘소이다. 또한 [배우자의 친어머니]의 속성을 가진 {시모媤母}, {장모丈母}, {처모妻母}와 같은 어휘소도 있다. 이처럼 {모母}는 [친親어머니]의 속성을 전달할 수 있는 다양한 형식 확장 어휘소를 가지고 있으나 현대 언어생활에서 이들 어휘소가 모두 사용되고 있는 것은 아니다.

4.2 [친족 여성]

[친족 여성]은 {어머니}, {어머님}, {엄마}, {어미}, {모母}가 친족의 [여성]에게 확장 사용되는 것을 뜻한다. 앞서 [친족 남자]에게 사용할 수 있는 어휘소는 언어 사용자와 [혈연]의 속성을 공유한 [남성]이었다. 반면 지금 논의하고 있는 [친족 여성]의 경우 [혼인]을 바탕으로 형성된 관계이기 때문에 대부분의 대상이 [-혈연]의 속성을 지니는 차이를 보인다.

어머니	어머님	엄마	어미	모母
큰어머니 맏어머니	큰어머님	큰엄마	큰어미	백모伯母, 세모世母, 선백모先伯母
작은어머니	작은어머님	작은엄마	작은어미	숙모叔母, 선숙모先叔母
가운데어머니 둘째어머니				중모仲母, 계모季母

〈표12〉 [친족 여성]을 뜻하는 확장 어휘소

〈표12〉는 [친족 여성]에게 사용할 수 있는 {어머니}의 확장 어휘소를 정리한 것이다.

"아버지의 형의 아내"에게 사용할 수 있는 {큰어머니}, {맏어머니}가 있으며 [높임]의 속성이 추가된 {큰어머님}, [친밀]의 {큰엄마}, [낮춤]의 {큰어미}와 같은 확장 어휘소도 존재한다. 그리고 [한자]의 속성으로 확장된 {백모(伯母)}, {세모世母}가 있으며 '돌아가신 큰 어머니'를 뜻하는 {선백모先伯母}와 같은 어휘소가 있다. {큰어머니}는 "아버지의 형의 아내"에게 사용할 수 있는 특징 때문에 '아버지의 형의 아내'가 여럿이 있을 때에는 그 순서를 고려하여 {첫째 큰어머니}, {둘째 큰어머니}, {셋째 큰어머니}와 같이 사용할 수 있다.

"아버지의 동생의 아내"를 뜻하는 {작은어머니}는 [높임]의 {작은어머님}, [친밀]의 {작은엄마}, [낮춤]의 {작은어미}와 같은 확장 어휘소를 함께 가진다. 또한 한자어로 {숙모叔母}가 있으며 '돌아가신 작은 어머니'에게 사용할 수 있는 {선숙모先叔母}와 같은 어휘소가 있다.[57] "가운데아버지의 아내"를

---

[57] {작은어머니}는 "아버지의 첩妾"인 {서모庶母}를 뜻하는 어휘소로도 사용할 수 있다. 이때 두 어휘소의 관계를 동음이의관계로 볼 수 있는데 이는 {아버지}의 형식 · 의미 확장에서 나타나지 않았던 특징이다. 이런 차이가 존재하는 것은 한국어 친족어를 논의하는 과정에서 여러 차례 언급했던 것과 같이 [남성]과 [여성]의 위치가 평등하지

뜻하는 {가운데어머니}는 {아버지}의 남자 형제가 세 명일 때 둘째 큰 아버지의 {아내}에게 사용할 수 있는 어휘소다. 이 경우 {둘째어머니}와 그 사용 영역을 공유한다.58) {어머님}, {엄마}, {어미}의 경우 이런 뜻을 나타낼 수 있는 확장 어휘소가 없으며 {모母}의 경우 "둘째아버지의 아내"를 뜻하는 {중모仲母}가 있다. 또한 "아버지의 막내아우의 아내"를 뜻하는 {계모季母}가 있다. 이들 어휘소 모두 언어 사용자의 {아버지}와 {아버지}의 남자 동생과의 관계를 고려하여 선택·사용되는 어휘소다. {아버지}의 남자 동생이 여럿일 때 그 순서를 고려하여 {첫째 작은어머니}, {둘째 작은어머니}, {셋째 작은어머니}와 같이 사용할 수 있다.

이상의 내용을 통해 {친족 여성}에게 사용될 수 있는 {어머니}의 확장 어휘소를 살펴보았다. 이들은 언어 사용자와 [+혈연]을 공유한 친족이다. 반면에 {이모}나 {고모}의 경우 {혈연}의 속성을 공유한 친족으로서 언어 사용자와 더욱 가까운 친족이라 볼 수 있다. 하지만 이들에게는 {어머니}가 확장된 어휘소가 없다. 이는 전통 한국사회가 가부장제家父長制 사회였던 모습을 일부 보여주고 있다. 당시 사회에서 {어머니}의 부재 시 {양육}의 의무는 {친가親家}에 있었으며 그로 인해 [+혈연]의 친족여성들에게 {양육}의 의무가 부여된 것이다. 이 때문에 {양육}의 속성을 가진 {어머니}의 확장

않음을 나타내는 것이며 비록 정상적인 {혼인}의 과정을 거치지 않더라도 {남성}인 {아버지}와의 관계를 고려하여 그 대상이 되는 {여성}에게 {어머니}가 확장되는 것을 보여주는 예이다. 반면 이런 관계의 {남성}이 {어머니}에게 존재하는 것은 전통 한국 사회에서 절대 용납할 수 없으며 그로 인해 그를 지칭할 수 있는 단어조차 친족어로 확장되지 않는 것이다.

58) {둘째어머니}는 그 확장 의미가 "아버지의 후처"를 뜻한다. 이는 {작은어머니}의 확장 양상과 유사하다. 이처럼 전통 한국 언어문화에서 {남성}에 한하여 두 명의 {아내}를 맞이하더라도 그를 특별하게 인지하지 않아 왔고 친족으로 인지하여 사용할 수 있는 어휘소가 다양하게 존재해 왔음을 확인할 수 있다.

어휘소가 이들에게 존재하는 것이다. 반면 {모母}는 다음과 같이 [친족여성]에게 확장된 다양한 어휘소가 존재한다.

(ㄱ). 고모姑母	당고모堂姑母, 종고모從姑母, 재종고모再從姑母, 처고모妻姑母, 시고모媤姑母
(ㄴ). 이모姨母	시이모媤姨母
(ㄷ). 숙모叔母	외숙모外叔母, 구모舅母, 종숙모從叔母, 당숙모堂叔母, 재종숙모再從叔母, 재당숙모再堂叔母, 삼종숙모三從叔母, 삼당숙모三堂叔母, 동성숙모同姓叔母

〈표13〉 {모母}가 친족어로 확장된 어휘소

〈표13〉은 한자어 {모母}가 {고모姑母}, {이모姨母}, {숙모叔母}를 중심으로 형식 확장된 어휘소를 정리한 것이다. 이들 어휘소는 {어머니}, {어머님}, {어미}, {엄마}같은 어휘소가 확장되지 않는 영역인 [촌수寸數]가 먼 대상에게 까지 확장되는 특징을 보인다.

(ㄱ)은 "아버지의 누이"를 뜻하는 {고모姑母}를 중심으로 {모母}가 확장·사용된 어휘소를 정리한 것이다. "아버지의 사촌四寸 누이"를 뜻하는 {종고모從姑母}, {당고모當姑母}, "아버지의 육촌六寸 누이"를 뜻하는 {재종고모再從姑母}는 언어 사용자의 {아버지}와의 관계를 중심으로 {고모姑母}가 확장된 어휘소다. 반면 "아내의 고모"를 뜻하는 {처고모妻姑母}와 "남편의 고모"를 뜻하는 {시고모媤姑母}는 '배우자와의 관계'를 중심으로 {고모姑母}가 확장·사용된 어휘소다.59)

(ㄴ)은 "어머니의 여자 형제를 이르거나 부르는 말"을 뜻하는 {이모姨母}를 중심으로 {모母}가 확장된 어휘소를 정리한 것이다. {고모姑母}의 형식 확장

---

59) "고모의 남편"을 뜻하는 {고모부姑母夫}나 "남편의 고모부"를 뜻하는 {시고모부媤姑母夫}와 같은 어휘소도 {고모姑母}가 확장된 어휘소다. 하지만 [친족의 여성]이 아닌 [친족의 남성]을 뜻한다는 점에서 논의의 대상에서 제외했다.

어휘소가 활발한 것과 달리 [이모姨母]의 확장 어휘소는 "남편의 이모를 이르는 말"을 뜻하는 [시이모媤姨母] 정도이다. 앞서 [가시어머니], [가시아버지]처럼 '아내의 부모'에게 [가시-]가 결합한 어휘소를 사용할 수 있음을 확인했다. 이런 규칙을 적용할 경우 [가시이모]와 같은 어휘소가 존재할 수 있으나 「표준국어대사전」에 등재되지 않았다. 이처럼 [남성]의 속성을 가진 [남편]의 [이모]만을 지칭할 수 있는 어휘소만 존재한다는 점에서 친족어가 [남성]을 중심으로 확장되는 것을 확인할 수 있다.[60]

(ㄷ)은 "작은어머니"를 뜻하는 [숙모叔母]를 중심으로 [모母]가 확장된 어휘소를 정리한 것이다. "외삼촌의 아내"를 뜻하는 [외숙모外叔母], [구모舅母], "아버지의 사촌 형제의 아내"를 뜻하는 [종숙모從叔母], [당숙모堂叔母], "아버지의 육촌형제의 아내"를 뜻하는 [재종숙모再從叔母], [재당숙모再堂叔母], "아버지의 팔촌 형제의 아내"를 뜻하는 [삼종숙모三從叔母], [삼당숙모三堂叔母], "고모姑母를 숙모와 구별하여 이르는 말"을 뜻하는 [동성숙모同姓叔母]가 있다. 이처럼 [숙모叔母]가 중심으로 확장된 어휘소는 "아버지의 [사촌四寸], [육촌六寸], [팔촌八寸] 형제의 아내"에게 까지 지칭할 수 있는 어휘소가 있는 것을 확인할 수 있다.

이상의 내용을 통해 [고모姑母], [이모姨母], [숙모叔母]가 [친족 여성]에게 형식 확장된 어휘소를 살펴봤다. 이때 [친가親家]의 속성을 가진 어휘소는 [고모姑母], [숙모叔母]이며, [외가外家]의 속성을 가진 어휘소는 [이모姨母]다. 이 속성의 차이는 [이모姨母]의 형식·확장 양상이 활발하지 않게 하는 원인이 된다. 또한 [-양육]의 속성을 가지는 [고모姑母]보다 [양육]의 속성을

---

60) "이모의 남편"을 뜻하는 [이모부姨母夫], "남편의 이모부"를 뜻하는 [시이모부媤姨母夫]가 있으나 이들 또한 [남성]에게 확장된 것으로 논의의 대상에서 제외한다.

가진 [숙모叔母]의 확장 어휘소가 더욱 활발한 것을 확인할 수 있다. 이러한 어휘소의 확장 양상은 한국어 친족어의 확장에 가장 중요한 속성이 [친가親家]와 관련된 속성이며 그 중에서 [남성]의 속성과 관련된 대상에게 확장이 더욱 활발한 것을 보여주는 예가 된다.

4.3 [-혈연의 어머니]

[-혈연의 어머니]는 [-출산]의 속성을 가지나 [아버지]의 [재혼]의 대상이 되는 [여성]과의 관계에서 선택·사용하는 어휘소가 가지는 속성을 뜻한다. 논의의 대상이 되는 어휘소들은 현대 언어생활에서 자연스러운 관계로 인지되지 않는다. 대부분 [친親어머니]와의 관계를 구분할 때 지칭어로 사용될 수는 있지만 호칭어로 사용되는 것은 자연스럽지 않다.

(ㄱ)	(ㄴ)	(ㄷ)	(ㄹ)
새어머니	새엄마		
양어머니		양어미	양모養母, 소후모所後母
의붓어머니			아모亞母, 가모假母, 의모義母
		의붓어미	계모繼母, 후모後母
수양어머니		수양어미	수양모收養母, 의모義母
전어머니			전모前母
큰어머니			적모嫡母
둘째어머니 작은어머니			서모庶母

〈표14〉 [-혈연의 어머니]를 뜻하는 어휘소

〈표14〉는 [-혈연의 어머니]의 속성을 가진 [어머니]의 형식 확장 어휘소를 정리한 것이다. 이때 (ㄱ)은 [어머니], (ㄴ)은 [엄마], (ㄷ)은 [어미], (ㄹ)은 [모

母)의 확장 어휘소가 자리한다. 이때 [높임]의 속성을 가진 (어머님)은 확장 어휘소가 없다.

"아버지가 새로이 아내를 맞이하였을 때, 그 사람을 이르거나 부르는 말"을 뜻하는 (새어머니)는 [친밀]의 속성을 가진 (새엄마)의 확장 어휘소를 가지며 (아버지)의 [재혼]이 어휘소의 선택에 가장 중요한 요소가 된다.

"양자가 됨으로써 생긴 어머니"를 뜻하는 (양어머니)는 [낮춤]의 속성을 가진 (어미)가 확장된 (양어미), 한자어 (모母)가 확장된 (양모養母), (소후모所後母)와 같은 확장 어휘소를 가진다.

"아버지가 재혼함으로써 생긴 어머니"를 뜻하는 (의붓어머니)는 「표준 국어대사전」의 정의상의 차이가 존재하지만 실질적인 의미는 (새어머니)와 동일하다. [낮춤]의 속성을 가진 (의붓어미), (모母)가 확장된 (계모繼母), (후모後母)가 있다. 이 어휘소도 (새어머니)처럼 (아버지)의 [재혼再婚]이 어휘소의 선택·사용에 중요한 요소가 된다.

(아모亞母), (가모假母), (의모義母)61)의 경우 (양어머니)와 (의붓어머니) 모두에게 선택·사용이 가능한 어휘소다.

"자기를 낳지는 않았으나 길러준 어머니"를 뜻하는 (수양어머니)는 [양육]에 초점을 둔 어휘소다. [낮춤]의 (수양어미)가 있으며 (수양모收養母), (의모義母)와 같은 확장 어휘소를 가진다.

이상의 내용을 통해 확인한 어휘소는 (아버지)의 [재혼再婚]이 어휘소의 선택·사용을 자연스럽게 했다. 이 양상은 [-혈연의 아버지]의 속성을 가진 어휘소에서도 동일하게 나타났다. 하지만 위 〈표14〉의 (전어머니), (큰어

---

61) (의모義母)는 (의붓어머니), (수양어머니)의 뜻을 모두 가진다.

머니), (작은어머니)같은 어휘소의 사용 양상은 지금까지 논의했던 어휘소들과 차이를 보인다.

"재취再娶[62)의 자식이 그 아버지의 전처를 이르는 말"을 뜻하는 (전어머니), (전모前母)는 언어 사용자의 (어머니)와 결혼한 (아버지)의 (전처前妻)를 가리키는 말이다. 이 또한 [-혈연의 어머니]의 속성을 지닌 [여성]을 지칭하는 어휘소나 [재혼再婚]의 속성이 어휘소의 확장·사용에 중요한 속성으로 작용했다는 점에서 차이를 보인다.

"서자가 아버지의 본처를 부르는 말"을 뜻하는 (큰어머니)와 (적모嫡母), "아버지의 후처"를 뜻하는 (작은어머니), (둘째어머니), (서모庶母)와 같은 어휘소는 (아버지)가 언어 사용자의 (어머니)외에 다른 [여성]과의 동거 생활을 유지하면서 생긴 대상에게 사용하는 어휘소다. 이때 지시 대상은 언어 사용자에게 [부정]의 관계로 인지되기 때문에 (어머니)로 인지하고 싶은 욕구가 없는 대상이며 자신의 (어머니)가 생존하는 시기까지는 자신을 [양육]할 의무가 존재하는 대상은 아니다. 하지만 (아버지)를 [대우]하려는 의도로 이들 [여성]에게 이처럼 (어머니)가 확장·사용된다. 이러한 어휘소는 현대 언어생활에서 높은 빈도로 사용되거나 그 관계가 자연스러운 것은 아니나 (어머니)와의 관계에서는 이러한 어휘소가 존재하지 않는 다는 점에서 [남성]과 [여성]의 차이를 보여주는 예가된다.

---

62) 「1」 아내를 여의었거나 아내와 이혼한 사람이 다시 장가가서 아내를 맞이함. 「2」 두 번째 장가가서 맞이한 아내.

4.4 [어머니 또래의 여성]

[어머니 또래의 여성]을 뜻하는 어휘소는 [아줌마]로 불릴 수 있는 [중년 中年]의 [여성]에게 사용이 가장 자연스럽다. 김광순(2015:199)는 현대 언어 생활에서 [아줌마]가 주는 [부정]의 속성을 단어 구름을 통해 제시한 바 있다. 이때 [아줌마]는 외형적인 특징으로 [뚱뚱하다], [늙다]와 같은 속성과 [일하다], [파출부], [팔다]와 같이 [부정]의 속성으로 인지되는 역할을 담당 하는 존재임을 설명했다. 이러한 속성이 일상생활에서 [아줌마] 혹은 [아 주머니]의 사용을 제한하게 되었고 [대우]의 표현을 전달하기 위한 의도로 [어머니]가 비친족의 [어머니 또래의 여성]에게 확장·사용되는 것이다.

어머니	어머님	엄마	어미	모母
아이어머니	아이어머님	아이엄마	아이어미	내모乃母, 사모師母

〈표15〉 [어머니 또래의 여성]을 뜻하는 확장 어휘소

〈표15〉를 통해 [아이어머니], [아이어머님], [아이엄마]와 같은 확장 어 휘소가 있음을 알 수 있다.[63] 이는 Teknonymy사용의 예이다. 언어 사용자 는 지시 대상이 되는 [여성]이 근처에 있는 아이의 [어머니]로 추측하고 위의 용법으로 지시 대상을 지칭하는 것이다. 이는 언어 사용자와 지시 대상과의 관계에서 [친밀]의 속성이 없기 때문에 이런 표현을 사용하는 것이며 [친밀]의 공유가 있을 경우 [자녀]의 이름을 사용하여 [N+어머니]와

---

[63] [아이어머님], [아이엄마]의 경우 「표준국어대사전」에 등재된 어휘소는 아니지만 '네 이버 블로그'를 통한 용례검색 결과 [아이어머님]/2,121건, [아이어머니]/6249건 [아이 엄마]/103,868건으로 비교적 높은 빈도를 가지고 있다는 점과 「표준국어대사전」에 등 재된 [아이어미]의 '455건'보다 사용 빈도가 높은 점을 바탕으로 논의의 대상 함께 포 함시키도록 한다.

같은 형태로 지칭할 것이다.

언어 사용자는 지시 대상의 외형적 특징에서 [중년中年]의 속성을 인지했을 때 {아이어머니}나 {아이어머님}을 선택·사용할 수 있으며 [젊음]의 속성을 인지했을 때 {엄마}의 사용이 자연스럽다. 또한 {아이어머님}의 경우 {어머님}이 홀로 사용되어도 [어머니 또래의 여성]의 속성을 전달할 수 있다. {어미}의 확장 어휘소인 {아이어미}는 "아이어머니의 낮춤말"이란 뜻을 가진다. 일반적인 한국 언어문화에서 [-친밀]의 대상에게 [낮춤]의 속성을 전달하는 것은 매우 무례한 행위로 인지되기 때문에 일상적인 상황에서 {아이어미}의 사용은 제한된다.

한자어 {모母}는 "그 이의 어머니"를 뜻하는 {내모乃母}와 "스승의 부인"을 뜻하는 {사모師母}를 가진다. 이들 어휘소 모두 {아줌마}로 지칭이 가능한 대상이나 지시 대상을 [대우]하려는 의도로 사용할 수 있는 어휘소다.[64]

이상의 내용을 통해 {어머니}의 형식·의미 확장 양상에 대해 살펴보았다. {어머니}는 [혼인], [여성], [출산], [양육]을 이상적 인지모형으로 가지는 어휘소이며 그 원형의미로 [양육]을 가진다. 이를 바탕으로 [높임]의 속성이 추가된 {어머님}, [친밀]의 속성이 추가된 {엄마}, [낮춤]의 속성이 추가된 {어미}, [한자]의 속성이 추가된 {모母}의 확장 어휘소가 존재하며 각각의 어휘소는 활발한 형식·의미 확장 양상을 보이며 현대 언어생활에서 높은 빈도로 사용되고 있음을 확인했다.

이들 어휘소의 형식·의미 확장 양상을 [친親어머니], [친족 여성], [-혈연

---

64) {사모師母}는 언어 사용자에게 스승으로 인지되는 [남성]의 {아내}에게 [대우]의 속성을 전달할 수 있는 어휘소로서 언어 사용자와의 관계가 어휘소의 선택에 중요한 요소가 된다.

의 어머니], [어머니 또래의 여성]으로 정리할 수 있었다. 이들 어휘소의 확장·사용 양상은 대부분 [아버지]의 확장 양상과 유사했다. 하지만 [아버지]가 정상적인 [혼인]의 과정을 거치지 않고 동거 생활을 하는 [여성]인 [첩妾]에게 사용할 수 있는 [어머니]의 확장 어휘소가 존재하는 것과 달리 이와 반대되는 상황에서 사용할 수 있는 [아버지]의 확장 어휘소가 존재하지 않는 다는 점, 그리고 대부분의 어휘소가 [-혈연], [친가親家]의 속성을 가진 [여성]에게 확장·사용된다는 점에서 차이를 보였다.[65]

5. [할아버지]

[할아버지]는 [친가親家]의 속성을 가진 [친親할아버지]와 [외가外家]의 속성을 가진 [외外할아버지]로 나뉘며 언어 사용자와 [혈연]의 속성을 공유한 "부모의 아버지"로 정리할 수 있다. 먼저 「표준국어대사전」을 통해 그 사전의미를 확인하도록 한다.[66]

(24) [할아버지]

(ㄱ) 부모의 아버지를 이르는 말. ≒조부02「1」.

(ㄴ) 부모의 아버지와 한 항렬에 있는 남자를 통틀어 이르는 말. ≒조부02

(ㄷ) 친척이 아닌 늙은 남자를 친근하게 이르는 말.

(ㄱ)은 [할아버지]의 기본의미로서 언어 사용자의 [아버지], [어머니]의

---

65) [아버지]는 [혈연], [친가親家]의 속성을 중심으로 활발히 확장된다.
66) 「표준국어대사전」에는 [Ⅱ]의 정의도 있으나 [Ⅰ]만으로도 [할아버지]의 뜻을 충분히 확인할 수 있고 의미상 큰 차이가 없기에 제시하지 않는다.

[출생]과 [부양]의 주체로 인지되었을 때 가장 원형에 가까운 대상이 된다. 이를 바탕으로 [친親할아버지]와 [외싸할아버지]67)로 그 관계를 구분할 수 있다. (ㄴ)은 [할아버지]와 같은 항렬에 있는 [친족 남성]을 대상으로 [할아버지]가 확장·사용될 수 있음을 뜻한다. (ㄷ)은 비친족의 늙은 남성에게 [할아버지]가 사용되는 것을 나타낸다. 이때 특별한 형식의 확장 없이 친족에게 사용하는 [할아버지]를 비친족의 [남성]에게도 사용할 수 있다.

[할아버지]는 [아버지]나 [어머니]처럼 [할아버님], [할아범], [할아비], [조부祖父]와 같은 확장된 어휘목록을 가지는데 이들 어휘소의 사전정보를 참고하여 [할아버지]와의 관계를 확인하도록 한다.68)

(25) [할아버님]

(ㄱ) '할아버지[Ⅰ]「1」'의 높임말. ≒조부님「1」.

(ㄴ) '할아버지[Ⅰ]「2」'의 높임말. ≒조부님「2」.

(ㄷ) '할아버지[Ⅰ]「3」'의 높임말.

(ㄹ) 배우자의 할아버지를 높여 이르는 말.

(25)는 [할아버지]에서 [높임]의 속성이 추가된 [할아버님]의 사전정보를 정리한 것이다. 이때 (ㄱ)~(ㄷ)은 [할아버지]의 의미에 [높임]이 추가된 것으로 그 차이를 설명할 수 있다. 하지만 (ㄹ)의 [할아버님]은 "배우자의 할아버지"를 지시 대상으로 삼는다. 이는 [할아버지]의 용법에서 나타나지 않은 [할

---

67) 「표준국어대사전」에는 "어머니의 친정아버지를 이르는 말"로 정의한다.
68) [외가外家]의 속성을 가진 [할아버지]의 확장 어휘소는 '어머니의 아버지'라는 차이만 존재하기 때문에 별도로 정리하지 않는다.

아버님)의 고유한 형식·의미 확장영역이다.

(26) {할아범}

(ㄱ) 지체가 낮은 늙은 남자를 대접하여 이르는 말.

(ㄴ) 예전에, 늙은 남자 하인을 이르던 말.

{할아범}은 신분의 높고 낮음이 존재했던 한국 전통사회에서 신분이 낮은 대상에게 {대우}의 의미를 전달하기 위한 의도가 포함된 {할아버지}의 확장 어휘소를 나타내는 것이다. 현대에 와서 이러한 관계는 자연스럽지 않기 때문에 사용 빈도가 매우 낮다. 또한 "짚신을 삼는 남자 노인을 이르는 말"의 뜻을 가진 {짚신할아범}이라는 확장 어휘소가 있는데 지칭어로 사용할 수 있으나 {낮춤}의 속성 때문에 호칭어로 사용이 자연스럽지는 않다. 이처럼 {할아범}은 비친족의 {남성}을 지시 대상으로 삼는다. 이때 문에 [친가親家]와 [외가外家]의 구분이 필요하지 않아 {친할아범}이나 {외할아범}과 같은 어휘소는 존재하지 않는다.

(27) {할아비}

(ㄱ) '할아범 「1」'의 낮춤말.

(ㄴ) 늙은 남자가 손자, 손녀에게 자기 자신을 이르는 말.

{할아비}는 {할아범}보다 {낮춤}의 속성이 더욱 포함되어 있는 {할아버지}의 형식 확장 어휘소다. 이러한 속성으로 (ㄱ)과 같은 상황에서 {손주}가 언어 사용자가 되어 사용할 수 없다. (ㄴ)은 {할아버지}가 {손주}가 대화 참여

자로 있을 때 자신을 지칭하는 지칭어로 사용할 수 있음을 보여주며 이는 {어미}, {아비}와 용법이 동일하다.

{할아비}의 기본의미는 "할아범「1」의 낮춤말"이다. 이때 할아범「1」은 "지체가 낮고 늙은 남자를 대접하여 이르는 말"을 뜻하며 비친족의 남성을 지시 대상으로 삼는다. 또한 그 형식확장 어휘소로 [친가親家]와 [외가外家]의 속성이 포함된 {친할아비}, {외할아비}를 가지는데 {할아비}가 가지는 [낮춤]의 속성 때문에 현대 언어생활에서 친족어로 사용이 자연스러운 어휘소는 아니며 비친족의 언어 사용자가 [친밀]을 공유한 대상에게 [친가親家]와 [외가外家]의 속성을 구분하려는 의도의 지칭어로 사용이 가능하나 활발히 사용되는 어휘소는 아니다.

{할아범}과 {할아비}의 경우 현대 언어생활에서 [친밀]을 공유한 비슷한 또래의 [남성]이나 [여성]이 지시 대상의 손주의 이름을 사용하여 {N+할아범}, {N+할아비}와 같은 형식을 호칭어나 지칭어로 사용할 수도 있다. 하지만 [친밀]을 공유하지 않은 상황에서 이 사용은 제한된다.

(28) {조부祖父}

(ㄱ) =할아버지[Ⅰ]「1」.

(ㄴ) =할아버지[Ⅰ]「2」.

{조부祖父}는 {할아버지}에서 [한자]의 속성이 포함된 형식 확장 어휘소로 {아버지}와 {부父}, {어머니}와 {모母}의 관계와 같다. [한자]의 속성은 문어文語의 사용을 자연스럽게 하며 공적인 상황에서 지칭어로 사용되는 등의 고유한 사용영역이 있다는 것을 여러 차례 언급했다. {조부祖父}도 이러한

특징을 지니며 문어적 상황이나 공식적인 말하기 상황에서 지칭어로 사용된다.

이상의 내용을 통해 [할아버지]와 그 형식 확장 관계에 있는 어휘소들의 의미를 살펴보았다. 이 내용을 바탕으로 [할아버지]의 이상적 인지모형을 [부모의 아버지]로 설정한다. 이는 [아버지의 아버지], [어머니의 아버지]로도 구분할 수 있다. 반면에 비친족어로 사용되는 경우 지시 대상은 [늙은 남자]로 인지되는 대상이며 언어 사용자는 지시 대상의 외형에서 [늙음]을 인지할 때 [할아버지]를 선택·사용할 수 있다.

[부모의 아버지]	[혈연의 친족]	[-혈연의 친족]
친親할아버지 동성同性할아버지	작은할아버지, 작은할아버님, 작은종조從祖할아버지, 작은종조할아버님	고모姑母할아버지 고모할아버님 이모姨母할아버지 이모할아버님
	큰할아버지, 큰할아버님 큰종조할아버지, 큰종조할아버님	
	종조從祖할아버지, 종조할아버님	가시할아버지 시할아버지 시외할아버지
외外할아버지 외外할아버님	재종조再從祖할아버지	
	증조曾祖할아버지, 증조할아버님	
	종증조從曾祖할아버지	양할아버지
	고조高祖할아버지, 고조할아버님	
	넛할아버지	

〈표16〉 할아버지의 확장 어휘소

〈표16〉은 친족어로 사용되는 [할아버지]의 확장 어휘소를 정리한 것이다. [할아버지]가 친족어로 확장될 때 [부모의 아버지], [혈연의 친족], [-혈연의 친족]으로 그 속성을 구분할 수 있다.

[부모의 아버지]를 중심으로 확장된 [할아버지]는 [친가親家]와 [외가外家]를 구분하기 위한 [친親할아버지], [외外할아버지]로 확장된다. 지칭어로 사용이 자연스럽고 호칭어로 사용은 활발하지 않다. 또한 "친할아버지를 외할아버지와 구별하여 이르는 말"을 뜻하는 [동성同姓할아버지]가 있으나 현대 언어생활에서 사용 빈도가 높은 어휘소는 아니다. 마지막으로 "외할아버지의 높임말", "배우자의 외할아버지를 높여 부르거나 이르는 말"의 뜻을 지닌 [외外할아버님]이 있다.[69]

[혈연의 친족]의 속성은 [할아버지]의 형식 확장을 활발하게 하는 속성이다.

"아버지의 작은아버지를 이르는 말"을 뜻하는 어휘소는 [작은할아버지], [작은할아버님], [작은종조從祖할아버지], [작은종조할아버님]이 있다.

"아버지의 큰아버지를 이르는 말"을 뜻하는 [큰할아버지]와 [큰할아버님], [큰종조할아버지], [큰종조할아버님]이 있다. 이때 [종조할아버지]는 "할아버지의 남자 형제"를 가리키는 말이며 [높임]의 속성을 가진 [종조할아버님]도 존재한다.

[재종조再從祖할아버지]는 "할아버지의 사촌 형제"를 뜻하는 어휘소다. 이때 [큰-]과 [작은-]이 결합한 [큰재종조할아버지], [작은재종조할아버지]와 같은 어휘소는 존재하지 않는다.

[증조曾祖할아버지]는 "아버지의 할아버지, 또는 할아버지의 아버지를

---

69) 이 어휘소의 지시 대상은 모두 [외가外家]의 [할아버지]다. 반면 [친가親家]의 [할아버지]를 높이는 [친할아버님]은 존재하지 않는다. 이를 바탕으로 [할아버님]은 [친가親家]를 그 [높임]의 대상으로 삼고 있음을 확인할 수 있다. 즉 [할아버지]의 [높임]이 추가된 [할아버님]은 [친가親家]를 대상으로 삼기에 그를 나타내기 위한 별도의 확장 어휘소가 존재하지 않는 것이다. 이런 차이 또한 한국어 친족어에서 확인할 수 있는 [남성]과 [여성]의 불평등한 관계를 보여주는 또 다른 예이다.

이르는 말"이다. [높임]이 포함된 [증조할아버님]을 가진다.

　[종증조從曾祖할아버지]는 "증조할아버지의 형제"를 뜻하는 어휘소다.

　[고조高祖할아버지]는 "할아버지의 할아버지를 이르는 말"을 뜻하며 [높임]의 [고조할아버님]을 가진다.

　[넛할아버지]는 [외가外家]의 속성을 가진 [남성]에게 확장하는 유일한 어휘소로 "아버지의 외숙"을 뜻한다.

　이상의 내용을 바탕으로 [혈연의 친족]의 속성을 가진 [할아버지]의 형식 확장 양상을 살펴봤다. [넛할아버지]를 제외한 대부분의 어휘소가 [친가親家의 남성]을 지시 대상으로 삼고 확장된 특징을 보였다. 이때 [증조할아버지], [고조할아버지]처럼 직계直系관계에 있는 [남성]뿐만 아니라 [작은할아버지], [큰할아버지]처럼 방계傍系관계에 있는 [남성]에게도 [할아버지]가 확장되는 것을 확인할 수 있었다. 특히 이 경우에 [할아버지의 사촌四寸형제]까지 [할아버지]가 확장된다. 하지만 이들 어휘소 대부분이 현대 언어생활에서 사용이 활발한 어휘소는 아니며 그 지시 대상과 왕래를 하는 경우도 극히 드물다.

　[-혈연의 친족]은 [혼인]으로 형성된 친족에게 사용할 수 있는 [할아버지]의 확장 어휘소를 뜻한다.

　"아버지의 고모부"에게 사용할 수 있는 [고모할아버지], [고모할아버님], "아버지의 이모부"에게 사용할 수 있는 [이모할아버지], [이모할아버님]의 대상은 언어 사용자가 태어나기 전부터 [혼인]으로 형성되어 존재해 왔던 친족 [남성]이다. 반면에 "아내의 할아버지"를 뜻하는 [가시할아버지], "남편의 할아버지"를 뜻하는 [시할아버지], "남편의 외할아버지"를 뜻하는 [시외할아버지]와 같은 어휘소는 언어 사용자가 [혼인]을 한 이후에 새롭게 형성된 친족에게 사용하는 어휘소라는 점에서 차이를 보인다. 이때 [양할아버지]의 경우 "양자로 간 집의 할아버지"를 뜻하며 [혼인]의 속성이 어휘소의 선택·사용에 중요한 요소는 아니라는 점을 밝혀둔다.

[할아버지]가 친족어로 사용될 수 있는 확장 어휘소는 [높임]의 [할아버님]과 [한자]의 속성을 가진 [조부祖父]가 있다. [할아버님]의 경우 [할아버지]의 확장 어휘소와 대부분 대치가 가능하며 그 형식 확장 양상을 따로 정리할 필요가 없다. 하지만 [조부祖父]의 경우 그 형식 확장 양상이 활발하여 추가적인 논의가 필요하다.

[부모의 아버지]	[혈연의 친족]	[-혈연의 친족]
조부님	증조부曾祖父 종증조부從曾祖父 고조부高祖父	시조부媤祖父 외조부媤外祖父
친조부親朝父 외조부外祖父	백조부伯祖父, 큰종조부從祖父 숙조부叔祖父, 작은종조부從祖父 중조부仲祖父	장조부丈祖父 처조부妻祖父
	종조부從祖父, 재종조부再從祖父	
조부주祖父主 선조부先祖父	외증조부外曾祖父 진외조부陳外祖父 진외종조부陳外從祖父	양조부養祖父

〈표17〉 [조부祖父]의 확장 어휘소

〈표17〉은 한자어 [조부祖父]의 확장 어휘소를 정리한 것이다. [조부祖父]의 확장 어휘소는 [할아버지]의 형식 확장 양상과 그 속성이 유사하다.

[부모의 아버지]의 속성을 가진 [조부祖父]는 [높임]의 속성을 가진 [조부님]의 확장 어휘소를 가진다. 또한 [친가親家]와 [외가外家]를 구분할 때 사용할 수 있는 [친조부親祖父]와 [외조부外祖父]가 있다. 이러한 특징은 [할아

버지)의 확장 양상에서도 확인할 수 있었다. 하지만 "주로 편지글 따위에서, '할아버지'를 이르는 말"을 뜻하는 {조부주祖父主}나 "돌아가신 할아버지를 높여 이르는 말"을 뜻하는 {선조부先祖父}처럼 [문어文語], [죽음]의 속성으로 확장되는 고유한 의미 확장 영역이 있음을 확인할 수 있다.

[혈연의 친족]에게 사용할 수 있는 어휘소는 다양한 지시 대상에게 사용할 수 있게 활발한 형식 확장 양상이 나타나고 있음을 확인할 수 있다.

"증조할아버지"를 뜻하는 {증조부曾祖父}, "증조할아버지의 형제"를 뜻하는 {종증조부從曾祖父}, "고조할아버지"를 뜻하는 {고조부高祖父}, "아버지의 큰아버지를 이르는 말"인 {백조부伯祖父}, {큰종조부從祖父}, "작은 할아버지"를 뜻하는 {숙조부叔祖父}, {작은종조부從祖父}, "둘째할아버지"에게 사용할 수 있는 {중조부仲祖父}, "할아버지의 남자 형제"를 뜻하는 {종조부從祖父}, "할아버지의 사촌형제"를 뜻하는 {재종조부再從祖父}, "어머니의 할아버지"를 뜻하는 {외증조부外曾祖父}, "아버지의 외조부"를 뜻하는 {진외조부陳外祖父}, "아버지의 외삼촌"을 뜻하는 {진외종조부陳外從祖父}와 같은 어휘소가 있다.[70)]

이처럼 [혈연의 친족]에게 사용할 수 있는 {조부祖父}의 확장 어휘소는 {할아버지}의 확장 양상과 유사한 확장 양상을 가진다. 여기에 "아버지의 외조부"를 뜻하는 {진외조부陳外祖父}와 "어머니의 할아버지"를 뜻하는 {외

---

70) 표에 제시된 어휘소가 {조부祖父}의 모든 확장 어휘소는 아닐 것이다. 이 어휘소는 한자어의 특성상 「표준국어대사전」에 등재되지 않은 어휘소라고 할지라도 다른 관점에서 논의한 사전에 등재되었을 가능성이 있다. 또한 그 수가 매우 많기 때문에 모든 어휘소를 정리했다고 확신할 수는 없다. 하지만 논의에 필요한 충분한 어휘소가 제시되어 있으며 그를 바탕으로 {조부祖父}의 형식·의미 확장 양상을 논의하는데 무리가 없다고 판단하여 더 많은 자료를 바탕으로 논의하는 것은 다음을 기약하기로 한다. 다음을 통해 논의하게 될 {조모祖母}도 그 수를 모두 제시할 수는 없음을 미리 밝혀두기로 한다.

증조부外曾祖父)와 같은 어휘소는 [할아버지]의 확장 양상에서 나타나지 않은 [조부祖父]의 고유한 확장 영역이다. 이는 한자어 [조부祖父]가 [할아버지]보다 더 다양한 대상에게 사용할 수 있는 확장 어휘소를 가지고 있는 특징을 보여준다.

[-혈연의 친족]에게 사용할 수 있는 [조부祖父]의 확장 어휘소로는 "남편의 할아버지"를 뜻하는 [시조부媤祖父], "남편의 외할아버지"를 뜻하는 [시외조부媤外祖父], "아내의 할아버지"를 뜻하는 [장조부丈祖父], [처조부妻祖父], "양자로 간 집의 할아버지"를 뜻하는 [양조부養祖父]가 있다.

이상의 내용을 통해 [할아버지]와 [조부祖父]의 형식·의미 확장 양상을 살펴보았다. [할아버지]가 친족어로 사용될 때 가장 이상적인 속성은 [부모의 아버지]다. 이를 중심으로 [친親할아버지]와 [외外할아버지]로 그 관계를 구분할 수 있으며 [혈연의 친족]과 [-혈연의 친족]의 [남성]에게 [할아버지]가 확장 사용된다. 또한 [친가親家]의 [남성]에게 [할아버지]와 [조부祖父]모두 활발한 형식 확장 양상을 보였다. 이는 한국어 친족어가 [남성]을 중심으로 발달되어 온 것을 확인할 수 있는 또 다른 예가 된다.

6. [할머니]

[할머니]를 논의의 대상으로 삼은 연구는 활발하지 않다. [할머니]가 친족어로 사용될 때 [부모의 어머니]를 가장 이상적인 속성으로 가지며 비친족어로 사용될 때 [늙음], [여성]의 속성을 가장 이상적인 속성으로 가지는데71) 이는 [할아버지]의 확장·사용 양상에서 [남성]의 속성을 제외하면

---

71) 비친족어로 사용되는 [할머니]는 3장의 내용을 통해 구체적으로 확인하도록 한다.

동일한 속성을 가진다고 할 수 있다.

〔할머니〕는 〔할머님〕, 〔조모祖母〕, 〔할멈〕, 〔할미〕처럼 동일한 지시대상을 나타내는 어휘소들이 있다. 먼저 이들의 의미를 「표준국어대사전」을 통해 확인하고 각각의 어휘소가 가지는 형식 확장 어휘소와 말뭉치 자료를 바탕으로 확인할 수 있는 형식·의미 확장 양상에 대해 논의하도록 한다.

(29) 할머니 [I]「명사」

㉠ 부모의 어머니를 이르는 말. ≒조모01「1」.

㉡ 며느리가 시부모의 어머니를 이르는 말.

㉢ 부모의 어머니와 한 항렬에 있는 여자를 통틀어 이르는 말. ≒조모01.

㉣ 친척이 아닌 늙은 여자를 친근하게 이르는 말.

(29)는 〔할머니〕의 사전 정보이다. 〔할머니〕는 ㉠을 기본의미로 가지며 가장 이상적인 인지모형은 〔부모의 어머니〕로서 언어 사용자의 〔부모〕의 〔출산〕과 〔양육〕을 담당한 주체로 인지될 때 가장 원형에 가까운 〔할머니〕로 인지된다.

㉡은 "결혼한 여성이 배우자의 할머니"를 이르는 말로 〔할머니〕가 확장·사용되는 예이다. 이는 "결혼한 남성이 배우자의 할머니"에게도 사용할 수 있으나 「표준국어대사전」에서 정리하지 않은 점에서 한국어 친족어가 〔남성〕을 중심으로 발달되어 왔으며 현대 언어생활에서 그러한 인식이 존재하고 있음을 보여주는 예라고 할 수 있다.

㉢은 ㉠의 〔할머니〕와 같은 항렬에 있는 〔친족의 여성〕에게 〔할머니〕가 확장·사용될 수 있음을 나타낸다.

㈃은 비친족의 여성에게 사용되는 {할머니}의 확장·사용 예로서 이때 언어 사용자는 지시 대상의 외형적 특징에서 [늙음]을 인지했을 때 {할머니}를 사용하게 된다. 이는 ㈀, ㈁, ㈂처럼 {할머니}가 친족어로 사용되는 양상과 관련이 없으며 언어 사용자가 지시 대상에게 [늙음]과 관련된 속성을 인지하는 주관적 판단이 {할머니}의 사용을 가장 자연스럽게 한다.

(30) 할머님 [Ⅰ]「명사」
㈀ '할머니[Ⅰ]「1」'의 높임말. ≒조모님「1」.
㈁ '할머니[Ⅰ]「2」'의 높임말. ≒조모님「2」.
㈂ '할머니[Ⅰ]「3」'의 높임말.
㈃ 배우자의 할머니를 높여 이르는 말.

(30)은 {할머님}의 사전정보이다. {할머님}은 {할머니}에서 [높임]이 추가된 어휘소다. 친족어에서 [높임]의 속성이 포함된 어휘소의 형식 확장은 {언니}를 제외한 대부분의 관계에서 나타난다. [높임]과 관련된 속성은 그만큼 친족어에서 매우 중요한 속성 중 하나로 볼 수 있다.
　(30)에서 {할머님}의 확장 대상은 모두 [친족여성]이며 비친족의 [여성]에게 {할머님}이 확장되지 않는다. 이는 [높임]의 대상은 친족에게만 제한되고 있음을 보여주는 것이며 비친족의 대상에게는 친족어 {할머니}의 사용만으로 [대우]의 의미를 충분히 지니기 때문에 {할머님}을 확장·사용할 필요가 없음을 나타낸다.[72] 그 대신 ㈃처럼 "배우자의 할머니"에게 확장·

---

72) {할머니}는 {노인}, {노인네}, {노파}를 대신하여 [높임], [대우]의 속성을 전달할 수 있다. 하지만 실제 언어생활에서 {피해 할머님들}, {이웃 할머님}, {위안부 할머님}과 같은

사용된다. 이때 [할머니]는 다른 사용 양상과 달리 [-혈연]을 지닌다.

(31) 조모01祖母 「명사」

(ㄱ) =할머니[Ⅰ]「1」.

(ㄴ) =할머니[Ⅰ]「3」.

[조모祖母]는 [할머니]에서 [한자]가 포함된 형식 확장 어휘소다. 친족어에서 한자가 포함된 형식 확장은 [남편] → [부夫], [아내] → [처妻], [아버지] → [부父], [어머니] → [모母], [할아버지] → [조부祖父], [아들] → [자子], [딸] → [녀女]처럼 자연스러운 현상이다. 또한 공적인 상황에서 지칭어로 사용이 자연스럽고 가족관계 증명서, 주민등록등본과 같은 [문어文語]의 속성을 가진 상황에서 사용된다. [조모祖母] 또한 이와 같은 사용 양상을 가진다.

(32) 할멈 「명사」

(ㄱ) 지체가 낮은 늙은 여자를 대접하여 이르는 말.

(ㄴ) 예전에, 늙은 여자 하인을 이르던 말.

(ㄷ) 늙은 부부 사이에서 남편이 아내를 이르는 말.

[할멈]은 신분제가 존재했던 전통사회에서 사용할 수 있었으나 현대 언어생활에서 사용은 제한된다. 이는 [할멈]이 [낮춤]의 속성을 가졌기 때문이다. 하지만 현대 언어생활에서 (ㄷ)처럼 [노년老年의 부부] 사이에 [남편]이

어휘소가 사용되는 것은 [할머님]이 비친족어로 사용이 가능함을 보여준다.

[아내]에게 호칭어나 지칭어로 사용할 수 있으며 이때 [친밀]의 속성을 전달할 수 있다. 이는 [할멈]의 고유한 의미 영역으로 [할머니]의 다른 확장 어휘소의 의미 확장에서 나타나지 않는다.

(33) 할미 「명사」

(ㄱ) '할멈 「1」'의 낮춤말.

(ㄴ) 늙은 여자가 손자, 손녀에게 자기 자신을 이르는 말.

(ㄱ)의 [할미]는 기본의미로서 [낮춤]의 속성을 가지는데 [할멈]이 가지는 속성보다 더 [낮춤]의 속성을 가진다. 이로 인해 대부분의 상황에서 사용이 제한된다.

(ㄴ)은 언어 사용자가 [손주]와의 대화에서 자신을 가리키는 말로 사용될 수 있는 것을 뜻한다. 이러한 사용 양상은 [아비], [어미], [할아비]에서도 동일하게 나타났다. 또한 [친밀]을 공유한 언어 사용자들이 지시 대상의 [손주]의 이름을 사용하여 [N+할미]와 같은 형태를 지칭어나 호칭어로 사용할 수 있다.

(34) 할망구 「명사」

(ㄱ) 늙은 여자를 낮잡아 이르는 말. ≒망구01 「1」.

[할망구]는 매우 [낮춤]의 속성을 가진 어휘소로서 부정적인 의미를 가지며 일상적인 사용에서 사용이 제한된다. 이처럼 [할머니]는 [낮춤]의 속성을 가진 어휘소가 [할아버지]보다 많은 것을 알 수 있는데 이 또한 한국

어 친족어의 확장 양상에서 [여성]이 [남성]에 비해 [부정]의 존재로 인지되고 있는 특징을 보여주는 또 다른 예가 될 수 있다.

이상의 내용을 통해 [할머니], [할머님], [조모祖母], [할멈], [할미], [할망구]의 사전 정보를 살펴보았다. [할머니], [할머님]과 [조모祖母]의 경우 친족어로 사용이 자연스러운 어휘소다. 반면 [할멈], [할미], [할망구]의 경우 친족어로 사용이 자연스럽지 않고 그 부정적인 속성 때문에 비친족어로 사용될 때에도 다양한 상황을 고려해야한다.

[부모의 어머니]	[혈연의 친족]	[-혈연의 친족]	[-친족]
친親할머니 동성할머니 진할머니	증조曾祖할머니 고조高祖할머니	시할머니, 시외할머니, 홀시할머니	대령방할머니
		종조할머니, 큰할머니, 큰종조할머니, 작은 할머니, 작은종조할머니, 재종조할머니, 종증조할머니	[-사람]
외外할머니 외조할머니 풀솜할머니	고모姑母할머니 이모姨母할머니	가시할머니, 넛할머니	물할머니 삼신할머니 영등할머니 조왕할머니
		양할머니	

〈표18〉 [할머니]의 확장 어휘소

〈표18〉은 [할머니]의 확장 어휘소를 정리한 것이다. [할머니]는 [부모의 어머니], [혈연의 친족], [-혈연의 친족], [-친족]의 대상에게 형식 확장되는데 [-친족]의 속성외의 세 개의 속성은 [할아버지]의 형식 확장 양상과 유사하다.

[부모의 어머니]를 중심으로 확장되는 어휘소는 [친가親家]의 [할머니]를 뜻하는 [진할머니], [친할머니], [동성할머니], [외가外家]의 [할머니]를 뜻하는 [외조할머니], [외할머니], [풀솜할머니]와 같은 확장 어휘소를 가진다.

{풀솜할머니}는 "외할머니를 친근하게 이르는 말"로서 [친밀]의 속성을 가진 어휘소임을 보여준다. 이때 {친할머니}, {외할머니}를 제외한 어휘소들은 현대 언어생활에서 활발하게 사용되는 것은 아니다. 또한 지칭어로 사용은 자연스러우나 호칭어로 사용하지 않는 특징을 가진다.

[혈연의 친족]의 속성을 중심으로 확장된 어휘소는 "아버지의 할머니. 또는 할아버지의 어머니를 이르는 말"을 뜻하는 {증조할머니}, "할아버지의 할머니를 이르는 말"을 뜻하는 {고조할머니}, "아버지의 고모를 이르는 말"을 뜻하는 {고모할머니}, "아버지의 이모를 이르거나 부르는 말"을 뜻하는 {이모할머니}와 같은 어휘소가 있다. 이들 어휘소 또한 가족 구성원이 축소되었고 [혼인]과 [출산]이 늦어지는 현대 언어생활에서 자주 사용되는 어휘소는 아니다.[73]

[-혈연의 친족]의 속성을 가진 {할머니}의 확장 어휘소는 "남편의 할머니"를 뜻하는 {시할머니}, "남편의 외할머니"를 뜻하는 {시외할머니}, "혼자된 시할머니"를 뜻하는 {홀시할머니}, "할아버지의 남자 형제의 아내"를 뜻하는 {종조할머니}, "아버지의 큰어머니"를 뜻하는 {큰할머니}, {큰종조할머니}, "아버지의 작은어머니"를 뜻하는 {작은할머니}, {작은종조할머니}, "할아버지의 사촌형제의 아내"를 뜻하는 {재종조할머니}, "증조할아버지 형제의 아내"를 뜻하는 {종증조할머니}, "아내의 할머니"를 뜻하는 {가시할머니}

---

73) 이때 [외가外家]의 속성을 가진 {외증조할머니}, {외고조할머니}와 같은 어휘소는 「표준국어대사전」에 검색되지 않는다. 대신 [조모祖母]의 확장 어휘소 {외증조모}는 검색된다. 이 어휘소는 [한자]의 속성을 가진 탓에 지칭어로 사용이 자연스러우며 호칭어로 사용이 비교적 어색하다. 이는 [외가外家]에 있는 [여성]에게 호칭어로 사용할 수 있는 어휘소가 [할머니]의 범주까지만 존재하는 것을 의미한다. 이러한 차이는 한국어 친족어가 [남성]을 중심으로 확장되어 온 또 다른 모습을 보여주는 것으로 해석할 수 있다.

"아버지의 외숙모"를 뜻하는 (넛할머니), "양자로 간 집의 할머니"를 뜻하는 (양할머니)가 그 예이다. (양할머니)를 제외한 다른 어휘소들은 [혼인]의 속성으로 맺어진 친족관계의 어휘소이며 언어 사용자와 [혈연]의 속성을 공유하지 않는다.

[-친족]은 "궁중에서, 세수간 나인 가운데 가장 나이가 많은 상궁을 이르던 말"을 뜻하는 (대령방할머니)가 있다. 이는 [-혼인]의 속성을 가진 비친족의 [여성]에게 (할머니)가 확장 사용된 것으로 "나이가 많은 상궁을 이르던 말"을 통해 [늙음]의 속성을 중심으로 확장된 어휘소로 볼 수 있다.

(물할머니), (삼신할머니), (영등할머니), (조왕할머니)는 [-사람]의 속성을 가진다. "아기를 점지하고 산모와 산아産兒를 돌보는 세 신령"을 뜻하는 (삼신할머니)는 민속신앙에서 [출산]과 관련된 속성으로 인지되어 온 대상이다. (영등할머니)는 "음력 2월 초하룻날인 영등날에 하늘에서 내려온다는 할머니로서 집집마다 다니면서 농촌의 실정을 조사하고 2월 스무날에 하늘로 올라가는데, 바람을 다스린다고 한다"의 뜻을 나타내며 농작물의 [양육]과 관련된 속성으로 인지된다. (물할머니)는 "우물이나 샘에 있다는 여자 귀신"을 뜻하며 (조왕할머니)는 "부엌을 맡는다는 신. 늘 부엌에 있으면서 모든 길흉을 판단한다고 한다"의 뜻을 가진 어휘소인데 이들 어휘소 모두 결혼한 여성이 일하는 장소와 관련된 속성을 바탕으로 확장된 어휘소로서 [어머니]의 속성을 중심으로 은유적으로 확장된 어휘소로 볼 수 있다.

(35)

(ㄱ) 시골집 할머니, 신림동 할머니, 안양 할머니.

(ㄴ) 옆집할머니, 동네할머니, 이웃집할머니.

(ㄷ) 위안부 할머니, 정신대 할머니.

(35)는 표준어로 등재된 어휘소는 아니나 한국어 모어화자에게 높은 빈도로 사용되는 [할머니]의 형식 확장 어휘소를 정리한 것이다.

(ㄱ)은 [친할머니]와 [외할머니]를 [N+할머니]의 형태로 구분하는 예이다. 이때 [N]은 지시 대상이 거주하는 지역의 이름이나 지시 대상에게 인지되는 다양한 속성과 관련된 어휘소가 올 수 있다.

(ㄴ)은 비친족어로 사용되는 [할머니]의 용법으로서 언어 사용자의 집을 중심으로 지시 대상이 사는 곳을 구분하여 사용한다.

(ㄷ)은 한국 사회의 역사와 관계된 특정 여성을 지칭하는 어휘소로 [할머니]가 확장·사용되는 예이다.

[부모의 어머니]	조모祖母, 선조모先祖母, 조모주祖母主, 친조모親祖母, 외조모外祖母
[혈연의 친족]	증조모曾祖母, 고조모高祖母, 진외조모陳外祖母
[-혈연의 친족]	시조모媤祖母, 시외조모媤外祖母
	종조모從祖母, 종조모님, 큰종조모從祖母, 큰종조모님, 작은종조모, 작은종조모님, 재종조모再從祖母, 종증조모從曾祖母
	진외종조모陳外從祖母, 장조모丈祖母, 처조모妻祖母
	양조모養祖母
[첩妾]	후조모後祖母, 서조모庶祖母, 시서조모媤庶祖母

〈표19〉 {조모祖母}의 확장 어휘소

〈표19〉는 {조모祖母}의 확장 어휘소를 정리한 것으로 {할머니}처럼 확장 어휘소가 많은 것을 확인할 수 있다. 또한 {첩妾}의 속성을 가진 대상을 지칭할 수 있는 확장 어휘소가 존재하는 것을 확인할 수 있다.

{부모의 어머니}는 "할머니"를 뜻하는 {조모祖母}, "편지 글에서 할머니를 이르는 말"을 뜻하는 {조모주祖母主}, "돌아가신 할머니"를 뜻하는 {선조모先祖母}, {친가親家}와 {외가外家}의 속성을 중심으로 확장된 {친조모親祖母}와 {외조모外祖母}가 있다.

{혈연의 친족}은 언어 사용자와 직계直系관계에 있는 지시 대상에게 사용할 수 있는 어휘소를 나타낸다. "증조할머니"를 뜻하는 {증조모曾祖母}, "고조할머니"를 뜻하는 {고조모高祖母}, "아버지의 외조모"를 뜻하는 {진외조모陳外祖母}가 있으며 이들 어휘소는 모두 언어 사용자와 {혈연}의 속성을 공유한다.

{-혈연의 친족}은 가장 활발한 형식 확장을 가능하게 하는 속성이다. "시할머니"를 뜻하는 {시조모媤祖母}, "시외할머니"를 뜻하는 {시외조모媤外祖母}, "할아버지의 남자 형제의 아내"를 뜻하는 {종조모從祖母}, {높임}의 {종조모님}, "아버지의 큰어머니를 이르는 말"을 뜻하는 {큰종조모從祖母}, {큰종조모님}, "아버지의 작은어머니를 이르는 말"을 뜻하는 {작은종조모}, {작은종조모님}, "할아버지의 사촌 형제의 아내"를 뜻하는 {재종조모再從祖母}, "증조할아버지의 형제의 아내"를 뜻하는 {종증조모從曾祖母}, "아버지의 외숙모"를 뜻하는 {진외종조모陳外從祖母}, "아내의 할머니"를 뜻하는 {장조모丈祖母}, {처조모妻祖母}, "양할머니"를 뜻하는 {양조모養祖母}가 있다. 이때 대부분의 어휘소가 {친가親家}의 {여성}을 어휘소의 주된 확장 대상으로 삼는다.

{조모祖母}는 '정식으로 혼인을 하지 않고 아내 외에 데리고 사는 여자'를

가리키는 [첩妾]의 속성을 중심으로 형식 확장된다. "할아버지의 후처後妻를 전조모에 상대하여 이르는 말"을 뜻하는 {후조모後祖母}, "할아버지의 첩妾"을 뜻하는 {서조모庶祖母}, "시조부의 첩妾"을 나타내는 {시서조모媤庶祖母} 등의 어휘소가 그 예이며 현대 언어생활에서 자연스럽게 사용되는 어휘소는 아니다. 이러한 확장 양상은 {조부祖父}에서 나타나지 않는데 이 또한 한국 언어문화에서 [남성]과 [여성]의 차이가 존재하고 있음을 보여주는 예이다.

이상의 내용을 통해 살펴본 {할머니}, {할머님}, {조모祖母}의 확장 어휘소는 [친족의 여성]에게 확장·사용되는 양상을 보였다. 반면에 [낮춤]의 속성을 가지는 {할멈}, {할미}, {할망구}는 친족어로 사용이 자연스럽지 않은 어휘소다. 하지만 비친족의 대상에게 다음과 같이 비교적 활발한 형식·의미 확장 양상을 가진다.

(ㄱ) 할멈	마귀할멈, 쪼그랑할멈, 팥죽할멈
(ㄴ) 할망구	꼬부랑할망구

〈표20〉 {할멈}과 {할망구}의 확장 어휘소

〈표20〉은 {할멈}과 {할망구}의 확장 어휘소를 정리한 것이다. (ㄱ)은 {할멈}이 확장된 어휘소로서 "옛날이야기에 나오는 늙고 요사스럽고 못된 귀신"을 뜻하는 {마귀할멈}, "얼굴에 살이 빠져서 쪼그라진 늙은 여자를 낮잡아 이르는 말"을 뜻하는 {쪼그랑할멈}, "팥죽과 같은 묽게 만든 음식이나 먹을 수 있을 만큼 이가 다 빠진 할머니를 익살스럽게 이르는 말"을 뜻하는 {팥죽할멈}이 있다.

(ㄴ)은 {할망구}가 확장된 어휘소로 "늙은 여자를 낮잡아 이르는 말"을 뜻하는 {꼬부랑할망구}가 있다. 이처럼 {할멈}과 {할망구}는 비친족의 대상에게 확장·사용되는 양상을 보인다. 특히 {늙다}, {쪼그라지다}, {이가 빠지다}와 같은 외형적 특징에서 {늙음}과 {요사스럽다}, {낮잡다}, {못되다}와 같은 {부정}의 속성으로 언어 사용자가 지시 대상을 인지하고 있는 것을 확인할 수 있다.74)

(ㄱ) [사람]	[친족]		친할미, 외할미,
	[늙음]	[직업]	보살할미, 삼할미, 상직할미,
		[부정]	할미쟁이, 해산할미
(ㄴ) [새]	할미새, 할미새사촌, 노랑할미새, 만주긴발톱할미새, 백할미새
(ㄷ) [식물]	할미꽃, 분홍할미꽃, 산할미꽃, 일본할미꽃, 가는잎할미꽃
(ㄹ) [민속]	할미, 미얄할미, 할미광대, 할미광대탈, 신할미
(ㅁ) [귀신]	마고할미, 옥할미, 삼신할미,

<표21> {할미}의 확장 어휘소

<표21>은 {할미}의 형식 확장 어휘소를 정리한 것이다. {할미}는 {할멈}, {할망구}처럼 {낮춤}의 속성을 가졌지만 다른 어휘소와 달리 다양한 속성을 중심으로 활발한 형식 확장 양상을 보이는 것을 알 수 있다.

(ㄱ)은 [사람]의 속성을 중심으로 {할미}가 확장된 예이다. "친할머니의 낮춤말"을 뜻하는 {친할미}, "외할머니의 낮춤말"을 뜻하는 {외할미}의 경우 친족어로 확장된 예이나 실제 언어생활에서 선택·사용이 자연스러운 어

---

74) {마귀할멈}은 [-사람]의 속성을 가졌으나 여성의 모습을 하고 있는 대상에게 {할멈}이 확장된 어휘소다.

휘소는 아니다.

"머리를 깎지 않고 절에서 사는 여자 신도"를 뜻하는 [보살할미], "출산 때 아이를 받는 일을 하는 노파를 낮추어 이르는 말"을 뜻하는 [삼할미], "집 안에서 부녀婦女의 시중을 드는 늙은 여자"를 뜻하는 [상직할미]와 같은 어휘소는 특정 [직업]을 가진 [늙은 여성]에게 확장된 어휘소다.

"할미를 낮잡아 이르는 말"을 뜻하는 [할미쟁이], "늙은 여자가 해산한 것을 아니꼽게 이르는 말" 또는 "늙은 사람을 비유적으로 이르는 말"을 뜻하는 [해산할미]는 [늙음]과 [부정]의 속성에 초점이 맞춰진 [할미]의 확장 어휘소다. 이들 어휘소는 [할미]가 [친족親族]의 속성보다 [늙음]의 속성을 중심으로 비친족의 대상에게 더욱 활발하게 확장되고 있음을 보여준다.

㉡은 [새鳥]의 속성을 중심을 [할미]가 확장된 어휘소를 일부 정리한 것으로서 "할미샛과"에 속하는 새들을 지칭하는 것이다. 이 범주에 포함되는 새들의 가장 큰 특징은 [흰색]을 중심으로 지시대상이 인지되고 있는 것이다. 이 속성은 늙은 남성이나 여성의 머리색이 [흰색]으로 변하는 것과 동일한 속성으로 인지되어 [할미]가 [새鳥]의 속성을 가진 대상에게 확장·사용되는 것이다. 이때 암수의 구별 없이 모두 [할미]가 확장된다. 또한 [할미새사촌]은 친족어에서 사용되는 [사촌四寸]이 적용된 재미있는 형식·확장 양상을 보인다.

㉢은 [할미]가 [식물]의 속성을 중심으로 확장된 어휘소를 일부 정리한 것이다. 인터넷을 통해 [할미꽃]을 검색하면 그 특징으로 [굽다]와 [흰색]을 쉽게 인지할 수 있을 것이다. 이 특징이 허리가 굽은 대상을 [늙음]과 관련하여 인지되는 현상과 동일하게 여겨져 [식물]로 확장된 것이다.

㉣은 [민속]의 속성으로 [할미]가 확장된 어휘소다. "오광대놀이나 강령

탈춤에서 쓰는 탈의 하나, 또는 그 탈을 쓰고 춤추는 등장인물"을 뜻하는 [할미], "양주 별산대놀이, 송파 산대놀이에 등장하는 인물의 하나"를 뜻하는 [미얄할미], "오광대놀이나 강령 탈춤 따위에서 할미 역을 맡는 광대"를 뜻하는 [할미광대], "할미광대가 쓰는 탈"을 뜻하는 [할미광대탈], "송파 산대놀이에서, 신할아비의 아내로 등장하는 인물. 흰 바탕에 눈과 입이 작은 탈을 쓴다"를 뜻하는 [신할미]와 같은 어휘소가 있다. 이 어휘소를 인터넷으로 검색하면 외형적 특징에서 [흰색], [주름], [굽다]와 같은 속성을 쉽게 인지할 수 있을 것이다. 이 속성은 [늙음]과 관련된 것으로 [할미]의 확장을 자연스럽게 하는 것이다.

(ㅁ)은 [귀신]의 속성으로 [할미]가 확장된 어휘소다. "전설에 나오는 신선 할미"를 뜻하는 [마고할미], "감옥을 지켜 준다는 할미 귀신"을 뜻하는 [옥할미], "삼신할머니를 낮잡아 이르는 말"을 뜻하는 [삼신할미]가 그 예이다.

이상의 내용을 통해 살펴본 [할미]는 [사람] → [동물] → [식물] → [민속] → [귀신]의 속성을 중심으로 확장되는 특징을 가지는데 이는 임지룡(2007: 240)에서 언급한 다의어의 의미 확장 양상을 보인다. 이처럼 「표준국어대사전」을 통해 살펴본 [할미]는 다의어로 볼 수는 없었다. 하지만 그 확장 어휘소를 정리한 결과 [할미]는 다의어의 성격을 가진 어휘소임을 확인할 수 있었으며 다양한 확장·양상을 보이는 것을 알 수 있었다.

이상의 내용을 통해 [할머니], [할머님], [조모祖母], [할미], [할망구], [할멈]의 확장 어휘소를 살펴봤다. 이들 어휘소는 모두 [늙음]의 속성을 가지는 어휘소로서 [할머니]를 중심으로 다양한 속성을 전달하기 위한 의도로 생성된 것으로 보인다. [할머니], [할머님], [조모祖母]의 경우 친족 여성에게 사용할 수 있는 어휘소로 활발히 확장되는 것을 확인할 수 있었다. 특히 [조모祖母]의 경우 [첩妾]의 속성을 가진 [여성]에게도 확장된 어휘소가 존재했다. 또 [할미], [할망구], [할멈]의 경우 [늙음]의 속성을 가진 비친족의 여성에게 확장된 어휘소를 가졌으며 사람이 아닌 대상에게도 확장 어휘소를 가지는 것을 확인할 수 있었다. 이처럼 같은 어휘목록에 위치한 이들 어휘소들은 같은 기본의미를 가지나 각각의 어휘소가 형식·의미 확장된 양상을 살펴보면 공통된 의미 영역 외에 개별적인 의미 영역이 추가로 존재하는 것을 확인할 수 있었다.

02. [아들]과 [딸]

[아들]과 [딸]은 '부모父母의 출산'의 대상이 되는 존재로서 [성별性別]을 중심으로 분류된 어휘소다. 이 어휘소는 지칭어로 사용이 자연스러우며 상황에 따라 호칭어로도 사용될 수 있음을 친족어의 용법을 통해 언급했다.[75] 지금부터 논의하는 [아들]과 [딸]의 형식·의미 확장 양상은 앞서 언급했던 내용을 기본으로 삼는다. 그를 바탕으로 현대 언어생활에서 [아들]과 [딸]의 형식 확장 어휘소를 속성별로 분류하여 실제 언어생활에서 어떻게 사용되고 있는지 그 양상과 특징을 정리하도록 한다.

---

75) [이름]이 호칭어로 가장 자연스럽게 사용되나 [친밀]의 속성을 더욱 강조하기 위한 의도로 특정 말하기 상황에서 [아들], [딸]을 사용할 수 있다.

1. [아들]

[아들]은 "남자로 태어난 자식"을 의미한다. 이때 [자식]은 "부모가 낳은 아이를, 그 부모에 상대하여 이르는 말"을 뜻하는데 [성별性別]의 구분이 없는 어휘소다. 여기에 [남성]의 속성이 추가된 어휘소가 바로 [아들]인 것이다. 이를 바탕으로 이상적 인지모형을 [자식], [남성]으로 정리할 수 있다.

[아들]이 친족어로 사용될 때 언어 사용자는 [부모父母]가 된다. 비친족어로도 사용될 수 있으며 이 경우에는 지칭어로 사용이 자연스럽다.

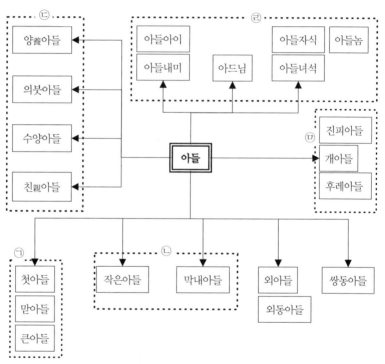

〈그림8〉 [아들]의 형식 확장 어휘소

〈그림8〉은 [아들]의 형식 확장 어휘소를 그림으로 정리한 것이다.

(ㄱ)은 "처음 태어난 아들"에게 사용할 수 있는 어휘소이며 [아들]이 확장된 어휘소는 아니지만 [장남長男]도 이와 같은 뜻을 가진다.

(ㄴ)은 (ㄱ)의 대상 이후에 태어난 [아들]에게 사용할 수 있는 어휘소다. 이때 [작은아들]은 "맏아들이 아닌 아들"을 뜻하며 현대 언어생활에서 가족 수가 많지 않기 때문에 [막내아들]을 지칭할 수도 있다. 또한 [태어난 순서]를 고려하여 [첫째아들], [둘째아들], [셋째아들], [넷째아들]과 같은 형식확장 어휘소를 사용할 수도 있다. 이때 [둘째아들]은 [차남次男]과 유의 관계에 있다. "다른 자식이 없이 단 하나뿐인 아들" 혹은 "다른 남자 동기가 없이 단 하나뿐인 아들"을 뜻하는 [외아들]은 그 존재가 하나인 탓에 (ㄱ)이나 (ㄴ)의 [막내아들]의 지위를 함께 가질 수 있는 어휘소다. 이때 [혼자]의 속성으로 인지되기 때문에 [소중함]의 의미가 더욱 포함된 대상이기도 하며 [외동아들]과 같은 확장 어휘소도 존재한다. "한 태胎에서 나온 두 아들"을 뜻하는 [쌍둥아들] 또한 [태어난 순서]에 따라 (ㄱ), (ㄴ)에 모두 포함될 수 있는 어휘소다.

(ㄷ)은 [±출산]을 중심으로 확장된 어휘소를 정리한 것이다. "자기가 낳은 아들"을 뜻하는 [친親아들]76)은 [출산]을 공유한다.77) 반면에 "아들이 없는 집에서 대를 잇기 위하여 동성동본 중에서 데려다 기르는 조카뻘 되는 남자아이"를 뜻하는 [양아들], "남의 자식을 데려다가 제 자식처럼 기른 아들"을 뜻하는 [수양아들]은 [-출산]의 속성을 가진다. 마지막으로 "개가하

---

76) 한자어 [자子]가 확장된 [실자實子]가 있으나 현대 언어생활에서 거의 사용되지 않는 어휘소이기 때문에 따로 논의하지는 않는다.

77) 이때 [출산]은 [혈연]의 속성을 포함한다.

여 온 아내가 데리고 들어온 아들. 또는 남편의 전처가 낳은 아들"을 뜻하는 [의붓아들]의 경우 [아버지]나 [어머니] 중 어느 한 대상에게만 [출산]을 공유한다.[78]

	[아버지]	[어머니]
친아들	[출산]	[출산]
양아들	[-출산, ±혈연, [부양]	[-출산, [-혈연, [부양]
수양아들	[-출산, [부양]	[-출산, [양육]
의붓아들	[-출산, [부양]	[출산, [양육]
	[출산, [부양]	[-출산, [양육]

〈표22〉 [±출산]을 중심으로 확장된 {아들}의 속성

〈표22〉는 [±출산]의 속성을 중심으로 [아들]이 확장된 어휘소의 속성을 정리한 것이다. 이때 많은 어휘소가 [출산]의 속성과 관계없이 [아들]이 확장되는 것을 알 수 있다. 이는 [아들]이 [아버지]의 원형의미인 [부양]과 [어머니]의 원형의미인 [양육]의 대상이 되기 때문이다.

㉣은 [친밀], [높임], [낮춤]처럼 특별한 추가적 의미를 전달하기 위해 확장된 영역으로서 비친족어로도 사용이 가능하다.

"남에게 자기 아들을 이르는 말"을 뜻하는 [아들아이], "아들을 귀엽게 이르는 말"을 뜻하는 [아들내미]는 [아들]을 사용하는 것과 비교하여 [친밀]의 속성을 전달 할 수 있다. 이때 [아들]에게 직접 지칭어로 사용할 수는 없으며 다른 대화 참여자에게 자신의 [아들]을 지칭할 때 사용이 자연스러

---

78) [양아들]은 한자어 [양자養子]를 가진다. 이 어휘소는 앞서 [양아버지]를 논의하면서 현대 언어생활에서 그러한 관계가 자연스럽지 않다는 점과 법률적인 용어에서 정리한 관점을 바탕으로 [-혈연]의 속성을 가진 대상으로 정리한 바 있다.

운 어휘소다.

[높임]이 포함된 [아드님]이 [아들]에게 직접 지칭어로 사용되는 경우 [친밀]을 전달할 수 있다. 반면에 비친족어로 사용될 때 바로 [높임]의 속성을 전달하게 된다. 언어 사용자는 자신보다 '사회적 지위가 높은 대상의 아들'에게 [높임]이나 [대우]의 속성을 전달하기 위해 [아드님]을 지칭어로 선택·사용하게 된다.[79]

[낮춤]의 의미가 포함된 [아들녀석],[80] [아들자식], [아들놈]의 경우 친족어와 비친족어로 모두 사용되며 상황에 따라서 언어 사용자가 지시 대상인 [아들]을 허물없이 지칭하는 의미를 전달할 수 있다. 이 사용은 [어미], [아비]의 사용처럼 대화 참여자가 [친밀]을 공유할 때 사용이 자연스러우며 [-친밀]의 관계에서 사용하게 되면 [부정]의 속성을 전달할 수 있다.

㈁은 [부정]의 속성이 포함된 어휘소다. "지지리 못난 아들"을 뜻하는 [진피아들], "배운 데 없이 제풀로 막되게 자라 교양이나 버릇이 없는 사람을 낮잡아 이르는 말"을 뜻하는 [후레아들], "행실이 나쁘거나 매우 못된 남자를 비속하게 이르는 말"을 뜻하는 [개아들]이 그 예이다. 이때 [아들]의 확장 어휘소나 실제 [아들]의 속성을 지닌 어휘소는 [진피아들]뿐이며 [후레아들]과 [개아들]은 비친족의 [남성]을 지시 대상으로 삼고 있다.

이상의 내용을 통해 [아들]의 형식·의미 확장에 대해서 살펴보았다. [아들]은 [자식], [남성]을 가장 이상적인 속성으로 가지는 친족어. 이를 바탕으로 [태어난 순서], [-출산], [친밀], [높임], [부정]의 속성이 추가된 형식 확장된 어휘소가 존재하는 것을 확인했다.

---

79) 언어 사용자가 사회적 지위가 높아도 [대우]의 의도가 있다면 사용이 가능하다.
80) 「표준국어대사전」에는 없으나 현대 언어생활에서 사용 빈도가 높은 어휘소다.

2. [딸]

[딸]은 "여자로 태어난 자식"을 뜻하며 이상적 인지모형으로 [자식]과 [여성]을 가진다. "출산의 주체"인 [아버지]와 [어머니]가 언어 사용자가 될 때 친족어로 사용이 가장 자연스러우며 비친족어로 사용될 때는 지칭어로만 사용이 가능한데 이러한 용법은 [아들]과 동일하다. 하지만 [여성]의 속성을 가진 [딸]은 형식 확장 양상에서 [아들]과 다른 특징을 가진다.

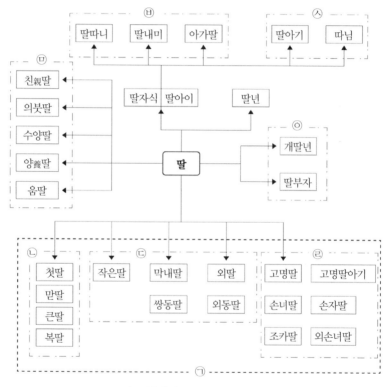

〈그림9〉 [딸]의 형식 확장 어휘소

〈그림9〉는 (딸)의 형식 확장 어휘소 그림으로 정리한 것이다. (딸)과 (아들)은 [자식]의 속성을 공유하고 [여성]과 [남성]의 속성에서 대립한다. 이는 두 어휘소를 대립관계로 설정할 수 있게 한다. 두 어휘소를 대립관계로 볼 때 확장 어휘소 또한 그 관계를 유지하며 비슷한 유형으로 확장될 것 같으나 (딸)은 (아들)에서 확인할 수 없었던 고유한 의미 확장 영역을 가진다.

(ㄱ)은 (딸)의 이상적 인지모형인 [자식], [여성]을 중심으로 형식 확장된 어휘소를 정리한 것이다. 이때 (ㄴ)과 (ㄷ)은 (아들)의 확장 영역에서도 확인할 수 있다. (ㄴ)은 [태어난 순서]를 고려했을 때 가장 처음 태어난 (딸)을 지칭하는 어휘소로서 (첫딸), (맏딸), (큰딸)등이 있으며 한자어 (장녀長女)도 사용이 가능하다. 이러한 형식 확장 양상은 (아들)과 동일하나 "한 집안에 복을 가져다주는 딸이라는 뜻으로 "첫딸을 이르는 말"을 뜻 하는 (복딸)은 고유한 의미 영역이다.

(ㄷ)은 [태어난 순서]가 처음이 아닌 (딸)에게 사용할 수 있는 어휘소를 정리한 것이다. "둘 이상의 딸 가운데 맏딸이 아닌 딸을 이르는 말"을 뜻하는 (작은딸), "마지막으로 태어난 딸"에게 (막내딸)을 사용할 수 있으며 [태어난 순서]를 고려하여 (둘째딸), (셋째딸)과 같은 확장·사용이 가능하다.

(외딸)은 (독녀獨女)와 그 의미가 유사하며 "다른 자식 없이 단 하나뿐인 딸"이나 "다른 여자 동기 없이 하나 뿐인 딸"의 의미를 가진다. 또한 "외딸을 귀엽게 이르는 말"을 뜻하는 (외동딸), "한 태胎에서 나온 두 딸"을 뜻하는 (쌍동딸)이 있다. 이상의 내용에서 살펴본 (딸)의 확장 어휘소는 대부분 (아들)의 확장 양상과 유사하다. 하지만 (ㄹ)은 (아들)에서 나타나지 않는 (딸)의 고유한 의미 영역이다.

[고명딸]은 "아들 많은 집의 외딸"을 뜻하며 [고명딸아기]는 "'고명딸'을 귀엽게 이르는 말"을 뜻한다. [손녀딸]은 "손녀를 귀엽게 이르는 말"을 뜻하며 [손자딸][81]과 유의관계에 있다. [외손녀딸]은 "외손녀를 귀엽게 이르는 말"이며 [조카딸]은 "형제자매의 딸"이며 [여질女姪], [질녀]의 유의어를 가진다. 반면 [고명아들], [손자아들], [외손자아들], [조카아들]처럼 [아들]이 확장된 어휘소는 「표준국어대사전」에 존재하지 않는 어휘소이다.

(ㅁ)은 대부분이 [출산]의 속성과 관계없는 [딸]의 형식 확장 어휘소이다. 대부분의 형식 확장 양상은 [아들]과 동일하다.

	[아버지]	[어머니]
친딸	[출산]	[출산]
양딸	[-출산], [-혈연], [부양]	[-출산], [-혈연], [부양]
수양딸		
의붓딸	[-출산], [부양]	[출산], [양육]
	[출산], [부양]	[-출산], [양육]
움딸	[-출산], [-부양]	[-출산], [-양육]

〈표23〉 [±출산]을 중심으로 확장된 [딸]의 속성

〈표23〉의 [친딸]은 [출산]에 초점이 맞춰진 어휘소이며 [아버지], [어머니] 모두 [출산]의 속성을 가진다. [양딸]은 "대를 잇기 위해 동성동본의 아이"를 그 대상으로 삼았던 [양아들]과 달리 "남의 자식을 데려다가 제 자식처럼 기른 딸"을 뜻하는 어휘소로서 [수양딸]과 유의관계에 있으며 [-혈연]의 속성을 가진다.

[의붓딸]은 "개가하여 온 아내가 데리고 들어온 딸"이나 "남편의 전처가

---

81) [손자딸]은 "아들의 아들. 또는 딸의 아들"을 뜻하는 [손자]와 [딸]이 결합한 어휘소다.

낳은 딸"을 뜻하는 어휘소로서 [아버지]나 [어머니]의 어느 한 쪽에게는 [친親딸]이 된다. 또한 이들 어휘소의 언어 사용자인 [아버지]와 [어머니]는 [부양]과 [양육]의 의무를 가진 대상이다. 그런 이유로 [±출산], [±양육]의 속성과 관계없이 [딸]의 확장이 가능하다.

[움딸]은 "죽은 딸의 남편과 결혼한 여자"를 지칭하는 어휘소로서 [아들]의 확장 양상에서 나타나지 않는 [딸]의 고유한 의미 영역이다. 또한 언어 사용자는 [부양]과 [양육]의 속성을 가지지 않으며 실질적인 의미에서 [아버지], [어머니]라고 할 수 있는 존재도 아니다.

(ㅂ)은 [귀여움]과 관련된 속성을 가진 [딸]의 형식 확장 어휘소이며 고유한 의미 영역이다. "어린 딸을 귀엽게 이르는 말"을 뜻하는 [딸따니], "딸을 귀엽게 이르는 말"을 뜻하는 [딸내미], "시집가지 아니한 딸을 귀엽게 이르는 말"을 뜻하는 [아가딸]이 있다.[82] 이들 어휘소는 [딸아이], [딸자식]보다 더욱 [친밀]의 속성을 나타낼 수 있는 어휘소이나 [딸따니]와 [아가딸]의 경우 현대 언어생활에서 활발히 사용되는 어휘소는 아니다.

(ㅅ)의 [딸아기]와 [따님]은 비친족어로 사용되는 [딸]의 확장 어휘소다. 이때 [딸아기]는 "남의 딸을 귀엽게 이르는 말"을 뜻하며 [따님]은 "남의 딸을 높여 이르는 말"을 뜻하는 어휘소로서 지칭어로 사용이 자연스럽다.[83]

(ㅇ)의 [개딸년]은 [딸년]처럼 [부정]의 속성을 전달하는 [딸]의 확장 어휘소다. [개딸년]은 "행실이 나쁘거나 매우 못된 여자를 낮잡아 이르는 말"이며 언어 사용자는 지시 대상에게 [부정]의 속성을 인지한다. [딸부자]는 "딸

---

82) 사전정보는 [귀여움]을 가졌으나 [친밀]을 전달하기 위한 의도로도 볼 수 있다.
83) [딸아기]는 언어 사용자와 대화 참여자 사이에 [친밀]의 속성을 공유했을 때 사용이 자연스러운 어휘소이며 [따님]은 [아드님]과 동일한 용법을 가진다.

이 많은 사람을 놀림조로 이르는 말"로 {딸}이 많은 {아버지}나 {어머니} 혹은 그 집안 전체 구성원을 나타내는 말로 사용되는데 "딸이 많음"을 {부정}의 속성으로 인지했던 한국 전통사회의 모습을 보여주는 예로서 "아들이 많은 집"을 대상으로 사용할 수 있는 특정 어휘소가 없다는 점에서 차이를 보인다.

지금까지 {딸}의 형식 확장 어휘소와 그 의미를 살펴보았다. {딸}은 {자녀}, {여성}의 속성을 이상적 인지모형으로 가진다. 상황에 따라 다양한 형식·확장어휘소를 가지는데 {아들}의 형식 확장과 동일한 유형을 보이는 어휘소뿐만 아니라 {북딸}, {고명딸}, {손녀딸}, {조카딸}, {움딸}, {아가딸}, {딸부자}처럼 {딸}만의 고유한 확장 영역이 존재하는 것을 확인할 수 있었다.

03. {형제兄弟}

「표준국어대사전」에서 {형제兄弟}의 기본의미를 "형과 아우를 아울러 이르는 말"로 정리하고 "동기03同氣"를 확장의미로 정리했다. 이중에서 지금 논의하는 {형제兄弟}는 "형제와 자매, 남매를 통틀어 이르는 말"을 뜻하는 {동기同氣}를 가리키는 용어로 설정한다. 이때 {형제兄弟}를 구성하는 대상은 {윗사람}의 속성을 가진 {형}, {누나}, {언니}, {오빠}와 {아랫사람}의 속성을 가진 {남동생}, {여동생}이다. 이때 {윗사람}과 {아랫사람}의 속성은 {태어난 순서}를 기준으로 나이가 많으면 {윗사람}, 나이가 적으면 {아랫사람}이 되며 같은 {부모父母}를 공유했을 때 가장 자연스러운 사용이 된다.

{형}, {누나}, {언니}, {오빠}에 대한 대표적인 논의는 김광순(2015)이다.

이 논의에서 가장 큰 특징으로 이들 어휘소가 친족어뿐만 아니라 비친족어로도 매우 활발하게 사용된다는 것, 언어 사용자와 지시 대상의 [성性]을 어휘소의 선택·사용에 모두 고려한다는 것, 비친족어로 사용될 때 [친밀]의 속성을 중심으로 사용되는 것 등을 언급했는데 지금부터 논의하려는 [형], [누나], [언니], [오빠], [동생]은 위의 논의를 참고하도록 한다. 그를 바탕으로 각각의 어휘소를 자연스럽게 사용할 수 있게 하는 속성과 다양한 형식·의미 확장 양상을 파악하도록 한다.

1. [형]

[형]은 언어 사용자와 지시 대상이 모두 [남성]일 때 사용할 수 있는 어휘소로서 언어 사용자와 같은 [부모父母]를 공유했을 때 사용이 자연스럽다. 먼저 이 어휘소의 사전 의미를 「표준국어대사전」을 통해 확인하도록 하자.

(36) [형]
　(ㄱ) 같은 부모에게서 태어난 사이이거나 일가친척 가운데 항렬이 같은
　　　 남자들 사이에서 손윗사람을 이르거나 부르는 말. 주로 남자 형제
　　　 사이에 많이 쓴다.
　(ㄴ) 남남끼리의 사이에서 나이가 적은 남자가 나이가 많은 남자를 이르
　　　 거나 부르는 말.

(36)은 [형]의 사전정보를 정리한 것이다. 이때 (ㄱ)은 [형]의 기본의미로서 친족어로 사용되는 예이며 (ㄴ)은 확장 의미로서 비친족어로 사용되는 예이다.

[형]을 가장 자연스럽게 사용하기 위해서는 언어 사용자와 지시 대상이 모두 [남성]의 속성을 가져야 한다. 또한 지시 대상은 언어 사용자보다 [태어난 순서]를 고려했을 때 먼저 태어나 나이가 더 많아야 한다.

김광순(2015: 182)은 [형]이 친족어로 사용될 때 모국어 화자는 [나이] → [달(月)] → [시간] → [분(分)]의 속성까지 엄격하게 고려하여 사용하는 것을 언급했다. 같은 날짜에 태어난 쌍둥이도 [분(分)]의 차이를 고려하여 [형]과 [동생]을 구분하는 것을 그 예로 들었다. 하지만 비친족어로 사용될 때 [태어난 순서]보다 더 중요하게 인지되는 속성은 언어 사용자와 지시 대상의 [친밀]의 공유이다.

현대 언어생활에서 모국어 화자는 이 속성을 서로 공유하지 않을 경우 친족어 [형]을 호칭어나 지칭어로 사용하지 않고 사회적 관계를 고려한 다른 어휘소를 호칭어나 지칭어로 사용하게 된다.

(37) [형님]

(ㄱ) '형01[Ⅰ]「1」'의 높임말.

(ㄴ) '형01[Ⅰ]「2」'의 높임말.

(ㄷ) 아내의 오빠를 이르거나 부르는 말.

(ㄹ) 손위 시누이를 이르거나 부르는 말.

(ㅁ) 손위 동서를 이르거나 부르는 말.

(ㅂ) 나이가 든 친한 여자들 사이에서 나이가 적은 사람이 나이가 많은 사람을 이르거나 부르는 말.

[형]은 [높임]의 속성이 추가된 [형님]의 확장 어휘소를 가진다. (37)은

[형님]의 사전정보를 정리한 것이다.

(ㄱ)은 [형님]의 기본의미로서 [형]에 [높임]이 추가된 것을 나타내고 있으며 두 어휘소의 공통 의미 영역이 된다. 이는 [형님]이 [형]을 중심으로 형식 확장된 어휘소임을 보여준다. 하지만 확장의미는 다섯 개를 가지는데 대부분이 [형]과 관계없는 [형님]의 고유한 의미 확장 영역이다. 이 내용을 바탕으로 [형님]이 사용되는 상황에서 언어 사용자와 지시 대상이 가지는 속성을 다음과 같이 정리하여 그 사용 양상을 보다 구체적으로 확인하도록 한다.

지시 대상	언어 사용자의 속성	지시 대상의 속성
(ㄱ) 혈연의 친족 남성	연하의 남성	연상의 남성
(ㄴ) 비친족의 남성	연하의 남성	연상의 남성
(ㄷ) 아내의 오빠	남성	남성
(ㄹ) 손위 시누이	여성	여성
(ㅁ) 손위 동서	여성	여성
(ㅂ) 비친족의 여성	연하의 여성	연상의 여성

〈표24〉 [형님]의 사용 시 언어 사용자 · 지시 대상의 속성

〈표24〉는 (37)의 내용을 바탕으로 [형님]이 확장 · 사용될 때 언어 사용자와 지시 대상이 가지는 의미 속성을 정리한 것이다.

(ㄱ)은 기본의미로 사용될 때 지시 대상과 언어 사용자가 가지는 속성을 정리한 것이다. 이 사용은 '혈연의 친족 남성'에게 사용할 수 있는 것을 뜻하며 [태어난 순서]를 고려했을 때 언어 사용자는 [아랫사람]과 [남성]의 속성을 가진 [동생], 지시 대상은 지시 대상은 [윗사람]과 [남성]의 속성을 가진 [형]이 된다. 이는 [형]의 기본의미와 사용 양상이 동일하다.

(ㄴ)은 [-혈연]의 속성을 가진 '비친족의 남성'을 지시 대상으로 삼는 것으

로 언어 사용자와 지시 대상이 가지는 속성은 (ㄱ)과 동일하다.

반면 (ㄷ), (ㄹ), (ㅁ)의 경우 [형님]이 친족어로 사용되는 것은 (ㄱ)과 유사하나 언어 사용자와 지시 대상이 가지는 속성과 그 사용 양상에서 차이를 보인다.

(ㄷ)은 '아내의 오빠'에게 [형님]을 호칭어, 지칭어로 사용하는 것을 뜻하며 지시 대상과 언어 사용자가 모두 [남성]이라는 점은 기본의미와 동일하지만 어휘소의 선택·사용에 [태어난 순서]가 고려되지 않는다는 것이다. 이 때문에 언어 사용자는 지시 대상보다 나이가 많아도 [아내의 오빠]로 인지된다면 [형님]을 사용하게 된다.

(ㄹ)은 '손위 시누이' 즉 "남편의 누나", (ㅁ)은 '손위 동서' 즉 "시아주버니의 아내"에게 [형님]이 확장·사용되는 것을 뜻한다. 이때 언어 사용자와 지시 대상은 모두 [여성]이다. 이는 [형님]이 가지는 기본의미가 [남성]의 언어 사용자와 지시 대상을 가진다는 점에서 차이를 보인다. 또한 이 사용에서 언어 사용자와 지시 대상과의 [태어난 순서]는 어휘소의 선택에 중요한 요소가 아니다. 이처럼 친족어로 확장·사용되는 (ㄷ), (ㄹ), (ㅁ)의 경우 [태어난 순서]가 아니라 언어 사용자는 지시 대상과 자신의 [배우자와의 관계]를 고려하여 [형님]을 선택·사용한다. 즉 언어 사용자가 지시 대상보다 나이가 많아도 친족집단에서 [윗사람]의 속성은 [배우자와의 관계]를 고려하여 재구성되는 것을 나타낸다. 이 또한 친족어 [형님]의 기본적인 용법과 큰 차이를 보인다.

(ㅂ)은 [형님]이 비친족어로 확장·사용되는 또 다른 예이다. 앞서 (ㄴ)의 경우 (ㄱ)과 언어 사용자, 지시 대상이 동일한 속성을 가졌으나 (ㅂ)의 언어 사용자와 지시 대상은 모두 [여성]으로서 [형님]의 기본의미와 차이가 있다. 이 사용은 [언니]를 선택하는 것이 더 자연스럽게 느껴질 수 있다. 하지

만 [중년中年] 이상의 [여성]들 사이에서 이 표현은 자연스럽다. 즉 [높임]의 속성을 전달하기 위한 [언니]의 확장 어휘소가 없고 그 의미를 전달하기 위한 의도가 반영된 결과 [형님]이 확장·사용되는 것이다.

김광순(2015:187)은 [형]과 [형님]이 비친족 집단에서 사용될 때 같은 항렬의 남성으로 여길 수 없을 만큼의 나이차가 많은 경우에도 사용되는 것을 언급했다.

(38)

(ㄱ) 구라 형 때문에 반말하게 됐어요.

(ㄴ) 구라 형, 동엽 형님, '무한도전'의 재석 형님부터 멤버들 모두다…

(38)은 [형]과 [형님]이 비친족어로 사용되는 예를 정리한 것이다.

(ㄱ)에서 언어 사용자와 지시 대상의 나이차는 18살이다. 이는 [형님]을 사용하는 것조차 자연스러운 나이차는 아니지만 언어 사용자는 [형]을 자연스럽게 사용한다. 이는 언어 사용자와 지시 대상과의 관계에서 [친밀]의 속성을 공유하기 때문에 자연스럽게 사용할 수 있는 것이다. 이처럼 [형], [형님]이 비친족어로 확장·사용될 때 가장 중요한 속성은 [친밀]의 공유이다. 이 속성을 공유한 언어 사용자와 지시 대상은 [나이차]가 (ㄱ)과 같이 많더라도 그와 관계없이 [형], [형님]을 자연스럽게 사용하게 된다.

(ㄴ)에서 언어 사용자는 1970년생이다. 이때 1974년생인 김구라에게는 [형]을 지칭어로 사용하고 1972년생인 유재석에게는 [형님]을 지칭어로 사용하는 것을 알 수 있다. 이는 언어 사용자의 인지구조에서 김구라에게 [친밀]을 더욱 인지하기 때문이며 그 보다 덜 인지되는 대상에게는 [형님]

을 선택·사용하는 것이다. 이는 [친밀]의 정도는 [나이차]와 관계없이 [형]
과 [형님]의 선택·사용에 가장 중요한 속성임을 보여준다. 또한 [형님]이
[높임]의 속성만을 고려하여 사용되는 어휘소가 아님을 뜻한다.[84]

김광순(2015:185)은 [형님]의 경우 언어 사용자와 지시 대상과의 관계에
서 [친밀]이 아닌 [권력 거리]의 속성이 인지되었을 때에도 사용될 수 있음
을 언급했다. 이때 언어 사용자는 지시 대상에게 [친밀]의 속성과 [형님]의
[높임]의 속성을 함께 전달하게 된다. 이 외에도 [형님]은 다양한 전략적
방법으로 사용되며 "형님 현대차보다 더 무거운 짐 짊어진 기아차"처럼
[-사람]에게도 확장·사용되는 양상을 가진다.

[형兄]은 한자어다. 앞서 논의한 [아버지], [어머니], [할머니], [할아버지]
와 같은 어휘소는 우리말이며 이들이 호칭어로 사용되고 한자어는 지칭어
로 그 사용 영역이 구분되어 있었다. 하지만 [형兄]은 한자의 속성을 가진
어휘소이나 지칭어뿐만 아니라 호칭어로도 활발하게 사용된다. 앞서
[한자]의 속성을 가진 어휘소는 다양한 대상을 지칭할 수 있게 형식·확장
양상이 활발한 특징을 보였다. [형兄] 또한 그런 특징을 가지는데 이를 다
음과 같이 정리한다.

---

84) [형님]은 기본의미 외에 확장·사용 양상에서 [나이차]가 어휘소의 선택·사용에 크게
   작용하지 않고 여러 상황에서 복잡한 속성을 바탕으로 하여 사용되는 어휘소다. 더
   구체적인 내용은 김광순(2015:185)를 참고하도록 한다.

(가)	ㄱ: [남성], [-나이] ㄴ: [남성], [+나이]	아형阿兄, 백형伯兄, 장형長兄, 사백舍伯, 사형舍兄, 가형家兄, 차형次兄, 중형仲兄, 형주兄主, 준형俊兄, 우형愚兄, 엄형嚴兄, 망형亡兄, 선형先兄
		종형從兄, 이종형姨從兄, 외형外兄, 고종형姑從兄, 내종형內從兄, 외종형外從兄, 재종형再從兄, 삼종형三從兄, 척형戚兄, 족형族兄
		의형義兄, 이모형異母兄, [얼형孽兄], [서형庶兄], 이복형異腹兄
(나)	ㄱ: [여성], [±나이] ㄴ: [남성], [±나이]	형부兄夫, 시형媤兄
(다)	ㄱ: [남성], [-나이] ㄴ: [여성], [+나이]	여형女兄
(라)	ㄱ: [남성], [±나이] ㄴ: [여성], [±나이]	처형妻兄, 형수兄嫂
(마)	ㄱ: [남성], [±나이] ㄴ: [남성], [±나이]	매형妹兄, 인형姻兄, 자형姊兄

〈표25〉 {형}의 친족어로의 확장 어휘소

〈표25〉는 {형兄}이 친족어로 확장된 어휘소를 정리한 것이다.[85]

(가)의 언어 사용자와 지시 대상은 모두 [남성]이며 [태어난 순서]를 고려할 때 지시 대상이 언어 사용자보다 [윗사람]의 속성을 가지며 {형}의 원형에 가까운 속성을 유지한 사용 양상을 보인다. "주로 글에서, 형을 친근하게 부르는 말"을 뜻하는 {아형阿兄}, "맏형"을 뜻하는 {백형伯兄}, {장형長兄}, "남에게 자기의 맏형을 겸손하게 이르는 말"을 뜻하는 {사백舍伯}, {사형舍兄}, {가형家兄}, "둘째 형"을 뜻하는 {차형次兄}, {중형仲兄}, "형을 정중히 이르는 말"을 뜻하는 {형주兄主}, "자기의 형을 높여 이르는 말"을 뜻하는 {준형俊兄}, "말하는 이가 자기 형을 낮추어 이르는 말"을 뜻하는 {우형愚兄}, "엄한 형"을 뜻하는 {엄형嚴兄}, "죽은 형"을 뜻하는 {망형亡兄}, {선형先兄}과

---

85) "ㄱ"은 언어 사용자, "ㄴ"은 지시 대상을 나타내며 [+나이]는 "나이가 많음"을 [-나이]는 "나이가 적음"을 뜻하며 [±나이]는 "나이가 많고 적음과 관계없음"을 뜻한다.

같은 확장 어휘소는 언어 사용자의 [친형親兄]을 중심으로 확장된 어휘소다.

"사촌형"을 뜻하는 [종형從兄], "이종사촌인 형을 이르는 말"을 뜻하는 [이종형姨從兄], [외형外兄], "고종사촌인 형을 이르는 말"을 뜻하는 [고종형姑從兄], "고종형을 외종형에 상대하여 이르는 말"을 뜻하는 [내종형內從兄], "외사촌인 형을 이르는 말"인 [외종형外從兄], "육촌六寸 형"을 뜻하는 [재종형再從兄], "팔촌八寸이 되는 형"을 뜻하는 [삼종형三從兄], "성이 다른 일가 가운데 형뻘 되는 사람"을 뜻하는 [척형戚兄], "성과 본이 같은 일가 가운데 유복친 안에 들지 않는, 같은 항렬의 형뻘이 되는 남자"를 뜻하는 [족형族兄]과 같은 어휘소는 "친족과 외척을 아울러 이르는 말"을 뜻하는 [친척親戚]을 중심으로 [형兄]이 확장된 어휘소다.

"아버지나 어머니가 서로 다른 형"을 뜻하는 [의형義兄], "배다른 형. 또는 언니"를 뜻하는 [이모형異母兄], "정실에게서 난 아들이 첩에게서 태어난 형을 이르는 말"을 뜻하는 [얼형孽兄], [서형庶兄], "아버지 같고 어머니는 다른 형"을 뜻하는 [이복형異腹兄]과 같은 어휘소는 [부모父母]중 어느 한쪽의 [혈연]만을 공유한 대상에게 사용할 수 있는 어휘소다. 하지만 실제로 [의형義兄]을 제외한 나머지 어휘소가 [아버지의 혈연]을 공유한 대상에게 확장된다는 점에서 친족어가 [남성]을 중심으로 발달되어 온 양상을 다시 한 번 보여주는 예가 된다.

㈏에서 언어 사용자는 [여성]이다. 또한 언어 사용자와 지시 대상과의 [태어난 순서]는 어휘소의 선택·사용에 고려되는 속성이 아니다.

"언니의 남편을 이르거나 부르는 말"을 뜻하는 [형부], "남편과 항렬이 같은 사람 가운데 남편보다 나이가 많은 사람을 이르는 말"인 [시형媤兄]과 같은 어휘소가 그 예이며 이때 언어 사용자는 자신의 남편과 지시 대상과의 관계를 고려하여 어휘소를 선택·사용하게 된다.

㈐의 [여형女兄]은 "손위의 누이"를 뜻하는 말로서 [여성]의 속성을 가진 지시 대상에게 [형兄]이 확장된 예이다.

㈑에서 [처형妻兄]은 "아내의 언니를 이르거나 부르는 말"을 뜻하며 [형수兄嫂]는 "같은 부모에게서 태어난 사이거나 일가친척 가운데 항렬이 같은 남자들 사이에서 형의 아내를 이르는 말"을 뜻하는 어휘소다. ㈐와 같이 지시 대상이 [여성]이다. 하지만 언어 사용자와 지시 대상과의 [태어난 순서]는 고려의 대상이 아니며 [아내와의 관계] 혹은 [형과의 관계]를 고려하여 어휘소를 사용한다.

㈒는 언어 사용자와 지시 대상이 모두 [남성]이라는 점에서 [형]의 원형에 가깝지만 [태어난 순서]를 고려하지 않는 다는 점에서 차이를 보인다. "손위 누이의 남편을 이르거나 부르는 말"을 뜻하는 [매형妹兄], [자형姊兄], [인형姻兄]이 그 예이다.[86]

이상의 내용을 통해 [형]이 친족어로 확장된 어휘소의 사용 양상을 언어 사용자와 지시 대상을 중심으로 살펴봤다. [형]은 [남성]이 [남성]에게 사용하는 것을 기본으로 삼는다. 하지만 확장 양상을 살펴본 결과 [여성]이 언어 사용자가 될 수도 있었고 지시 대상이 될 수도 있었다. 또한 [친밀], [높임], [겸손]의 속성을 전달할 수 있는 확장 어휘소, [촌수寸數]를 구분하기 위해 확장된 어휘소, [아버지의 혈연]만을 공유한 대상에게 사용할 수 있는 어휘소, [태어난 순서]를 고려하지 않는 어휘소 등 다양한 속성을 중심으로 확장되는 것을 확인할 수 있었다.

---

86) 이때 [인형姻兄]은 "편지글에서 매제가 손위 처남을 높여 이르는 말"을 뜻하기도 한다.

(가)	ㄱ: [남성] [-나이] ㄴ: [남성] [+나이]	의형義兄, 영형令兄
(나)	ㄱ: [남성] [+나이] ㄴ: [남성] [-나이]	계방형季方兄
(다)	ㄱ: [남성] [±나이] ㄴ: [남성] [±나이]	귀형貴兄, 아형雅兄, 대형大兄, 인형仁兄, 맹형盟兄, 현형賢兄, 존형尊兄, 외형畏兄, 귀형貴兄, 학형學兄, 교형敎兄, 형장兄丈, 윤형允兄

〈표26〉{형}의 비친족어로의 확장 어휘소

〈표26〉은 {형兄}이 비친족어로 확장된 어휘소를 정리한 것이다. 김광순 (2015)는 {형}이 비친족 집단에서 호칭어나 지칭어로 사용될 때 언어 사용 자와 지시 대상과의 [친밀]의 공유가 가장 중요함을 언급했다. 하지만 〈표 26〉의 어휘소는 대부분 현대 언어생활에서 활발하게 사용되는 어휘소는 아니며 [친밀]과 크게 관계있는 어휘소도 아니다. 단지 전통 한국 언어문화 에서 {형兄}을 인지해 왔던 특징을 보여주는 예로 이해하면 좋을 것 같다.

(가)는 {형兄}의 원형에 가까운 속성을 중심으로 확장된 어휘소다. "의로 맺은 형"을 뜻하는 {의형義兄}, "남의 형을 높여 이르는 말"을 뜻하는 {영형 令兄}[87]이 그 예이다.

(나)는 나이가 많은 언어 사용자가 나이가 자신보다 어린 지시 대상에게 사용할 수 있는 {형兄}의 확장 어휘소로 "남의 사내 아우를 높여 이르는 말"를 뜻하는 {계방형季方兄}이 있다. 이는 {형兄}이 나이가 어린 비친족의 지시 대상에게 확장될 때 [높임]의 속성을 전달 할 수 있음을 보여주는 예가 된다.

(다)는 가장 활발한 형식 확장 어휘소를 가지는데 언어 사용자와 지시

---

87) {영형令兄}은 "편지 글에서 친구를 높여 이르는 말"을 뜻하기도 한다.

대상과의 관계에서 [태어난 순서]를 고려하지 않는 속성을 중심으로 확장 사용된 어휘소가 이 영역에 포함된다. "상대편을 친근하게 높여 이르는 말"인 [귀형貴兄], "남자男子 친구親舊끼리 상대자相對者를 높여 부르는 말"인 [아형雅兄], "편지글에서, 친구 사이에 상대편을 높여 이르는 이인칭 대명사"인 [인형仁兄], [대형大兄], "나이가 비슷하거나 아래인 사람을 낮추거나 친근하게 이르는 말"을 뜻하는 [맹형盟兄], [현형賢兄], "두려워하며 존경하는 형이라는 뜻으로, 친구를 대접하여 부르는 말"인 [외형畏兄], "같은 또래 사이에서, 상대편을 높여 이르는 말"인 [존형尊兄], "편지글에서 상대편을 친근하게 높여 이르는 이인칭 대명사"를 뜻하는 [귀형貴兄], "나이가 비슷하거나 더 많은 학우를 존대하여 이르는 말"인 [학형學兄], "나이가 엇비슷한 친구 사이에서, 상대편을 높여 이르는 이인칭 대명사"인 [형장兄丈], "같은 종교를 믿는 벗"을 뜻하는 [교형敎兄], "윗사람의 아들을 높여 이르는 말"인 [윤형允兄][88] 등이 있다. 이들 어휘소는 설명에 따라 약간의 차이가 존재하지만 '비슷한 또래의 남성'을 지시 대상으로 삼는다는 점에서 [형]의 원형과 거리가 있으며 [대우], [높임]와 관련된 속성을 중심으로 확장된 것을 확인할 수 있다.

이상의 내용을 통해 비친족어로 사용되는 [형]의 확장 어휘소를 살펴보았다. 현대 언어생활에서 비친족어로 사용되는 [형]은 [친밀]의 공유를 중요한 속성으로 삼으며 [나이차]가 많은 [남성]에게도 선택·사용이 가능한 어휘소다. 하지만 현대 언어생활에서 자주 사용되지 않는 전통 한국 언어문화의 특징을 보여주는 확장 어휘소들의 경우 언어 사용자는 자신과 나

---

88) [영식令息], [영랑令郎], [영윤令胤], [영자令子], [윤옥允玉] 등의 유의어를 가진다.

이가 비슷한 [남성]을 지시 대상으로 삼았고 언어 사용자와 지시 대상과의 [친밀]의 공유를 중요한 요소로 인지하는 것보다 지시 대상에게 [대우]나 [높임]의 속성을 전달하기 위한 의도로 [형]을 확장·사용해 왔음을 확인할 수 있었다.

2. [오빠]

[오빠]는 언어 사용자가 나이가 어린 [여성]이며 지시 대상은 언어 사용자보다 나이가 많은 [남성]일 때 사용이 자연스럽다. 이처럼 언어 사용자와 지시 대상과의 [태어난 순서]를 고려하여 어휘소를 선택·사용한다는 점에서 [형]의 사용양상과 동일한 것을 확인할 수 있다.

(39)

(ㄱ) 같은 부모에게서 태어난 사이이거나 일가친척 가운데 항렬이 같은 손위 남자 형제를 여동생이 이르거나 부르는 말.

(ㄴ) 남남끼리에서 나이 어린 여자가 손위 남자를 정답게 이르거나 부르는 말.

(39)는 「표준국어대사전」의 내용을 중심으로 [오빠]의 사전 의미를 정리한 것이다. (ㄱ)은 친족어로 사용되는 것을 뜻하는 [오빠]의 기본의미이며 (ㄴ)은 비친족어로 사용되는 [오빠]의 확장의미다. 비친족어로 확장·사용될 때 [형]의 사용 양상처럼 언어 사용자와 지시 대상과의 [친밀]의 공유가 가장 중요한 속성이 된다. 앞서 살펴본 [형兄]은 [한자]의 속성을 가진 어휘소로 형식 확장 양상이 친족어·비친족어와 관계없이 매우 활발한 것을

확인할 수 있었다. 반면에 {오빠}는 [한자]의 속성을 가진 어휘소가 아니다. 또한 어휘소의 확장 양상이 {형}에 비해 활발한 어휘소도 아니다.

속성	어휘소
㉮ [부모]	친오빠
㉯ [부모], [태어난 순서]	큰오빠, 맏오빠, 작은오빠
㉰ [높임]	오라버니, 오라버님
㉱ [높임], [-혈연], [친족], [여성]	오라버니댁
㉲ [낮춤]	오라비
㉳ [부정], [-친족]	기생오라비
㉴ [-친족]	오빠부대

〈표27〉 {오빠}의 형식 확장 어휘소

〈표27〉은 {오빠}의 형식 확장 어휘소와 그 속성을 정리한 것이다. {오빠}는 언어 사용자보다 [나이가 적은 여성]이 같은 항렬의 [나이가 많은 남성]에게 사용하는 어휘소로서 언어 사용자와 지시 대상은 같은 [부모]를 공유했을 때 원형에 가까운 사용 양상을 보인다.

이처럼 ㉮는 {오빠}의 원형에 가까운 어휘소로서 동일한 [부모]를 공유했느냐에 초점이 맞춰진 {오빠}의 확장 어휘소이다. 이때 {친親오빠}는 지칭어로 사용이 자연스러운 어휘소다.

㉯는 ㉮의 속성을 중심으로 [태어난 순서]가 추가로 고려된 {오빠}의 형식 확장 어휘소이다. "둘 이상의 오빠 가운데 맏이인 오빠를 이르는 말"을 뜻하는 {큰오빠}, {맏오빠}, "둘 이상의 오빠 가운데 맏이가 아닌 오빠를 이르거나 부르는 말"을 뜻하는 {작은오빠}가 있다.

㉔는 [높임]의 속성을 가진 {오빠}의 확장 양상으로 "오빠의 높임말"을 뜻하는 {오라버니}, "오라버니의 높임말"을 뜻하는 {오라버님}이 있다. 이는 {오빠}가 [높임]과 [더욱 높임]의 대상으로 확장된 어휘소를 가지고 있음을 보여준다.

㉕는 [-혈연의 친족 여성]에게 {오빠}가 확장된 예로서 "오빠의 아내"라는 뜻으로, "새언니를 높여 이르는 말"의 {오라버니댁}이 있다.

㉖는 [낮춤]의 속성을 가진 어휘소로 "오라버니의 낮춤말"을 뜻하는 {오라비}가 있다.

㉗의 {기생오라비}는 "기생과 같이 곱게 생기거나 몹시 모양을 내거나 잘 노는 남자를 낮잡아 이르는 말"을 뜻하는 어휘소로서 ㉖의 {오라비}가 비친족의 대상에게 확장된 예이며 [부정]의 속성을 가진다.

㉘ 또한 비친족의 대상에게 사용할 수 있는 어휘소로 "좋아하는 스타에게 열광하는 여성 팬 집단을 속되게 이르는 말"을 뜻하는 {오빠부대}가 있다.[89]

앞서 {형}이 친족 집단의 여러 관계를 지칭하는 어휘소로 활발히 확장·사용되고 있음을 확인했다. 하지만 {오빠}의 경우 {사촌오빠}, {이종오빠}, {고종오빠}와 같은 어휘소가 실제 언어생활에서 사용되고 있지만 「표준국어대사전」에 등재된 어휘소는 아니라는 점에서 친족 집단에서 {오빠}의 사용범위가 {형}에 비해 제한적임을 확인할 수 있다.

이상의 내용을 통해 확인한 {오빠}의 형식 확장 어휘소를 살펴봤다. 이

---

89) 사전의 정의는 이 어휘소를 [부정]으로 인지하고 있는 것으로 보여진다. 하지만 현대 언어생활에서 매우 일반적인 어휘소가 되었으며 [부정]의 존재가 아닌 특정 대상을 좋아하는 집단을 일컫는 뜻으로 사용되고 있기에 [-친족]의 속성만을 정리하도록 한다.

들 어휘소는 형식 확장이 활발하지 않은 편이다. 하지만 현대 언어생활에서 [오빠]는 "연애의 대상이 되는 남성"에게 호칭어로 사용하거나 [아내]가 [남편]에게 호칭어로 사용하는 것처럼 일상 언어 생활에서 매우 활발하게 사용되고 있다. 이 사용은 [젊음]의 속성을 가진 [부부]들 사이에 많이 사용되고 있다는 점에서 [세대世代]를 중심으로 [오빠]의 사용 빈도가 달라 질 수 있을 것이다.

(40)

㉠ 나이차가 많은 대상에게도 [친밀], [젊음]을 공유했을 때 사용이 가능하다.

㉡ 처음 본 특정 남성을 지칭할 때 [친밀], [나이차]와 관계없이 지시대상의 외형적 [젊음]을 인지할 때 [오빠]를 사용할 수 있다.[90)]

㉢ [아내]가 [남편]에게 호칭어로 사용한다.

(40)은 [오빠]가 비친족어로 사용될 때 다양한 상황에서 나타나는 특징을 김광순(2015:190)을 참고하여 다시 정리한 것이다.

[오빠]가 비친족어로 사용될 때 (39ㄴ)을 통해 언급한 것과 같이 "지시대상을 정답게 이르거나 부르는 말"로 사용되고 있다. 이는 실제 언어생활

---

90) "저기 춤추는 오빠들 춤겠다. / 저 오빠들은 아까부터 너 따라온다."와 같은 예문은 여성이 불특정 남성에게 [오빠]를 지칭어로 사용하는 예이다. 이때 언어 사용자와 지시 대상은 처음 만난 사이로 [친밀]을 공유하지 않으며 지시 대상의 나이도 모른다. 하지만 친족어 [오빠]를 지칭어로 자연스럽게 사용하는데 이는 언어 사용자가 지시 대상의 외형적 특징에서 [오빠]의 사용이 자연스러운 [젊음]의 속성을 인지했기 때문이며 이러한 [오빠]의 사용 양상은 [오빠]가 [젊음]의 속성만으로도 사용되고 있음을 보여준다.

에서 자연스럽게 나타나는 {오빠}의 확장 양상으로 언어 사용자와 지시 대상과의 [친밀]의 공유를 기본 전제로 삼는다. 이 내용을 (ㄱ)과 같이 정리한 것이다.

(41)

(ㄱ) 손연재, "유재석 오빠, 정준하 아저씨" 호칭정리 이유 밝혔다.

(ㄴ) '영원한 오빠' 이문세가 돌아왔다.

(41)은 (40ㄱ)의 예로서 김광순(2015:189)를 참고한 것이다. (ㄱ)에서 언어 사용자인 '손연재'는 지시 대상이 되는 '유재석'과 22살, '정준하'와 23살의 나이차를 가진다. 이들 모두 [아저씨]의 사용이 자연스럽지만 '유재석'에게 {오빠}를 선택·사용한다. 반면 '정준하'에게는 [아저씨]를 선택·사용한다. 이는 '유재석'에게 상대적으로 [젊음]의 속성을 더욱 인지했기 때문에 [나이차]와 관계없이 {오빠}를 선택·사용한 것이다. (ㄴ) 또한 58세인 이문세를 '영원한 오빠'로 지칭하는 데 이 또한 [젊음]의 속성을 유지하고 있으며 그 대상을 [친밀]의 존재로 인지하기 때문에 {오빠}를 자연스럽게 사용할 수 있는 것을 보여주는 예이다.

(40ㄴ)은 처음 본 남성을 지칭할 때도 {오빠}가 사용될 수 있음을 뜻한다. 이때 [친밀]의 속성은 중요하지 않으며 언어 사용자가 지시 대상에게 [젊음]의 속성만을 인지하면 사용이 가능하다.

(42)

(ㄱ) 길에서 호객 행위하는 오빠들 무서워요.

(ㄴ) 비교적 이른 오후 5시부터 놀다 가라고 하는 오빠들이 많아요.

(42)는 (40ㄴ)의 예로서 김광순(2015:190)을 참고한 것이다. 이 사용에서 언어 사용자는 지시 대상을 처음 만났으며 [-친밀]을 가진다. 하지만 지시 대상의 외형에서 [젊음]을 인지하여 {오빠}를 사용하는 것이다. 이때 지시 대상은 언어 사용자보다 나이가 어린 대상인 경우에도 제한을 받지 않는다. 즉 이 사용은 지속적으로 사용되지 않으며 지칭을 위한 일회적인 사용이기 때문에 [젊음]의 속성만 고려한 것이다.

이상의 내용을 통해 {오빠}의 형식·의미 확장 양상을 살펴보았다. {오빠}는 [여성]인 언어 사용자가 자신보다 나이가 많은 [남성]에게 사용할 수 있는 어휘소이며 친족어로 사용되는 것을 기본으로 한다. 특히 동일한 [부모]를 공유했을 때 가장 원형에 가까운 사용이 된다.

비친족어로 사용될 때는 [친밀]의 공유가 어휘소의 선택·사용에 가장 중요한 것을 확인할 수 있었다. 또한 [친밀]과 관계없는 특정 대상을 지칭하려는 의도가 있을 때 지시 대상의 외형에서 [젊음]을 인지하면 [나이차]와 관계없이 {오빠}가 지칭어로 사용될 수 있음을 확인했다.

3. {누나}

{누나}는 [남성]인 언어 사용자가 자신보다 나이가 많은 [여성]에게 사용할 수 있는 어휘소로 동일한 [부모]를 공유했을 때 원형에 가장 가까운 사용이 된다.

(43)

(ㄱ) 같은 부모에게서 태어난 사이거나 일가친척 가운데 항렬이 같은

　　사이에서 남자가 손위 여자를 이르거나 부르는 말.

(ㄴ) 남남끼리 나이가 적은 남자가 손위 여자를 정답게 이르거나 부르는 말.

(43)은 「표준국어대사전」을 통해 확인할 수 있는 (누나)의 사전의미를
정리한 것이다.

(ㄱ)은 친족어로 사용되는 (누나)의 기본의미이며 (ㄴ)은 비친족어로 사용
되는 (누나)의 확장의미이다.

(44)

(ㄱ) (누님)

(ㄴ) (큰누나), (작은누나)

(44)는 (누나)의 확장 어휘소를 정리한 것이다. 이 또한 (형)의 확장 양상
에 비해 형식 확장이 활발하지 않음을 알 수 있다. (ㄱ)의 (누님)은 (높임)이
추가된 형식 확장 어휘소이며 (ㄴ)은 (태어난 순서)를 중심으로 사용할 수
있는 확장 어휘소다. 또한 (사촌누나), (이종누나), (고종누나)와 같은 어휘
소도 현대 언어생활에서 사용되지만 「표준국어대사전」에 등재된 어휘소
는 아니다.

(45)

(ㄱ) (나이)가 많은 대상에게도 (친밀)을 공유하고 있다면 사용이 가능하다.

(ㄴ) {누나}는 [젊음]의 속성을 가진다.

(ㄷ) [친밀]을 더욱 공유한 연인, 부부 간의 호칭어로서의 사용은 제한된다.

(45)는 {누나}가 비친족어로 확장·사용될 때 확인할 수 있는 특징을 김광순(2015:194)를 참고로 하여 정리한 것이다.

(ㄱ)을 통해 {누나}는 언어 사용자와 지시 대상과의 관계에서 [친밀]을 공유할 경우 [나이차]가 많은 [여성]에게도 호칭어로 사용할 수 있음을 확인할 수 있다. 이는 앞서 살펴 본 {형}, {오빠}의 사용 양상과 동일하다.

(ㄴ)은 {누나}가 [젊음]의 의미를 포함하고 있는 것을 뜻한다.

(46)

(ㄱ) 제발 누나라고 해, 선생님이라고 하지마.

(ㄴ) 이아현, 강남에 "누나라고 불러줘서 고맙다."

(46)은 김광순(2015:193)의 내용을 참고한 것이다. (ㄱ)에서 언어 사용자와 지시 대상과의 나이차는 21살이다. 이는 {누나}로 불리는 것이 자연스런 나이차가 아니다. 또한 두 사람은 처음 만난 상황에서 서로의 호칭어를 선택해야하는 상황에서의 대화내용이다. 이때 언어 사용자는 자신에게 {선생님}을 호칭어로 선택·사용하는 [남성]에게 {누나}를 호칭어로 선택하라고 요청하고 있다. 이는 자신이 {선생님}으로 불리면서 인지될 수 있는 [나이차]와 관련된 속성을 꺼리며 {누나}가 가지는 [친밀], [젊음]의 속성으로 인지되길 바라는 의도가 포함된 것이다.

(ㄴ)에서 언어 사용자와 지시 대상의 나이차는 15살이다. 언어 사용자는

자신이 (누나)로 호칭된 것을 감사히 여기고 있다. 이는 (누나)를 사용하여 나이가 많은 대상이 아닌 것처럼 인지될 수 있기 때문에 [고마움]을 전달하는 것이다. 이처럼 모국어 화자인 [여성]은 자신이 (누나)로 불릴 때 [젊음] 혹은 [긍정]과 관련된 속성으로 자신을 인지하고 있음을 보여주는 예로 이해할 수 있다. 또한 (누나)는 불특정 여성에게 지칭어로 사용되지 않는 점에서 (오빠)와 차이가 있다.

(45ㄷ)은 [친밀]을 더욱 공유한 [연인], [부부]사이에서 (누나)가 호칭어로의 사용이 제한되는 것을 뜻한다. 같은 친족어인 (오빠)가 연인이나 (부부)들 사이에서 자연스럽게 사용되는 것과 대조된다. 이는 언어 사용자보다 지시 대상의 나이가 많아 상대적으로 [늙음]의 속성으로 인지되는 것을 거부하는 [여성]의 의도가 사용을 제한하는 것으로 볼 수 있다. 또한 [부부]의 경우 [윗사람]의 속성을 가진 [남성]이 [윗사람]의 속성을 가진 어휘소인 (누나)를 선택·사용하는 것이 자연스럽지 않은 것이다. 이를 바탕으로 [혼인]으로 맺어진 [부부]사이에서 [윗사람]의 속성은 [나이차]와 관계없이 [남성]의 속성이 관여하는 것을 확인할 수 있다.

4. (언니)

(언니)는 [여성]인 언어 사용자와 지시 대상이 [태어난 순서]를 고려하여 선택·사용하는 어휘소다. 앞서 논의한 (형), (오빠), (누나)처럼 동일한 [부모]를 공유하고 있을 때 가장 원형에 가까운 사용이 된다.

(47)

　(ㄱ) 같은 부모에게서 태어난 사이이거나 일가친척 가운데 항렬이 같은 동성의 손위 형제를 이르거나 부르는 말. 주로 여자 형제 사이에 많이 쓴다.

　(ㄴ) 남남끼리의 여자들 사이에서 자기보다 나이가 위인 여자를 높여 정답게 이르거나 부르는 말.

　(ㄷ) 새언니.

　(47)은 「표준국어대사전」을 통해 확인한 {언니}의 사전 정보를 정리한 것이다. (ㄱ)은 {언니}의 기본의미이며 (ㄴ)은 비친족어로 {언니}가 확장·사용되는 예이다. (ㄷ)은 "오빠의 아내를 이르거나 부르는 말"을 뜻하는 {새언니}, {올케언니}처럼 사용할 수 있는 {언니}의 확장 의미이며 언어 사용자와 지시 대상은 [-혈연의 친족] 관계이다. 이상의 내용을 통해 {언니}는 친족어와 비친족어로 사용될 수 있음을 확인할 수 있다.

　지금까지 논의의 대상이 되었던 {아버지}, {어머니}, {할아버지}, {할머니}, {아들}, {딸}, {형}, {오빠}, {누나}와 같은 어휘소는 [높임]의 속성이 포함된 확장 어휘소인 {아버님}, {어머님}, {할아버님}, {할머님}, {아드님}, {따님}, {형님}, {오라버니}, {누님}과 같은 어휘소를 가진다. 반면 {언니}의 경우 별도의 확장 어휘소가 존재하지 않기 때문에 [높임]을 전달할 때 {형님}을 사용한다.

(48)

(ㄱ) 친언니, 큰언니 맏언니, 작은언니.

(ㄴ) 새언니, 올케언니.

(48)은 {언니}의 확장 어휘소를 정리한 것이며 모두 친족어로 사용되는 공통점을 가진다.

(ㄱ)은 [태어난 순서]를 고려하여 확장된 어휘소로서 동일한 [부모]를 공유한 관계에서 선택·사용할 수 있는 어휘소다.

실제 언어생활에서 [사촌四寸]관계에 있는 친족을 지칭할 때 {사촌언니}, {이종언니}, {고종언니}와 같은 어휘소를 선택·사용하고 있다. 하지만 「표준국어대사전」에 등재된 어휘소는 {형}의 확장 어휘소인 {고종형}, {이종형}뿐이다. 하지만 {고종누나}, {이종누나}, {고종오빠}, {이종오빠}, {고종언니}, {이종언니}가 현대 언어생활에서 사용되고 있으며 {형}이 등재된 상황에 그와 대등한 관계인 이들 어휘소가 「표준국어대사전」에 등재되지 않았다는 점은 추후에 다시 논의하여 바로 잡아야할 과제라고 여겨진다.

(ㄴ)은 [-혈연]의 친족에게 {언니}가 확장된 예이다. {새언니}는 "오빠의 아내를 이르거나 부르는 말"로서 {올케언니}와 유의관계에 있는 어휘소다. 이때 [나이차]는 어휘소의 선택에 중요하지 않으며 언어 사용자의 [배우자와의 관계]가 어휘소의 선택·사용에 중요한 속성으로 작용한다. 이는 {언니}의 원형에서 멀어진 확장 양상으로 볼 수 있다.

(49)

(ㄱ) 아줌마 대신 언니가 사용되며 [대우]의 속성을 전달한다.

(ㄴ) 나이가 어린 여성에게 [젊음]을 인지했을 때 사용한다.

(49)는 김광순(2015:197)을 참고하여 정리한 것으로서 (언니)가 비친족어로 사용될 때 나타나는 특징이다.

(ㄱ)은 [나이차]가 많이 나서 (아줌마)로 불리는 것이 자연스러운 대상에게 (언니)가 사용되는 것을 뜻한다. (언니)는 앞서 살펴본 다른 어휘소와 달리 [-친밀]의 대상에게도 호칭어나 지칭어로 비교적 자연스럽게 확장·사용된다. 김광순(2015:199)은 이를 (아줌마)가 현대 언어생활에서 부정적인 어휘소로 인지되기 때문이며 그 부정적인 속성을 전달하지 않기 위한 언어 사용자의 전략으로 (언니)를 사용한 것으로 설명했다. 이러한 사용은 식당이나 백화점의 종업원에게 (언니)를 자연스럽게 사용하는 것처럼 [친밀]의 공유없이 사용하여 [대우]의 속성을 전달할 수 있다.

(ㄴ)은 특정 지시 대상에게 [젊음]의 속성을 인지했을 때 사용하는 예로서 지시 대상의 나이와 관계없이 (언니)를 사용하며 (오빠)의 사용 양상과 동일한 특징을 보인다. 이때 [친밀]의 공유는 어휘소의 선택·사용에 중요한 요소는 아니다.

5. (동생)

(동생)은 나이가 많은 언어 사용자가 나이가 어린 [남성]이나 [여성]을 지칭하는 어휘소로서 동일한 [부모]를 공유하고 있을 때 원형에 가장 가깝게 사용될 수 있다. 대부분의 상황에서 지칭어로 사용되며 활발하지 않지

만 {동생아}와 같은 형태로 확장하여 호칭어로도 사용이 가능하다.

(50)

(ㄱ) 같은 부모에게서 태어난 사이거나 일가친척 가운데 항렬이 같은 사이에서 손윗사람이 손아랫사람을 이르거나 부르는 말.

(ㄴ) 항렬이 같은 사이에서, 손윗사람이 혼인한 손아랫사람을 이름 대신 부르는 말.

(ㄷ) 남남끼리의 사이에서 나이가 많은 사람이 나이가 적은 사람을 정답게 이르거나 부르는 말.

(50)은 {동생}의 사전정보를 정리한 것이며 이를 통해 친족어와 비친족어로 사용되는 것을 확인할 수 있다.

(ㄱ)은 {동생}의 기본의미이며 동일한 {부모}를 공유한 관계에서 사용될 수 있음을 보여준다. 또한 친척에게도 사용될 수 있는 어휘소임을 보여준다.

(ㄴ)은 {혼인}의 속성을 가진 {동생}을 {대위}하기 위한 의도로 {이름} 대신 호칭어로 사용하는 것을 뜻한다. 이는 이름을 직접 부르는 방법 대신 사용하여 지시대상의 체면을 보호하려는 의도가 포함된 것으로 볼 수 있다. 하지만 현대 언어 생활에서 이와 같은 사용이 자연스러운 편은 아니다.[91]

(ㄷ)은 {동생}이 비친족의 대상에게 확장·사용되는 것을 뜻한다. 지금까지 살펴본 (ㄱ), (ㄴ), (ㄷ)에서 {동생}의 사용을 가장 자연스럽게 하는 속성은

---

91) {동생}과 유의관계에 있는 {아우}의 경우 {높임}의 속성을 전달하려는 의도가 포함되어 {아우님}과 같은 확장 어휘소를 가지기도 한다. 실제로 이 표현은 비친족의 남자들 사이에서 아랫사람에게 {대위}의 속성을 전달하려는 의도로 사용되기도 한다.

[태어난 순서]이다. 즉 같은 항렬의 언어 사용자가 지시대상보다 나이가 많아 [윗사람]의 속성을 가질 때 사용이 가장 자연스러운 것이다. 또한 동생은 실제 언어생활에서 {동네동생}, {학교동생}, {이웃동생}과 같이 확장하여 비친족어로 사용되기도 한다.

속성	어휘소
(ㄱ). [부모]	친親동생
(ㄴ). [부모], [태어난 순서]	제밑동생, 막냇동생
(ㄷ). [부모], [성별]	남동생, 여동생, 누이동생
(ㄹ). [배우자와의 관계]	시동생
(ㅁ). [-혈연], [-친족]	젖동생
(ㅂ). [아버지를 공유]	이복異腹동생, 얼동생
(ㅅ). [어머니를 공유]	동복同腹동생, 이부異父동생

〈표28〉 {동생}의 형식·의미 확장 어휘소

〈표28〉은 {동생}의 확장 어휘소를 속성별로 정리한 것으로 대부분 지칭어로 사용이 자연스러운 어휘소다.

(ㄱ)은 동일한 [부모]를 공유한 대상에게 사용할 수 있는 어휘소를 뜻한다. 이때 [성별]의 구분은 중요하지 않으며 [부모]의 공유에만 초점을 둔 {동생}의 확장 양상이다.

(ㄴ)은 (ㄱ)의 속성을 중심으로 [태어난 순서]가 추가된 {동생}의 형식 확장 어휘소다. "성별이 같은, 자기 바로 밑의 동생"을 뜻하는 {제밑동생}, "막내 아우"를 뜻하는 {막냇동생}이 그 예이다.[92]

---

92) {막냇동생}이 "막내아우"로 정리된 것은 문제가 있어 보인다. {동생}은 [남성]과 [여성]을 모두 포함한 어휘소다. 하지만 {아우}는 {남자동생}을 지칭한다. 이는 {막냇동생}이 "막내 남자 아우"만을 지칭하는 것처럼 여겨질 수 있다. 이 같은 방법으로 「표준국어

「표준국어대사전」에 등재된 어휘소는 아니지만 [태어난 순서]를 중심으로 [첫째동생], [둘째동생]과 같은 어휘소를 사용할 수 있다. 또한 [친척동생], [이종동생], [사촌동생], [육촌동생]과 같은 어휘소도 사용될 수 있으나 「표준국어대사전」에 등재되어 있지 않다.

(ㄷ)은 (ㄱ)을 중심으로 [성별性別]의 속성이 포함된 [동생]의 확장 어휘소다. 이때 [누이동생]은 "같은 부모에게서 태어난 사이이거나 일가친척 가운데 항렬이 같은 사이에서, 남자의 나이 어린 여자 형제"를 뜻한다.

(ㄹ)은 [성별]과 언어 사용자의 [배우자와의 관계]를 고려한 [동생]의 형식 확장 어휘소다.[93] 이때 언어 사용자와 지시 대상과의 [태어난 순서]는 어휘소의 선택·사용에 중요한 요소가 아니며 "남편의 남동생을 이르는 말"인 [시동생]이 있다.[94]

(ㅁ)은 [-혈연]과 [-친족]의 속성을 가진 대상에게 [동생]이 확장 사용되는 것을 나타낸다. "자기의 유모乳母가 낳은 아들이나 딸"을 뜻하는 [젖동생]이 있으나 현대 언어생활에서 그 관계가 거의 존재하지 않기에 활발하게 사용되는 어휘소는 아니다.

[동생]은 언어 사용자와 지시 대상이 [아버지]나 [어머니]중 어느 한 쪽만을 공유했을 때에도 (ㅂ), (ㅅ)처럼 확장·사용이 가능하다. "아버지는 같고 어머니가 다른 동생"을 뜻하는 [이복동생]과 "배다른 동생"을 뜻하는 [얼동

대사전」에서 정리한 표현은 다시 고려해야 할 필요가 있다고 여겨진다.

93) [혼인]을 중심으로 새롭게 형성된 친족관계의 경우 [태어난 순서]는 어휘소의 선택에 중요한 요소가 아니며 [배우자와의 관계]가 같은 항렬의 언어 사용자와 지시 대상 사이에서 가장 중요한 속성이 된다. 이는 [형], [언니], [오빠], [누나]의 확장 양상을 통해서도 확인할 수 있었다.

94) [시누이]도 이에 포함될 수 있으나 [남편]의 [여동생], [누나]를 모두 지칭할 때 사용될 수 있는 [누이]의 특성상 [동생]만을 지칭하지 않기에 제시하지 않았다.

생)은 [아버지]만을 공유한 관계이며 "한 어머니에게서 난 동생" (동복同腹동생), "아버지는 다르고 어머니가 같은 동생"의 뜻을 가진 (이부異父동생)과 같은 어휘소는 [어머니]만을 공유한 어휘소다.

이상의 내용을 통해 (동생)의 형식 확장 어휘소를 살펴보았다. (동생)은 지칭어로 사용이 자연스러우며 호칭어로 사용될 때 대부분 지시 대상의 (이름)을 선택한다. 또한 (남동생)의 경우 [대우]의 표현을 전달할 수 있는 (아우)가 존재하는 것을 확인할 수 있었다.

한국어
친족어의
의미

제3장

/

한국어
친족어의
의미 관계

한국어
친족어의
의미

Ⅲ. 한국어 친족어의 의미 관계

/

    이 장에서는 지금까지 살펴본 친족어들의 의미와 관계에 대해 새로운 관점을 활용한 논의를 하려고 한다.

    지금까지의 논의를 통해 살펴본 [남편], [아내], [아버지], [어머니], [아들], [딸], [형], [누나], [언니], [오빠], [동생], [할아버지], [할머니]는 친족어로 사용될 때 언어 사용자와 지시 대상과의 관계에서 호칭어, 지칭어로 선택될 수 있는 다양한 확장 어휘소를 가졌으며 언어 사용자는 상황에 맞는 어휘소를 호칭어와 지칭어로 선택·사용하는 친족어의 용법을 1장을 통해 살펴봤다. 또한 이들 어휘소는 각각의 형식·의미 확장 양상도 매우 활발했으며 친족뿐만 아니라 비친족의 대상에게도 활발히 확장·사용되는 양상을 보였다. 이처럼 각각의 어휘소가 가지는 형식·의미 확장 양상은 2장의 내용을 통해 살펴봤다.

    이장에서는 이와 같은 내용을 중심으로 지금까지 논의되어 온 이들 어휘소들의 관계에 대해 저자의 주관적인 생각을 객관적인 근거를 들어 논의하려고 한다.

어휘소의 관계에 대한 연구는 의미론을 연구하는 분야에서 지금까지 활발히 논의되어 왔다. 신현숙(2012)은 어휘소의 의미 관계를 계열관계와 결합관계로 구분하여 설명하였으며 계열 관계는 유의관계synonymy, 반의관계antonym, 상하관계hyponymy, 부분관계meronymy 등으로 구분하였다. 이 내용을 이 장에서 논의의 대상이 되는 어휘소들의 의미 관계를 구분하는데 필요한 기준을 제공하는 잣대로 삼으려고 한다.

지금까지 친족어를 논의의 대상으로 삼은 연구는 활발하게 진행되어오지 못 했다. 사전을 정리하거나 기초어휘를 논의하는 과정에서 [성별性別]에 의한 대립 관계에만 초점을 둔 기본적인 논의만 이뤄진 상황이다. 즉 [남편]과 [아내], [아버지]와 [어머니], [아들]과 [딸], [할머니]와 [할아버지]를 [성별性別]에 의한 대립관계 정도로 논의한 선에서 멈춰 있다. 이들 어휘소의 다양한 용례를 바탕으로 더 구체적인 논의는 지금까지도 이뤄지지 않고 있다. 하지만 지금까지의 논의를 통해 살펴본 이들 어휘소의 용법, 형식·의미 확장 양상은 이들 어휘소의 관계를 '[성별性別]을 중심으로 형성된 대립관계'만으로 설정하기에 너무 다양하고 복잡한 양상을 가진다.

이 장에서는 이들 어휘소의 의미관계를 확인하기 위해 각각의 어휘소가 가지는 원형의미와 확장의미의 양상과 그 속성을 다시 정리하고 이를 [성별性別]에 의한 대립의 관계로 제한하여 추가적인 논의를 멈출게 아니라 특정 다른 속성에 의하여 형성될 수 있는 다양한 관계가 존재할 수 있다는 가정을 바탕으로 논의를 시작하도록 한다.

01. {남편}과 {아내}

{남편}과 {아내}는 [혼인]을 공통의 속성으로 삼으며 [남성男性]과 [여성女性]의 속성을 중심으로 대립의 관계를 형성하는 것으로 알려진 어휘소다. 실제로 다음 그림은 두 어휘소를 대립의 관계로 인지하고 있음을 보여주는 예이다.

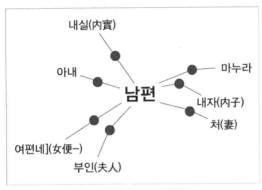

〈그림1〉 {남편}과 {아내}의 기존의 의미관계

〈그림1〉은 김광해의 「유의어·반의어 사전」의 내용을 바탕으로 시작하여 「넓은 풀이 우리말 유의어 대사전」과 「넓은 풀이 우리말 반의어 사전」의 내용을 종합하여 만든 "낱말 창고"1)에서 정리한 {남편}과 {아내}의 관계에 대한 단어망의 일부로서 기존의 연구에서 {남편}의 대립관계에 있는 어휘소로 {아내}와 그 확장 어휘소를 설정하고 있음을 확인할 수 있다.2) 또한

---

1) 낱말창고(http://www.wordnet.co.kr)는 '유의어 사전', '반의어 사전', '방언사전', '한-한-영 사전', '영-영-한 사전', '낱말망' 등의 자료를 제공하는 인터넷 사이트로서 {남편}을 검색한 결과 {아내}를 대립관계로 정리하고 있다.
2) 반의관계에 대한 용어는 대립어, 상대어, 맞선말 등 다양한 유형이 있으나 본 연구에

[아내]와 유의관계에 있는 어휘소로 [부인夫人], [부인婦人], [색시], [처첩妻妾], [안], [안사람], [여편네], [집], [집사람], [처妻], [실내室內], [가내家內], [댁宅], [마누라]을 설정하고 있다. 이는 이와 같은 다양한 확장 어휘소와 [남편]이 대립의 관계에 있음을 보여주는 예이다.

윤평현(2009:145)는 [남편]과 [아내]가 상대적 관계를 형성하고 있으면서 의미상 대칭을 이루고 있는 특징을 바탕으로 관계 반의어relative antonymy로 설정했으며 반의어 중에서 서로 대체될 수 있는 두 단어 사이의 관계를 나타내는 특징을 바탕으로 역의관계converse로 설정했다. 이러한 예는 [남편]과 [아내]를 대립관계로 여기는 기존의 보편적 관점을 보여주는 또 다른 예이다.3)

이처럼 친족어의 의미 관계에 대한 논의는 [성별性別]을 논의에 가장 중요한 요소로 활용해 왔다. 이처럼 [성별性別]을 중심으로 [남편]과 [아내]가 대립관계에 있는 어휘소라면 [아버지]와 [어머니], [할아버지]와 [할머니] 또한 대립의 관계로 설정할 수 있을 것이다. 하지만 각각의 어휘소가 가지고 있는 속성의 차이가 존재하는 것을 앞선 논의를 통해 확인했다. 그런 개별적인 확장 양상을 모두 참고하여 정리하지 않고 가장 눈에 잘 띄는 하나의 특징만으로 이들 어휘소의 관계를 단정할 수 있을 지에 대한 추가적인 논의는 아직 구체적으로 이뤄지지 못한 실정이다. 이에 새로운 관계를 설정할 수 있는 가능성과 필요가 있다고 판단하여 이 [남편]과 [아내]의 확장 양상을 다시 정리해보도록 한다.

서는 신현숙(2012:76)의 용어선택을 참고하여 대립관계를 사용하기로 한다.
3) 이 관계에 포함되는 것이 [부모]와 [자식], [할아버지]와 [손자], [신랑]과 [신부]등이 있음을 언급했다.

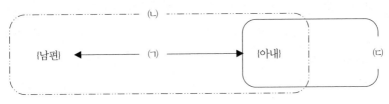

〈그림2〉 {남편}과 {아내}의 의미 확장 양상

〈그림2〉는 2장의 논의를 바탕으로 {남편}과 {아내}의 의미 확장 양상을 정리한 것이다. (ㄱ)은 {남편}과 {아내}가 대립관계로 인지되는 것을 나타낸다. 이를 가능하게 하는 속성이 [남성]과 [여성]의 대립인 [성별性別]이다.[4]

(ㄴ)은 {남편}과 {아내}가 동일한 속성으로 확장된 영역이다. 두 어휘소는 모두 [높임], [새로움]의 속성을 공유하며 이를 나타내는 어휘소가 {바깥양반}, {부인婦人}, {신랑}, {색시}, {각시}, {신부}와 같은 어휘소가 있다.

(ㄷ)은 {아내}의 의미 속성이 확장된 영역으로 [낮춤], [부정], [친밀] 등의 속성을 가진 {마누라}와 {여편네}와 같은 어휘소가 있다. 반면에 이런 속성을 가진 {남편}의 확장 어휘소는 존재하지 않는다. 즉 (ㄷ)의 영역에 속한 어휘소들은 {남편}과 아무런 관계가 없는 어휘소로도 볼 수 있는 것이다. 오히려 [높임]의 속성을 가진 {아내}의 확장 영역에 속한 어휘소들이 (ㄷ)에 포함되는 어휘소들과 대립관계를 형성하는 것으로 볼 수 있다. 이는 {남편}과 {아내}의 기본의미가 대립관계를 가진다고 이들의 형식·확장의미 또한 대립관계로 설정할 수 없음을 보여주는 것이다. 이는 앞서 대립관계

---

4) 이는 어휘소가 가지는 기본의미에서 쉽게 인지되었던 탓에 이 관계가 자연스럽게 형성되었다. 하지만 이 두 어휘소는 매우 다양한 형식·의미 확장 영역을 가진다. 이런 구체적인 양상을 모두 고려했을 때 이 어휘소들의 관계를 '대립관계'만으로 한정할 수 있을 지에 대해 고려가 필요하다.

로 설정했던 다른 어휘소들 또한 동일하게 고려되어야 할 것이다. 또한 [중년中年의 여성]에게 사용이 자연스러운 [부인夫人], [부인婦人], [마누라]와 [젊음]의 속성을 지닌 [신부], [색시], [각시]와 같은 어휘소 또한 그 사용 영역에 있어 대립의 관계로 볼 수 있다. 이처럼 같은 어휘목록에서도 그 의미 관계에 따라 다양한 관점의 논의가 가능하며 단순히 [성별性別]만으로 친족어의 의미 관계를 논의할 수 없음을 이러한 논의를 통해 확인할 수 있다.

Aitchison(2012)는 새 말의 탄생을 "새로운 의미를 표현하기 위한 필요성이 언어 사용자에게 나타난 결과"로 설명했다. 이 내용을 참고하면 지금까지의 논의를 통해 [남편]과 [아내]의 다양한 형식·의미 확장 어휘소들이 새말에 해당되며 이들 어휘소가 가지는 개별적인 속성들이 언어 사용자의 새로운 표현 욕구가 되는 것이다.

속성	[남성]	[여성]
[혼인]	남편男便	아내
[높임]	바깥양반, 바깥사람	부인婦人, 부인夫人, 집사람, 안사람
[새로움]	신랑新郞	신부新婦, 각시, 색시
[한자]	부夫	처妻
[낮춤]/ [친밀]		마누라
[부정]		여편네
[영어]		와이프Wife

〈표1〉 [부부夫婦]의 친족어 비교

〈표1〉은 [남편]과 [아내]의 형식 확장 어휘소 일부와 그 속성을 정리한 것이다. [혼인], [높임], [새로움], [한자]의 속성은 두 어휘소 모두가 가지는

236 한국어 친족어의 의미

공통의 속성이며 이를 어휘소의 형식 확장을 통해 확인할 수 있었다. 반면에 [낮춤], [부정]은 [남편]에게 그 의미를 전달할 수 있는 특별한 어휘소가 없다는 점에서 차이를 보인다. 또한 [아내]는 [영어]의 속성을 지닌 [와이프 Wife]가 현대 언어생활에서 지칭어로 자연스럽게 사용되고 있지만 [남편]을 뜻하는 [Husband]는 그 만큼 자연스럽게 사용되지 않는다.

이처럼 [아내]를 다양한 속성으로 나타낼 수 있는 어휘소가 많은 것은 새로운 의미로 표현하려는 언어 사용자의 욕구가 [남편]보다 [아내]에게 집중된 것으로 해석할 수 있다. 또한 [부정]의 속성을 가진 확장 어휘소가 [남편]에게 없는 것은 [남성]이 [여성]보다 사회적으로 우위에 있는 존재로 인지되기 때문에 [남편]을 지칭할 [아내]가 [부정]의 속성으로 그 대상을 표현하는 것을 금기시 한 결과로 이해할 수 있다. 실제로 임지룡(2007:418)은 [남성]과 [여성]의 합성어의 어순에서 [부부夫婦], [부모父母], [신랑신부]와 같이 [남성]이 [여성]의 앞에 있으며 이를 무표항Unmarked[5])에 가까운 것으로 설정했다. 이는 [남성]이 우위에 있는 존재로 해석할 수 있는 여지를 나타내는 예이다.

반면에 [낮춤]의 속성이 포함된 [연놈], [에미애비]와 같은 어휘소나 [-사람]의 속성을 가진 대상에게 사용할 수 있는 [암수], [자웅]처럼 [여성]이 [남성] 앞에 자리하는 것을 통해 한국 언어사회에서 [남성]을 [여성]보다 긍정적인 존재로 인식했고 [여성]을 [남성]보다 부정적인 존재로 인식해 온 한국 언어문화의 특징을 보여주는 것으로 설명했다.

또한 [높임]의 속성을 가진 [부인夫人], [부인婦人]이 [귀부인貴婦人], [모부

---

5) Martin Haspelmath (2006:26)은 무표항을 형태가 단순하며 일반적인 것으로 설명했고 유표항은 형태적으로 복잡하며 그 개념이 어려우며 특수한 것으로 설명했다.

인母夫시, [존부인尊夫시]처럼 [더욱 높임]을 나타내는 별도의 확장 어휘소가 존재하는 것은 [여성]이 [높임]을 무표항으로 가지지 않기 때문에 그를 표현하려는 '언어 사용자의 욕구'가 반영된 결과로 해석할 수 있다.

반면에 [남성]의 속성을 가진 [남편]은 [높임]을 무표항으로 가지기 때문에 이러한 속성을 전달하기 위한 별도의 확장 어휘소가 다양하게 존재하지 않는다.[6] 이처럼 [남편]과 [아내]는 어휘소가 가지는 의미 속성만으로 관계를 살펴보면 [성별性別]을 중심으로 대립관계를 이루나 그 확장 어휘소의 의미를 중심으로 살펴보면 [남편]과 대립관계뿐만 아니라 [아내]의 확장 영역 내에서 대립관계를 이루는 어휘소가 존재하는 것을 알 수 있다. 또한 [남편]이 [아내]보다 [긍정], [높임]의 속성을 지닌 대상으로 인지되어 왔음을 확인했는데 이를 바탕으로 성의 불평등관계 또한 이들에게서 나타나는 것을 확인할 수 있다.

(1)

(ㄱ) 외처外妻, 다처多妻

(ㄴ) 공처가恐妻家, 애처가愛妻家

(1)은 [처妻]의 확장 어휘소 일부를 정리한 것이다. 이때 (ㄱ)은 [첩妾]에게 사용될 수 있는 어휘소다. [첩妾]은 [아내]외에 혼인의 관계를 유지하는 다

---

6) [높임]의 속성을 표현하기 위해 [남편]이 확장된 어휘소는 존재하지 않는다. 〈표1〉에서 [바깥양반], [바깥사람]과 같은 어휘소가 [높임]을 전달하려는 의도로 확장된 것으로 볼 수 있으나 이들 어휘소 모두 [남편]이 핵심이 되어 확장된 어휘소는 아니며 [일]에 초점이 맞춰졌다는 점에서 [남편]을 [높임]의 속성을 무표항으로 가지는 어휘소로 설정할 수 있게 한다.

른 여성에게 사용하는 어휘소이다. 이런 의미를 가진 어휘소는 [처妻]의 확장 어휘소 외에도 [여성]의 속성을 가진 [어머니], [할머니]의 확장 어휘소에서도 확인할 수 있었다. 반면에 이와 반대되는 상황 즉 정식으로 혼인한 [남편] 외에 함께 사는 [남성]을 지칭할 수 있는 어휘소는 존재하지 않는다. 또한 전통 한국 사회에서는 그 관계를 매우 부정의 대상으로 여겨왔으며 매우 엄격하게 처벌되어 왔다.

(ㄴ)은 [남편]이 "아내에게 잘해주는 행위"나 "아내에게 눌려 지내는 행위"를 지칭할 때 사용할 수 있는 어휘소다. 이를 바탕으로 현대 한국 사회에서는 이런 특정 행위를 하는 [남성]을 특별한 대상으로 인지하고 그 특징과 관련된 속성을 유표항으로 여기고 있음을 나타내는 어휘소로 이해할 수 있다. 반면 [아내]의 경우 이러한 어휘소가 없는데 이는 [아내]의 이러한 행동을 무표항으로 설정해 왔고 그러한 속성을 당연하게 여기고 있기 때문이다. 이러한 예는 한국사회에서 [남성]의 속성을 가진 [남편]과 [여성]의 속성을 가진 [아내]와의 관계에서의 사회적 지위가 [남성]이 우위에 있음을 보여주는 예이다. 이는 [남성]을 상위 존재로 인지하고 있는 친족어의 용법을 통해서도 확인할 수 있었다. 이처럼 [남편]과 [아내]는 그 확장 양상을 바탕으로 관계를 논의할 경우 대립관계 외에도 논의될 수 있는 다양한 관계를 형성하고 있음을 확인할 수 있게 한다.

02. {아버지}와 {어머니}

{아버지}와 {어머니}는 {남편}과 {아내}의 관계처럼 부부 관계를 형성하는 어휘소다. 이들 어휘소가 가지는 기본의미만을 바탕으로 본다면 [남성]과 [여성]을 중심으로 한 '대립관계'로 설정할 수 있을 것이다. 실제로 이러한 관점 외에 추가적인 논의는 아직 활발히 진행되어 오지 못 했다. 하지만 {남편}, {아내}와 달리 {아버지}와 {어머니}를 사용하는 언어 사용자가 {자녀}라는 점에서 {남편}, {아내}와 차이가 존재하는 어휘소다. 이 차이는 {남편}과 {아내}의 관계에서 나타나지 않았던 또 다른 의미 관계를 가지게 한다.

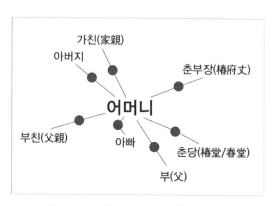

〈그림3〉 {아버지}와 {어머니}의 기존의 의미관계

〈그림3〉은 낱말창고의 검색 결과다. 이때 {아버지}와 {어머니}가 가진 [성별性別]의 대립은 두 어휘소를 대립관계로 설정하는데 무리가 없다. 하지만 한국어 사용자의 인지구조에서 이 두 어휘소가 공통으로 가지는 속성은 [출산]이다. 이를 바탕으로 {아버지}는 [부양], {어머니}는 [양육]의 주

체로 인지되며 이 속성은 가족집단에서 이들이 행하는 의무이자 역할이된다. 이 역할은 가족집단의 유지를 위해 반드시 필요한 것으로 어느 한쪽이 [죽음]을 가지게 될 경우 생존한 (아버지)나 (어머니)는 두 역할을 모두수행하거나 가족 구성원의 다른 누군가가 이 역할을 대신하게 되는데 "아버지 같은 큰형, 어머니 같은 할머니"와 같은 예가 그것이다. 이는 두 어휘소의 관계가 대립의 관계뿐만 아니라 가족의 유지를 위한 협력의 관계이며 그 역할을 담당하는 [남성]에게 (아버지), [여성]에게 (어머니)의 어휘소를 사용하는 것으로도 해석이 가능하다. 이는 이 두 어휘소가 단순히 호칭어, 지칭어로 사용되는 [성별性別]의 대립관계만으로 존재하지 않는 것을보여준다.

한국어 친족어에서 [남성]과 [여성]의 불평등한 관계가 있음을 여러 차례확인했다. (아버지)와 (어머니)가 가지는 [성별性別]의 차이 또한 불평등한관계로 인지되어 왔음을 다음을 통해 확인할 수 있다.

(2)
(ㄱ) (N+아버지), (N+아빠)

(ㄴ) 시어머니, 친정어머니, 시아버지, 친정아버지

(ㄷ) 종고모, 재종고모, 재종숙모, 삼종숙모

(ㄹ) 둘째어머니, 작은어머니, 서모庶母, 후모後母, 가모家母

(ㄱ)은 아이를 가진 남편에게 사용하는 호칭어로서 (N)은 "아이의 이름"이온다. 반대로 아이를 가진 아내에게 이러한 방법의 호칭어를 사용할 때(N+엄마)만을 사용할 수 있으며 (N+어머니)는 사용이 어색하다. 이는 언어

사용자인 [남성]이 지시 대상인 [여성]보다 높은 지위를 가진 대상으로 인지되어 왔기 때문에 (엄마)보다 상대적으로 [높임]의 속성을 가진 (어머니)의 선택·사용이 제한되어 온 것이다.

㈁은 "결혼을 한 여자"가 자신의 (친부모)와 (시부모)를 구분하여 가리키는 어휘소를 정리한 것이다. 실제로 혼인을 한 여성이 (부모父母)만을 지칭어로 사용하는 경우는 드물다. 그 관계에 따라 확장된 어휘소인 (친부모), (시부모)를 자연스레 사용하여 그 지시 대상이 누구인지 분명히 한다. 이는 [혼인]의 속성을 가진 [여성]은 (부모)와의 관계를 다시 설정하는 것을 보여준다. 반대로 "결혼한 남성"의 경우 (가시부모)가 존재하지만 현대 언어생활에서 알려지지 않은 사어死語와 같은 어휘소로서 (친부모)와의 관계를 다시 설정하는 어휘소를 따로 사용하지 않는다. 이런 용법 또한 성별에 의한 차이를 보여주는 예가 된다.

㈃은 (모母)가 확장된 어휘소이며 [남성]의 집안을 중심으로 활발히 확장되어왔다. 반면 [여성]의 집안을 중심으로 확장된 어휘소는 그 수가 많지 않고 제한적임을 확인했다.

㈄은 (아버지)의 (첩妾)에게 (어머니)가 확장된 어휘소다. 이와 반대되는 상황에 사용할 수 있는 (아버지)의 확장 어휘소는 존재하지 않는다. 이상의 내용은 (아버지)와 (어머니)의 확장 어휘소에도 [남성]과 [여성]의 불평등한 관계가 존재했음을 보여주는 예이다. 하지만 (남편)과 (아내)의 확장 양상에서 나타났던 [긍정]과 [부정]의 관계는 나타나지 않는다. 이는 부부 관계를 구성하는 이들 어휘소끼리도 각기 다른 속성과 관계로 형성되어 있음을 보여주는 예로 이해할 수 있다.

이상의 내용을 통해 (남편)과 (아내), (어머니)와 (아버지)의 의미 관계를 살펴보았다. 이들이 가지는 가장 보편적인 의미 관계는 대립관계다. 하지만 이들 어휘소가 가지는 형식·의미 확장을 중심으로 그 의미 관계를 살펴본 결과 {남편}과 {아내}는 [긍정], [부정]의 속성으로 구분되었으며 [높임]과 [낮춤]의 불평등한 관계도 가졌다. 또한 {어머니}와 {아버지}는 특정 역할을 공유하는 상호보완의 협력관계를 가지며 그 확장 어휘소를 살펴본 결과 [남성]인 {아버지}를 중심으로 발달된 불평등 대립의 관계가 성립하고 있음을 확인할 수 있었다.

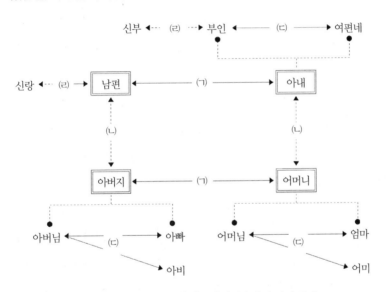

〈그림4〉 {남편}, {아버지}, {아내}, {어머니}의 의미 관계

〈그림4〉는 지금까지 논의를 통해 확인할 수 있었던 {남편}, {아버지}, {아내}, {어머니}의 의미 관계를 의미망semantic network으로 정리한 것이다.

신현숙(2011)은 의미망을 활용하여 한국어 어휘 교육에서 활용할 수 있는 방안에 대해 논의한 바 있는데 이 때 뜻하는 의미망은 특정 어휘소로 인지할 수 있는 다양한 의미 관계를 그림으로 정리하는 것을 말한다. 위 〈그림4〉는 친족어로 그 의미 확장의 대상을 제한하여 정리한 결과다.

(ㄱ)은 대립 관계를 나타낸다. 이는 각각의 어휘소가 가지는 기본의미를 통해 쉽게 확인이 가능한 관계로 기존에서 논의된 결과와 큰 차이가 없다.

(ㄴ)은 [남편]과 [아버지], [아내]와 [어머니]의 관계를 나타낸 것으로 이 관계를 가능하게 하는 것은 역할의 확장이다. [남편]은 [혼인], [남성]의 속성을 가지며 여기에 [아버지]는 [출산]의 속성을 더한다. 그로 인해 [부양]의 의무가 생기는데 이 속성이 [남편]에서 [아버지]로의 역할 확장 영역이 되는 것이다. 즉 [남편]과 [아버지]는 별개의 관계가 아니라 새롭게 추가된 역할이 존재하기 전前과 후後를 구별할 수 있는 관계를 형성하고 있는 것이다.

[어머니] 또한 [혼인], [여성]의 속성을 가진 [아내]에서 [출산]의 속성이 추가되어 [양육]의 의무를 가진 대상이 된다. 이때 [양육]이 [아내]를 [어머니]로 만들며 그 역할을 추가 해준다. 이 또한 이 두 대상의 관계를 [출산]이 추가되어 새로운 역할을 담당하게 되는 전·후를 구별할 수 있게 하는 관계가 형성되어 있음을 나타내는 것이다.

이처럼 [남편]과 [아버지], [아내]와 [어머니]의 관계는 [성별性別]을 중심으로 대립의 관계만으로 설정할 것이 아니라 그 초점을 어디에 두느냐에 따라 논의가 될 수 있는 어휘소의 관계는 매우 다양해질 것이다.

(ㄷ)은 [아내]에서 [높임]의 속성이 포함된 [부인婦人], [부인夫人]과 [낮춤]의 속성이 포함된 [여편네]의 대립, [어머니]가 확장된 [어머님]과 [엄마], [어머님]과 [어미]와의 대립, [아버지]가 확장된 [아버님], [아빠], [아버님], [아비]와의 대립을 나타낸다. 이는 같은 어휘소를 기본으로 확장된 동일한 어휘목록에 포함된 어휘소라도 그 확장된 속성에 따라 대립의 관계가 나

타날 수 있음을 의미한다. 이때 {부인婦人}, {부인夫人}과 {여편네}는 [높임]과 [낮춤], [부정]의 속성을 바탕으로 대립관계를 형성하며 {어머님}과 {엄마}, {아버님}과 {아빠}는 [높임]과 [친밀]의 속성이 높임법과 반말의 사용을 가능하게 하고 이러한 용법상의 차이로 인해 대립되는 관계이며 {어미}, {아비}는 [높임]과 [낮춤]의 속성에서 대립 관계를 가진다.

㉣은 그 의미가 [세대世代]를 중심으로 부분적으로 대립하는 것을 나타낸다. {부인}은 [중년中年]의 여성에게 사용이 자연스러운 어휘소다. 이때 중년의 여성은 결혼을 지속한 지 일정 시간이 경과했음을 의미하고 {신부}는 "갓 결혼한 여성"에게 사용이 자연스러운 어휘소로서 두 어휘소의 사용 영역이 명확히 구분되어 있으며 그로 인해 부분적인 사용에서 대립되는 관계로 설정하는 것이다. 이와 같은 맥락에서 {신랑}과 {남편}의 관계도 대립으로 설정할 수 있을 것이다.

이상의 내용을 통해 {남편}과 {아내}, {아버지}와 {어머니}의 관계를 살펴보았다. 이들 어휘소는 {부부夫婦}로 범주화된 어휘소로서 [성별性別]을 중심으로 대립의 관계로 여기는 것이 일반적인 인지방법이다. 하지만 한국 사회에서 오랜 시간 활발하게 사용되어 온 이들 어휘소는 [성별性別]에 의한 단순한 대립 관계뿐만 아니라 추가적인 속성에 의해 기존의 논의보다 복잡하고 다양한 관계를 형성하고 있음을 확인할 수 있었다.

지금까지 살펴본 이들 어휘소들의 의미관계에서 가장 논란이 될 수 있는 특징 중 하나는 아직까지도 한국 사회에서는 [남성]을 [긍정], [높임]의 속성으로 인지하며 [여성]을 그보다 낮은 지위인 불평등의 관계로 인지하여 온 것이다. 이러한 예는 현대 사회에서도 지속되어 '홀로 아기를 낳아서 기르는 여성'을 뜻하는 {미혼모未婚母}와 같은 대상을 [부정]의 속성을 지닌 대상으로 인지하고 있으며 이와 반대되는 상황의 어휘소가 [남성]에게 확장·사용되지 않는 것에서도 불평등의 관계가 현대 언어생활에서 까지 지속되고 있음을 보여준다.[7]

03. {아들}과 {딸}

앞서 [혼인]의 속성으로 맺어진 친족어에서 [남성]과 [여성]의 속성을 가진 대상의 지위에 차이가 있음을 확인했고 그 지위는 [여성]을 [부정]의 대상으로 인지할 수 있는 확장 어휘소가 존재하지만 [남성]의 경우 그러한 속성의 확장 어휘소가 많지 않는 다는 점에 차이가 있음을 확인 할 수 있었다. 이러한 [성별性別]의 불평등과 관련된 차이는 부부관계뿐만 아니라 {아들}과 {딸}에서도 나타난다.

속성	아들	딸
[태어난 순서]	첫아들, 맏아들, 큰아들 작은 아들, 막내아들	첫딸, 맏딸, 큰딸, 작은 딸, 막내딸
	외아들, 외동아들,	외딸, 외동딸
[친밀]	아들내미	딸래미, 딸따니, 아가딸
[소중함]		딸아기, 고명딸, 고명딸아기
[높임]	아드님	따님
[낮춤]	아들자식, 아들녀석	딸자식
[부정]	진피아들, 개아들, 후레아들	딸년, 개딸년, 딸부자

〈표2〉 {아들}과 {딸}의 확장 어휘소

---

7) 이러한 불평등 관계를 형성하고 있는 어휘소에 대한 논의는 추후 연구를 통해 더욱 구체적으로 논의하도록 하겠다.

〈표2〉는 (아들)과 (딸)의 확장 어휘소를 정리한 것이다. 두 어휘소는 대부분의 영역에서 공통된 속성으로 구성된 확장 어휘소를 가지는 것을 확인할 수 있다.

앞서 (아들)의 이상적인 속성을 [자녀], [남성]으로 설정했으며 (딸)의 이상적인 속성을 [자녀], [여성]으로 설정했는데 이때 [남성]과 [여성]의 속성이 이들 어휘소를 대립 관계로 인지하게 한다. 하지만 이 관계뿐만 아니라 확장 어휘소를 바탕으로 그 관계를 살펴보면 추가적인 관계가 존재하는 것을 확인 할 수 있다.

위 표에서 [태어난 순서]에 초점을 두는 (아들)과 (딸)의 확장 어휘소는 [성별性別]에 의한 차이가 거의 없이 유사한 확장 양상을 가진다.

반면에 [친밀]의 속성을 중심으로 확장된 어휘소는 (딸)이 (아들)에 비해 형식 확장 양상이 활발한 것을 확인할 수 있다. 특히 (딸)의 나이에 따라 선택·사용할 수 있는 시기를 달리한다는 점에서 (아들)의 확장 어휘소와 큰 차이를 보인다. "시집가지 않은 딸을 귀엽게 이르는 말"인 (아가딸)의 경우 [-혼인]의 속성을 지닌 대상을 [귀엽다]로 인지하는 것이다. 하지만 (아들)의 경우 [-혼인]의 속성을 가지는 것은 집안의 대代가 끊어지는 일로 여기어 매우 불행한 일로 여기는 것과 달리 인식한다는 점에서 (아들)의 혼인 여부가 (딸)의 혼인에 비해 중요하게 여겼던 것을 확인할 수 있다.

[소중함]을 중심으로 확장된 어휘소는 (아들)에게 나타나지 않는다. 반면 (딸)은 세 개의 확장 어휘소를 가진다. 이는 (아들)에 비해 (딸)에게서 [소중함]의 속성을 크게 인지하지 않아 왔던 한국 언어문화의 모습을 보여주는 예로 이해할 수 있다. 그 때문에 [소중함]을 표현하기 위해 그 속성을 나타내는 (딸아기), (고명딸), (고명딸아기) 등의 어휘소가 추가로 생긴 것

이며 이를 바탕으로 [딸]에게 [소중함]을 유표항으로 설정할 수 있게 한다. 반면에 [아들]의 경우 별도의 확장 어휘소를 가지지 않는 다는 점에서 [아들]에게 [소중함]의 속성은 특별하지 않은 무표항으로 인지되어 온 것으로 해석이 가능하다.

이는 [아들]과 [딸]의 의미 가치에서 차이가 존재해 왔음을 보여준다. 이러한 예는 "딸이 많은 사람을 놀림조로 이르는 말"인 [딸부자]와 「표준국어대사전」에는 없는 말이지만 「박완서 소설어사전」을 통해 확인할 수 있는 "딸만 나란히 낳은 아빠를 속되게 이르는 말"인 [딸딸이 아빠]와 같은 어휘소를 통해 [아들]과 [딸]이 의미가치의 차이가 존재해 왔음을 다시 한 번 확인할 수 있다.

반대로 [아들]이 많은 것을 따로 표현할 수 있는 어휘소가 없는 점에서 [아들]은 [긍정], [딸]은 [부정]의 속성을 지닌 대상으로 인지해 왔음을 보여준다. 이러한 한국어 사회의 인식은 [부정]의 속성을 가진 [아들]의 확장 어휘소 [진피아들], [개아들], [후레아들]이 모두 비친족의 불특정 [남성]에게 사용되는 것과 달리 [딸]의 확장 어휘소 [개딸년]은 [혈연]의 [딸]에게도 사용될 수 있다는 점에서 [아들]과 [딸]의 의미 가치를 다르게 인지해 왔음을 다시 한 번 확인할 수 있게 한다.

04. [형], [누나], [언니], [오빠]

[형], [누나], [언니], [오빠]는 [아들]과 [딸]이 서로에게 사용할 수 있는 어휘소이며 언어 사용자와 지시 대상의 [성별性別]을 모두 고려하여 사용한

다는 점에서 다른 친족어와 차이를 보인다.

임지룡(2007: 408)은 {형}과 {누나}, {언니}, {오빠}를 대립의 관계로 보았다. 하지만 이들 어휘소가 사용되는 상황을 중심으로 살펴본다면 보다 복잡한 대립의 관계로 형성되어 있음을 알 수 있다.

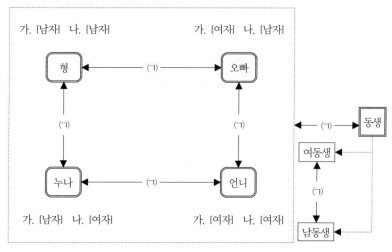

〈그림5〉 {형}, {누나}, {언니}, {오빠}, {동생}의 의미관계

〈그림5〉는 {형}, {누나}, {언니}, {오빠}, {동생}의 의미 관계를 정리한 것이다. (ㄱ)은 대립관계를 나타낸다. 또한 "가"는 언어 사용자의 [성별性別]이며 "나"는 지시 대상의 [성별性別]이다. 이를 중심으로 각각의 어휘소의 관계를 살펴보면 {형}은 {오빠}, {누나}와 대립관계를 가질 수 있고 {오빠}는 {형}, {언니}와 대립관계를 가지며 {누나}는 {형}, {언니}와 대립관계를 가질 수 있는데 이는 대립어의 기준이 되는 하나의 속성의 차이를 가지기 때문이다.

이때 [성별性別]의 대립관계를 보인 [형], [오빠], [누나], [언니]의 관계 외에 [태어난 순서]를 중심으로 [윗사람]의 속성을 가지는 [형], [오빠], [누나], [언니]와 [아랫사람]의 속성을 가진 [동생] 또한 대립관계가 될 수 있다. 이때 [동생]은 [윗사람]의 속성을 가진 네 개의 어휘소와 모두 대립의 관계를 가질 수 있다.

[동생]은 [성별性別]이 추가된 [남동생]과 [여동생]의 형식 확장 어휘소를 가진다. 이때 두 어휘소 또한 [성별性別]에 의한 대립관계로 설정할 수 있다. 이처럼 비교 대상의 어휘소가 어떤 속성을 가지고 있느냐에 따라 대립관계도 다양하게 설정할 수 있다.

〈그림5〉의 어휘소는 [형]과 [남동생]의 관계를 [형제兄弟], [오빠]와 [여동생], [누나]와 [남동생]의 관계를 [남매男妹], [언니]와 [여동생]의 관계를 [자매姉妹]로 범주화할 수 있다. 이 또한 구성원에 따라서 대립관계로 볼 수 있다. 하지만 상황에 따라 [형제兄弟]가 [남매男妹]와 [자매姉妹]의 의미를 모두 포함하여 사용되기도 하는데 가족 구성원을 질문할 때 "형제가 어떻게 됩니까?"란 질문이 그 예이다. 이를 중화Neutralization로 설명할 수 있다.

Langacker(1972:240)는 이에 대해 특정 환경에서 음운의 대립이 사라지는 것으로 설명했는데 임지룡(2009:169)은 이를 의미의 중화로 언급했다. 이처럼 [형제兄弟]가 특정 상황에서 사용될 때 [남매男妹], [자매姉妹]의 모든 의미를 포괄하게 되는데 이때 [성별性別]의 대립이 없어진 것을 중화현상으로 설명할 수 있는 것이다. 또한 이들 어휘소는 [태어난 순서]를 중요하게 인지하며 사용된다. 한국어에서는 [장남], [장녀], [막내]와 같은 확장 어휘소가 존재한다. 이는 [처음]과 [끝]을 특별히 여기는 결과로 볼 수 있다. [형제兄弟]가 많이 존재했던 전통사회에서 그 외의 대상을 지칭할 수 있는 특별한 어휘소가 없다는 점 또한 특별히 중요하게 여기는 대상이 존재했음을 보여주는 예로 이해할 수 있다. 이처럼 {형}, {누나}, {언니}, {오빠}의 관계를 설정할 때 다양한 의미 속성을 활용하면 더욱 다양하고 복잡한 관계로 이들 어휘소가 형성되어 있음을 확인할 수 있다.

05. {할아버지}와 {할머니}

{할아버지}와 {할머니}는 {아버지}, {어머니}의 속성에서 {늙음}이 포함된 어휘소다. 이 두 어휘소의 관계는 {아버지}, {어머니}의 관계처럼 대립의 관계로 설정할 수 있다. 실제로 "낱말창고"의 검색 결과도 {할아버지}와 {할머니}를 대립의 관계로 설정했으며 2차 대립의 관계에 있는 어휘소로 {조모祖母}, {할멈}, {할미} 등의 어휘소를 설정했다. 이는 이 두 어휘소의 관계를 대립의 관계로 인지하게 하는데 큰 어려움이 없게 한다.

(ㄱ)		
할머님, 할미, 할멈, 조모祖母, 노파老婆, 노고老姑, 노구老嫗, 노온老媼	노장老將, 노약자老弱者, 노구老軀, 노신老身, 노체老體, 노창老蒼, 노인老人, 노인네, 노축, 노패老牌, 늙으니, 늙으신네	할아버님, 할아범, 할아비, 조부祖父, 노옹老翁, 노수老叟, 노야老爺

〈그림6〉 {할아버지}, {할머니}를 지칭하는 어휘소

〈그림6〉은 {할아버지}와 {할머니}를 지칭하는 어휘소를 정리한 것인데 지금까지 살펴본 어휘소와 가장 큰 차이는 (ㄱ)처럼 {할아버지}와 {할머니}

두 대상 모두에게 사용할 수 있는 어휘소가 존재하는 것이다. 이는 두 대상이 공통으로 가지는 [늙음]에 초점이 맞춰진 것으로 [성별性別]의 대립을 사라지게 한다.

(ㄱ)과 같은 확장 어휘소가 존재하는 것은 [늙음]의 속성을 지닌 사람에게는 [성별性別]을 중요하게 인지하지 않는 한국 언어문화의 특징을 보여주는 예로서 그 대립이 사라지는 중화Neutralization의 현상을 나타나게 한다. 또한 이처럼 [늙음]의 속성이 중심이 되어 확장된 어휘소는 비친족어로 사용된다. 반면에 친족어로 사용되는 [할머니], [할아버지]는 언어 사용자와 지시 대상과의 관계를 중심으로 선택·사용되는 어휘소로서 용법의 차이만으로 보면 친족어와 비친족어로 사용되는 이들 어휘소의 관계 또한 대립 관계로 설정할 수 있을 것이다.

비친족어로 사용이 자연스러운 (ㄱ)의 어휘소는 언어 사용자가 지시 대상의 외형적 특징을 통해 인지할 수 있는 [늙음]의 속성이 어휘소의 선택·사용을 가능하게 한다. 이때 언어 사용자는 [늙음]을 시각으로 인지할 수 있는 [흰색], [굽다], [주름]과 같은 속성을 지시 대상에게 확인했을 때 이들 어휘소를 자연스럽게 사용할 수 있다. 이는 "백발의 할머니", "허리가 굽어 불편한 할머니께서…", "꼬부랑 할아버지가…"와 같은 예를 통해 확인할 수 있다.

한국어 모어화자는 이러한 속성을 지시 대상에게 인지할 때 [할머니]와 [할아버지]를 사용하며 이러한 비친족어의 사용에서 [성별性別]의 대립이 사라지기 때문에 두 어휘소를 대립관계만으로 설정할 수 없게 하는 것이다. 또한 [전조모前祖母], [후조모後祖母], [서조모庶祖母], [시서조모媤庶祖母]와 같은 [첩妾]과 관계하여 사용할 수 있는 어휘소의 경우 앞서 살펴본 다른

어휘소의 특징처럼 [남성]이 [여성]보다 높은 지위에 있는 불평등의 관계로
존재해 왔음을 보여주는 예이다.

06. 한국어 친족어의 복합적 의미 관계

이상의 내용을 통해 [남편], [아내], [아버지], [어머니], [아들], [딸], [형],
[오빠], [언니], [누나], [동생], [할머니], [할아버지]의 의미 관계를 다시 살
펴보았다. 이들 어휘소의 기본적인 관계는 [성별性別]을 바탕으로 하는 대
ㆍ립관계이다. 이는 이들 어휘소가 가지는 기본의미만으로 쉽게 파악할 수
있었다. 하지만 이들 어휘소가 형식ㆍ의미 확장된 다양한 양상을 살펴본
결과 이들 어휘소의 관계를 대립의 관계만으로 제한할 수 없음을 확인할
수 있었다. 또한 한국어 친족어의 가장 큰 특징은 대부분의 어휘소가 [남
성]을 중심으로 발달되어 왔으며 [여성]과의 관계에서 높은 위치로 인지되
어 왔다는 것과 [남성]을 [긍정], [여성]을 [부정]의 속성으로 인지해 왔다는
것을 지금까지의 논의를 통해 살펴본 어휘소의 전반적인 관계에서 확인할
수 있었다.

이상의 내용을 다시 한 번 살펴보기로 한다.

먼저 [아내]의 경우 [높임]과 [부정]의 속성을 나타내는 어휘소가 존재했
으나 [남편]의 경우 [높임]은 무표항으로 인지되었으며 [부정]은 그 자체가
금기시 되어왔기 때문에 그 확장 어휘소가 존재하지 않았다.

[아버지]와 [어머니]는 그들이 하는 역할에 초점을 맞출 경우 서로의 역
할을 도와주는 협력관계로 인지되었으며 한 사람의 부재가 생기면 그 역

할을 모두 담당해야하는 상호보완의 관계로도 설정할 수 있었다.

[아들]과 [딸]은 대부분 비슷한 속성을 중심으로 확장되는 대립관계를 가졌지만 [소중함]을 유표항으로 가졌던 [딸]과 달리 [아들]은 [소중함]을 무표항으로 가졌으며 [딸]을 [부정]으로 인지하는 확장 어휘소와 같은 예를 바탕으로 [아들]과의 관계에서 불평등하게 인지되어 왔음을 확인했다.

[형], [오빠], [언니], [누나]는 언어 사용자와 지시 대상과의 [성별性別]에 따라 복잡한 대립관계를 가지며 [윗사람]과 [아랫사람]의 속성으로 [동생] 과도 대립의 관계를 가지게 했다. 또 [동생]은 다시 [성별性別]을 바탕으로 [남동생]과 [여동생]으로 나뉘며 이들 또한 대립관계로 설정할 수 있었다.

[할아버지]와 [할머니]의 대립은 [남성]과 [여성]을 중심으로 그 대립의 관계가 자연스럽게 설정될 것으로 여겨졌으나 [늙음]에 초점이 맞춰졌을 때 두 어휘소의 대립은 사라지며 [노인], [늙으니]와 같은 어휘소를 [성별性 別]과 관계없이 사용할 수 있음을 확인했다.

이상에서 살펴본 내용들은 [성별性別]을 중심으로 기존의 대립 관계로 여겨지는 어휘소의 관계를 살펴본 것이다. 하지만 이들 어휘소를 친족어 의 하나의 범주로 설정할 때 다음과 같은 관계로 다시 설정할 수 있을 것이다.

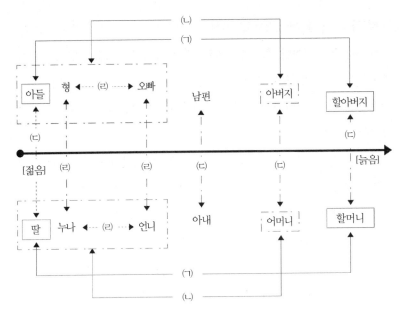

〈그림7〉 친족어의 의미 관계

　〈그림7〉은 지금까지 논의했던 친족어의 관계를 다양한 관점을 활용하여 정리한 것이다. 친족어는 사람이 태어나 죽을 때까지 친족 집단에서 선택·사용되는 어휘소다. 이때 [젊음]의 속성을 가진 한 대상이 [늙음]의 속성을 가지며 그 대상이 죽을 때까지가 다양한 친족어로 불리게 된다. 이를 중심으로 살펴보면 [젊음]의 속성을 가진 {아들}과 {딸}은 [늙음]의 속성을 가진 {할아버지}, {할머니}와 비교하여 일생을 살아가는 시점의 처음과 끝에 위치한 대상으로서 (ㄱ)처럼 대립관계를 가지는 것으로 설정할 수 있다. 이는 양 방향의 양 극단을 나타내는 대립어로서 대척어antipodal의 관계를 가진다.

　(ㄴ)은 한 집안 내에서 담당하는 [역할]의 속성을 중심으로 {아들}, {형},

[오빠]와 [아버지], [딸]. [누나], [언니]와 [어머니]가 가질 수 있는 대립의 관계를 정리한 것이다. 이는 [자녀]와 [부모]의 대립으로도 설명이 가능한데 [자녀]는 [부양], [양육]과 같은 특정 의무가 없는 대상으로서 인지되는 반면에 [아버지], [어머니]는 그런 의무가 존재한다는 점에서 대립관계로 설정할 수 있다.

ⓒ은 [성별性別]에 의한 대립으로 친족어의 대립 관계를 설명할 때 가장 기본이 되는 관계이며 지금까지 가장 보편적으로 논의된 관계이다. 또 ⓔ은 언어 사용자와 지시 대상과의 관계를 고려한 대립관계를 나타낸 것으로서 친족어 중에서 유일하게 언어 사용자와 지시 대상을 함께 고려하여 사용하는 이들 어휘소의 관계에서만 나타나는 특징으로 볼 수 있다.

친족어는 한 지시 대상이 시간의 흐름 속에서 특정 속성을 가질 때 마다 사용할 수 있는 어휘소가 달라진다. [남성]의 경우 [아들] → [형] or [오빠] → [남편] → [아버지] → [할아버지]로 불리게 되며 [여성]의 경우 [딸] → [누나] or [언니] → [아내] → [어머니] → [할머니]로 불리게 된다. 이때 선행된 어휘소는 가족집단 내에서 위치가 바뀌어도 그 자격을 계속 유지하게 되는데 "결혼한 남성"이 누군가의 [남편], [아버지]의 어휘소로 불려도 앞에서 획득한 [아들], [형], [오빠]와 같은 어휘소의 자격은 변하지 않는 것을 의미한다. 이를 바탕으로 이들 어휘소의 관계를 특정 역할이 추가되고 기존의 역할이 지속되는 관계로 보아야 할 것이며 아무 관계가 없는 어휘소로는 볼 수 없을 것이다.

이상의 내용을 통해 한국어 친족어의 의미관계를 논의했다. 기존에 논의된 이들 어휘소의 의미 관계는 [성별性別]에 의한 대립관계였다. 이는 여러 차례 언급했던 바와 같이 「표준국어대사전」을 통해 쉽게 확인할 수 있는 이들 어휘소의 기본의미에 초점이 맞춰진 관계이다. 하지만 이번 연구를 통해 각각의 어휘소가 가지는 다양한 형식·의미 확장 양상을 살펴봤고 그로 인해 친족어의 범주에 묶인 이들 어휘소가 가지는 의미 관계가 보다 복잡한 양상을 가지고 있음을 확인할 수 있었다.

이처럼 특정 어휘소의 의미 관계를 논의할 때 기존의 관점에서 벗어나 새로운 관점을 통해 새롭게 바라본다면 기존의 어휘소의 의미관계에 대한 논의가 가졌던 제한적인 한계를 벗어날 수 있을 것이다. 이를 위해 이 책에서 진행되어 왔던 특정 어휘소가 가지는 다양한 형식·의미 확장 양상을 확인하고 그를 바탕으로 의미 관계에 대한 논의를 새롭게 접근한다면 더욱 양질의 연구가 가능할 것으로 여긴다.[8]

---

8) 이 책에서는 이들 어휘소의 의미 관계에 대해 새로운 관점의 논의가 가능한 것을 알리는 선에서 논의를 마무리하도록 한다. 하지만 보다 구체적인 예와 체계적인 자료를 바탕으로 더욱 보충하여 이 책에서 미처 논의하지 못했던 내용은 추후의 논의를 통해 보완할 수 있도록 다짐하며 이들 어휘소들의 의미 관계에 대한 논의를 마치도록 한다.

한국어
친족어의
의미

제 4 장

/

결론

한국어
친족어의
의미

Ⅳ. 결론

/

　지금까지 이 책에서는 한국어 친족어의 용법과 의미를 살펴보았다. 이상의 내용을 통해 한국어 친족어는 기초어휘에 포함되며 그 사용빈도가 매우 높은 어휘소임을 확인했다. 하지만 기존의 연구에서 친족어에 대한 논의가 활발한 편은 아니었으며 그 용법과 의미를 구체적으로 논의되지 못 했다. 이에 대한 문제를 인식하고 기존의 연구에서 활발한 논의의 대상이 되지 못했던 친족어를 논의의 대상으로 삼았다.

　이번 책에서 제외 대상이 되었던 친족어는 가족 구성원의 변화를 중심으로 1장의 〈그림1〉~〈그림4〉과 같이 정리했고 그 구성원에게 사용할 수 있는 어휘소를 논의의 대상으로 삼았다.

　1장에서는 논의의 대상으로 삼은 {남편}, {아내}, {아버지}, {어머니}, {아들}, {딸}, {형}, {오빠}, {누나}, {언니}, {동생}, {할머니}, {할아버지}가 친족어로 사용될 때의 용법을 살펴봤다. 이때 호칭어로 사용되는 친족어는 언어 사용자와 지시 대상과의 관계가 어휘소의 선택·사용에 가장 중요한 요소로 작용했으며 그로인해 언어의 사회성을 지키지 않는 어휘소도 친족어로 사용될 수 있음을 확인했다. 반면에 지칭어로 사용되는 친족어는 언어 사용자와 지시 대상과의 관계뿐만 아니라 주변의 대화 참여자, 대화가 진행되는 상황의 요소를 모두 고려해야 하기 때문에 상황에 따라 다양한 지칭어가 선택·사용되는 특징을 보였다.

2장에서는 1장에서 살펴본 개별 어휘소가 친족어·비친족어로 확장 사용되는 형식·의미 확장 양상을 논의했다. 1장에서 논의된 친족어는 모두 현대 언어생활에서 비친족어로 그 사용 영역이 확장되는 어휘소다. 또한 각각의 어휘소는 다양한 의미를 지닌 어휘소로 다양하게 형식·의미 확장된 사용 양상을 보였다. 매우 다양한 한국어 친족어의 형식·의미 확장 양상도 개별 어휘소가 가지는 이상적 인지모형을 중심으로 다양하게 확장되는 규칙을 보였으나 일부 예에서는 이상적 인지모형을 벗어난 확장 양상도 있었다.

3장에서는 2장에서 살펴본 어휘소의 의미 속성을 중심으로 친족어로 불리는 어휘소들의 기존 관계를 확인하고 새로운 의미관계를 의미망을 통해 정리했다. 기존의 논의에서 {남편}과 {아내}, {아버지}와 {어머니}, {형}, {언니}, {오빠}, {누나}와 {동생}, {할머니}와 {할아버지}의 관계를 대립의 관계로 설정했다. 하지만 2장을 통해 살펴본 각각의 어휘소가 가지는 형식·의미 확장 양상을 통해 확인한 이들 어휘소의 의미 관계는 대립 관계뿐만 아니라 무표항과 유표항의 관계를 가지고 있었다. 또한 남성은 {긍정}의 대상이었으며 여성은 {부정}과 속성을 가지거나 집안 내에서 그 지위에서 남성이 여성보다 우위에 있음을 확인할 수 있었다. 또한 {할머니}와 {할아버지}의 경우 {늙음}의 속성으로 확장될 때 어휘소의 의미 대립이 없어지는 중화 현상을 가지기도 했다. 또한 이들 어휘소는 그 어휘소가 가지는 의미 속성에 따라 3장의 〈그림7〉과 같이 성별에 의한 대립이 아닌 [젊음]과 [늙음]에 의한 대립관계, [역할]에 의한 대립관계 등의 관계를 가지고 있음을 확인할 수 있었다.

이상에서 논의된 친족어의 용법과 의미는 의미론의 대상에서 세밀한 논의가 이뤄지지 못 한 것이 사실이다. 이를 인식하고 진행된 논의는 한국어 친족어의 확장 어휘소를 논의의 대상으로 삼고 그 의미 분석을 자세히 시도했다는 점에서 의의가 있다고 할 수 있다.

한국어 친족어는 한국어 모어母語화자가 비친족의 대상에게도 높은 빈도로 사용하는 어휘소다. 하지만 언어 사용자가 사용하는 개별적인 어휘소의 의미 확장 영역을 모두 논의의 대상으로 삼을 수 없다. 이는 3장을 통해 시도했던 어휘소의 형식·의미 확장 영역에 대한 정리가 모든 언어 사용자의 용례를 대상으로 삼지 못 했다는 점에서 한계를 가지나 한국어 모어母語화자의 인지구조에서 각각의 어휘소가 가지는 가장 이상적인 속성 즉 원형의미를 바탕으로 어휘소가 다양하게 형식·확장된다는 점에서 그 규칙성이 있음을 부정할 수 없으며 어휘소의 확장 양상의 원형을 찾았다는 점에서도 의의가 있다고 여긴다.

한국어 친족어는 이들 외에도 매우 다양한 사용 양상을 보인다. 또한 이들 어휘소는 비친족어로도 사용되며 그 사용 영역이 현대에 와서 일부 어휘소는 축소하며 일부 어휘소는 확대 되는 양상을 보인다. 이는 친족어가 비친족어로 사용되는 양상을 보다 세밀하게 논의할 필요가 있음을 의미하는데 대부분의 논의가 친족어로 사용되는 양상에 초점을 맞춘 탓에 비친족어의 사용 양상을 면밀하게 논의를 하지 못 한 점에 대한 한계가 있다. 또한 「표준국어대사전」을 통해 확인할 수 있는 어휘소를 주된 논의의 대상으로 삼고 현대 언어생활에서 사용되고 있는 다양한 어휘소를 논의의 대상으로 삼지 못한 점에서 이 책의 한계가 있다고 여긴다.

이번 논의를 통해 언급하지 못했던 실제 언어생활에서 사용되는 친족어와 비친족어의 양상에 대한 논의는 보다 구체적이고 다양한 자료를 바탕으로 진행할 후속 연구로 남겨두기로 하며 한국어 친족어의 의미에 대한 논의를 이만 마치도록 한다.

찾 아 보 기

참 고 문 헌

강병주(2009) 한일 호칭어 대조연구, 경북대학교 대학원.

고려대민족문화연구원 「고려대사전」, https://riks.korea.ac.kr/koreanlex.

국립국어원 「표준국어대사전」, http://stdweb2.korean.go.kr.

김광해(2003) 「등급별 국어교육용 어휘」, 박이정.

_____(2004) 「국어어휘론 개설」, 집문당.

김광순(2012) 명사 [어머니]의 형식과 의미 확장, 상명대학교 석사논문.

_____(2014) 유의어에 대한 새로운 평가와 제안, 한국어의미학46집.

_____(2015) 친족어의 호칭어로서 확장·사용 양상, 한국어의미학48집.

김미진(2010) 제주도 방언의 친족어 연구, 영주어문, 20권.

김정아·송현주(2013) 친족어 관용 표현의 개념화 양상, 언어과학연구64.

김종수(1999) 친족어의 은유 연구, 한양대학교 석사학위 논문.

김지연·심영택(2010) 표준 화법 개정을 위한 가정에서의 호칭어·지칭어 조사연구, 화법연구 16.

김한곤(1983) 외국어로서의 한국어교육, 8권.

낱말 어휘정보처리연구소 「낱말-유의어사전」, http://www.wordnet.co.kr

박영순(2004) 상대높임법의 사회언어학, 어문논집34.

_____(2013) 「한국어 화용론」, 한국문화사.

_____(2013) 「한국어의 사회언어학」, 한국문화사.

서보월(2003) 안동지역의 친족어 연구, 안동학연구 제2집.

손춘섭·강희숙 전남방언 여성호칭어의 사회언어학적 변이와 변화에 대한 연구

신현숙 외3(2000) 「현대 한국어 학습사전」, 한국문화사.

_____(2000) 「의미로 분류한 한국어·영어 학습사전」, 한국문화사.

신현숙(2011) 의미망을 활용한 한국어 어휘 교육 연구, 한국어문학연구 56집.

_____(2011) 한국어 학습자를 위한 어휘 정보:[냄새], 한국어의미학36집

신현숙·김영란(2012) 「의미와 의미분석」, 푸른사상.

손남익(2008) 국어 친족 호칭의 원형성 연구, 우리어문 연구30집

이기갑(2007) 한국어 친족어의 변화-동기 관계어를 중심으로, 사회언어학 제15권

임태성(2015) 신체화에 기반한 '달리다'류의 의미 확장 연구, 담화인지 제22권.

임지룡(1991) 국어의 기초어휘에 대한 연구, 국어 교육 연구 23집.

_____(2007) 「인지의미론」, 탑출판사.

_____(2009) 「국어의미론」, 탑출판사.

_____(2011) 국어 어휘범주의 기본층위 탐색 및 의미특성 연구, 담화와 인지 18권 1호.

정성경(2011) 전남 완도 약산면의 친족어 연구, 배달말, 49권.

정종수(1999) 친족어의 은유 연구, 한양대학교 대학원.

조지연(2009) 친족어 어휘 교육에 관한 연구, 문법교육 제10집.

최창렬(1985) 우리말 친족어의 어원적 의미 국어교육51권.

George Yule(1996) 「Pragmatics」, Oxford University Press.

Leah Geer(2011) Kinship in Mongolian Sign Language, Sign Language Studies, 2011, Volume 11, Issue 4.

MARTIN HASPELMATH(2006) Against markedness(and what to replace it with) Journal of Linguistics(42).

Paul K. Benedict(1942) Tibetan and Chinese Kinship Terms, Harvard Journal of Asiatic Studies. Vol. 6, No. 3/4.

Prajadhip Sinha · Bairab Sarma · Bipul Shyam Purkayastha(2012) International Journal of Computer Applications58.9.

Robert E. Johnson,(1991) Kinship and cognition: Genealogy and the meaning of kinship terms. Sign Language Studies, 12/1991, Volume 73, Issue 1.

Ronald W. Langacker.(1972) 「Fundamentals of linguistic analysis」Harcourt Brace Jovanovich, Inc.